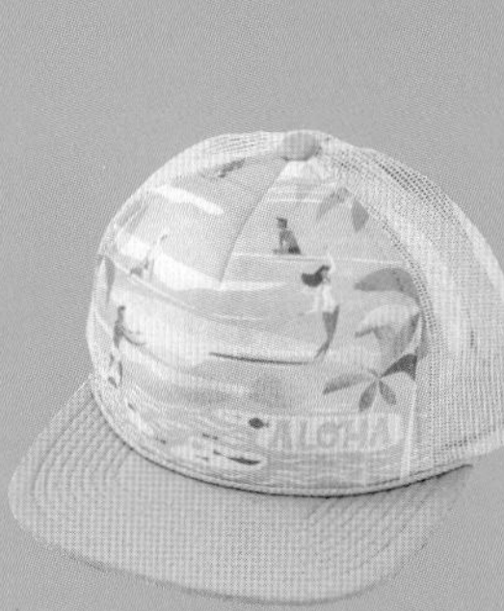

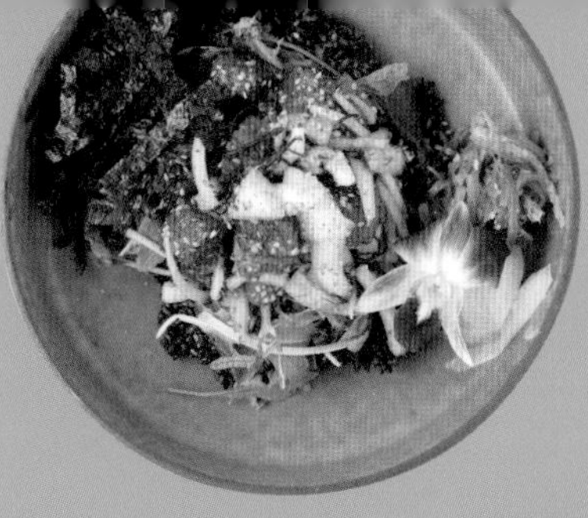

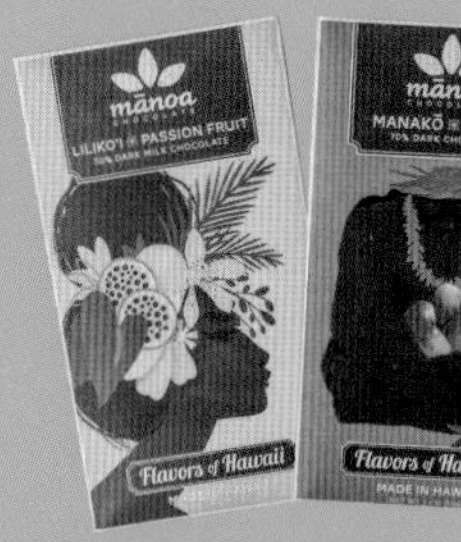

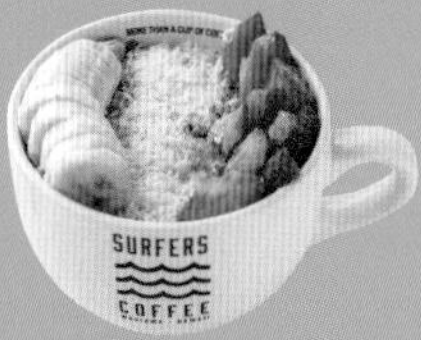

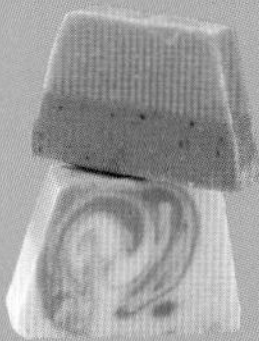

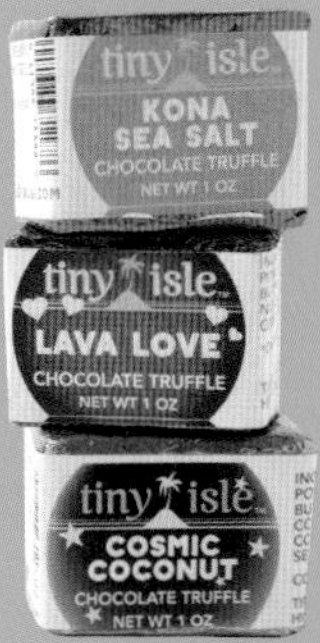

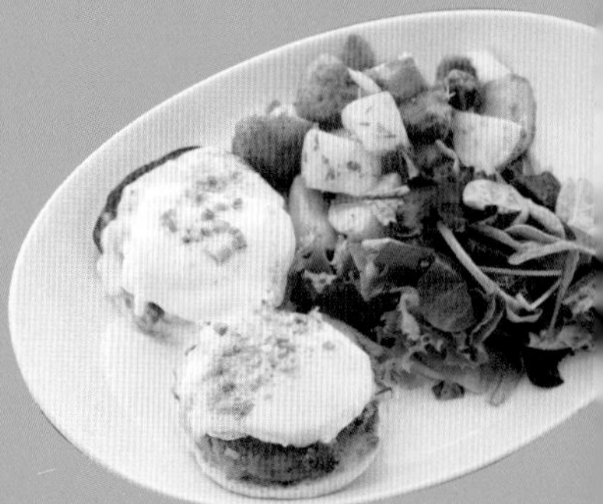

Aloha, Hawaii ♥

ハワイ

ランキング＆㊢テクニック!

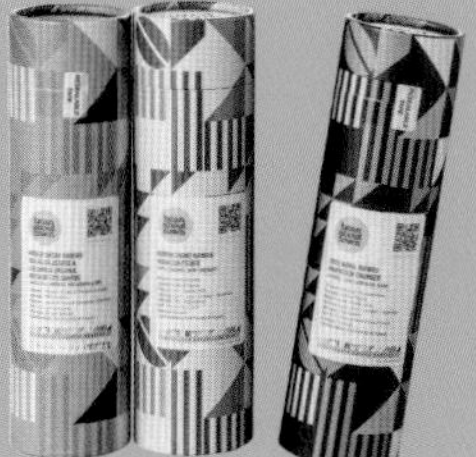

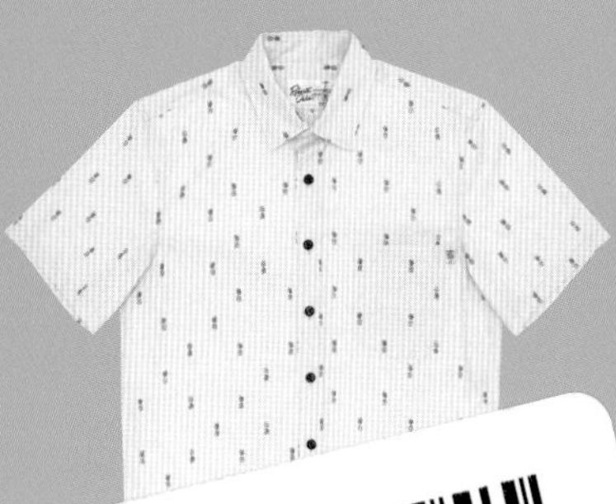

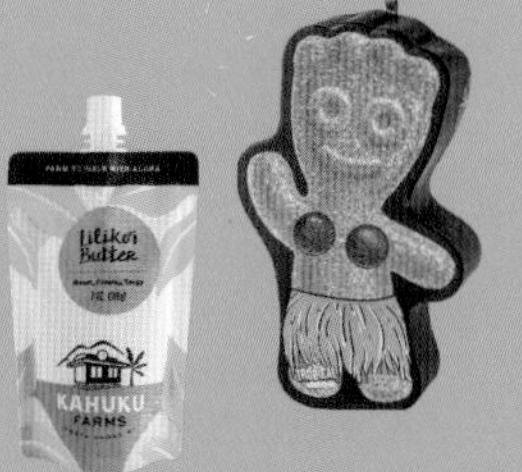

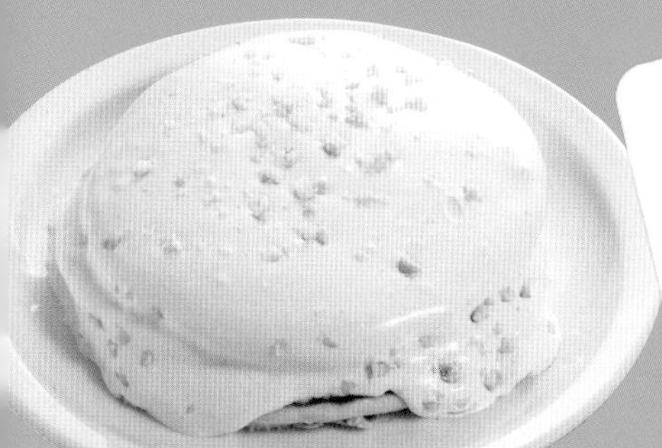

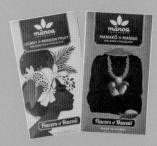

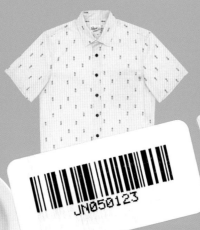

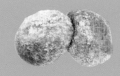

JN050123

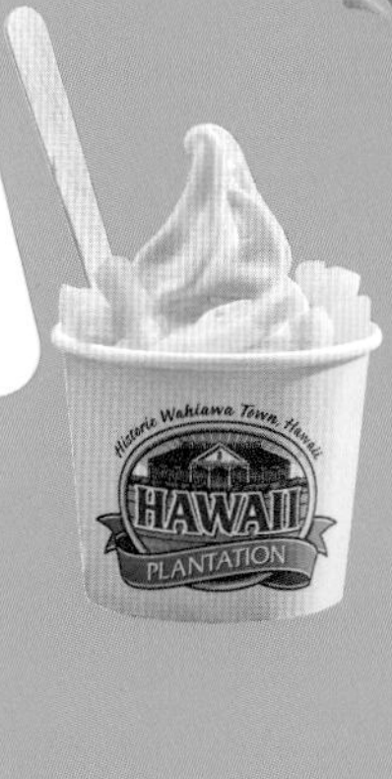

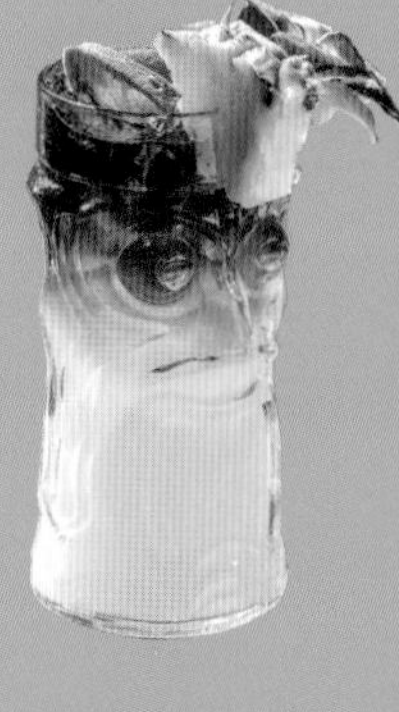

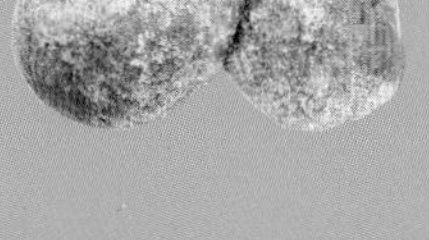

CONTENTS

データについて
本書のデータはすべて2024年5月に編集したものです。そのため、掲載の商品や料理などがなくなっていたり、料金などが変更されている場合があります。あらかじめご了承ください。

本書の利用について
本書は正確な情報の掲載に努めていますが、ご旅行の際には必ず現地で最新情報をご確認ください。また、掲載情報による損失などの責任を弊社は負いかねますので、あらかじめご了承ください。

使用しているマーク一覧
MAP …マップ掲載ページ
🚇 …最寄り駅と所要時間
📍 …住所
☎ …電話番号
🕐 …営業・開館時間（L.O. はラストオーダー）
休 …定休日（祝日などを除く）
料 …料金
CARD …利用できるクレジットカード
A＝アメリカン・エキスプレス　D＝ダイナース　J＝JCB
V＝ビザ　M＝マスター
🌐 …ホームページアドレス　⭕ …Instagram
🏠 …その他の店舗

掲載内容の更新と訂正について
発行後に変更された掲載情報は『地球の歩き方』ホームページ「更新・訂正情報」で可能なかぎり案内しています（ホテルやレストラン、商品の料金変更などは除く）。ご旅行の前にお役立てください。
URL www.arukikata.co.jp/travel-support/

ハワイ早わかりNAVI

旅を効率よく楽しむためにハワイ・オアフ島の概要をスタディ。
渡航前に知っておくべき情報をゲットしてお得な旅に役立てよう！

ニイハウ島
カウアイ島
オアフ島
モロカイ島
ラナイ島
マウイ島
カホオラヴェ島
ハワイ島

ハワイ州
State of Hawaii

太平洋に浮かぶ諸島でアメリカ合衆国50番目の州。主要8島と100以上の小島からなる。個人所有のニイハウ島はツアーのみ入島可。カホオラヴェ島は一般の立ち入りは禁止。

正式名称	アメリカ合衆国ハワイ州
人口	約145万人
面積	約1万6634km²
州都	ホノルル（オアフ島）
言語	英語、ハワイ語
宗教	キリスト教、仏教ほか多数

✈ 飛行時間 直行便で

往路	約**6**時間半〜**9**時間
復路	**8**〜**10**時間

🌐 ビザ

90日以内の観光は必要なし。
パスポートの残存期間は入国日から90日以上が望ましい渡航にはESTA（電子渡航認証システム）の取得が必要。有効期限は2年間（パスポートの失効を除く）で、費用は$21。渡航の72時間前までに申請するのが望ましい（P.14）。

☎ 電話のかけ方

日本からハワイへ （ハワイ 808-123-4567 へかける場合）

国際電話 識別番号		アメリカの 国番号		ハワイの 州番号		相手の電話番号
010	+	**1**	+	**808**	+	**123-4567**

※ 携帯電話の場合は010のかわりに「0」を長押しして「+」を表示させると、国番号からかけられる
※ NTTドコモ（携帯電話）は事前にWORLD CALLの登録が必要

ハワイから日本へ （日本の携帯 090-8765-4321 へかける場合）

国際電話 識別番号		日本の 国番号		局番の最初の 0をとる		相手の電話番号
011	+	**81**	+	**90**	+	**8765-4321**

💲 お金のこと

レートと通貨

$1＝約153円

（2024年5月現在）

単位はドル$（doller）とセント¢（cent）。紙幣は$1、$5、$10、$20、$50、$100の6種類。硬貨は1¢、5¢、10¢、25¢、50¢、$1の6種類あるけれど50¢と$1はほとんど流通していない。

支払い

手渡しのチップやピローチップは現金が基本。それ以外はほとんどクレジットカードでの支払いOK。スマホ決済も普及していて、クレジットカードのタッチ決済、Apple Pay、Google Payが利用できる。

🕐 時差 **−19**時間 （ピンクの時間は前日。サマータイムはない）

日本	0	1	2	3	4	5	6	7	8	9	10	11	12	13	14	15	16	17	18	19	20	21	22	23
ハワイ	5	6	7	8	9	10	11	12	13	14	15	16	17	18	19	20	21	22	23	0	1	2	3	4

Oahu

B: ハレイワ〜ノースショア
➡ P.102,110

オアフ島の最北端にあるノースショアはサーファーの聖地。ハレイワはその中心タウンでヒップな雰囲気が魅力

［オアフ島］

島の総面積は約 1547 km² で、ハワイ諸島で 3 番目に大きい島。ハワイ州全体の 80％がオアフ島に住んでいる。愛称は「集いの場所（The Gathering Place）」

A: カイルア ➡ P.100,110

全米 1 位に輝いた美しいビーチがあり、街並みもキュートなおしゃれタウン。自然と街歩きの両方が楽しめる

Haleiwa ~ North Shore

Waialua
99
Kualoa
Wahiawa
Makaha
H2
Kaneohe

Pearl City
C

A **Kailua**
H3

H1
61
Waimanalo

Kapolei ~ Ko Olina
Honolulu
72

ダニエル・K・イノウエ
（ホノルル）国際空港

Welcome!

D: カポレイ〜コオリナ
➡ P.103

カポレイは大型ストアも多い新興住宅地。コオリナはラグジュアリーホテルがある一大リゾートエリア

Kapolei ~ Ko Olina

🚃 オアフ島での交通手段

西部にスカイライン（P.22）という鉄道が一部開業した以外、オアフ島に電車はない。おもな交通手段は ザ・バス（P.20）、タクシー（P.23）、レンタカー（P.23）、トロリー（P.21）。ワイキキと近隣のタウンではシェア自転車の biki（P.22）も利用できる。また、ワイキキにはシェア電動キックボード Go-X（P.22）も導入されている

C: パールシティ

パールハーバーを望むホノルルのベッドタウン。戦艦アリゾナやミズーリの記念館など、軍事関連施設も多い

📅 ハワイの祝祭日

※祝日が土曜の場合は前日の金曜、日曜の場合は翌日の月曜が振り替え休日となる　※偶数年 11 月の第 1 月曜翌日の火曜は「選挙の日」で公休日となる

- 1 月 1 日 ················· ニューイヤーズ・デイ（元日）
- 1 月第 3 月曜 ········· マーティン・ルーサー・キング・ジュニア・バースデイ（キング牧師誕生日）
- 2 月第 3 月曜 ········· プレジデント・デイ（大統領の日）
- 3 月 26 日 ··············· プリンス・クヒオ・デイ（クヒオ王子の日）
- イースター前の金曜　グッド・フライデイ（キリスト復活祭）
- 5 月最終月曜 ········· メモリアル・デイ（戦没者追悼の日）

- 6 月 11 日 ········· キング・カメハメハ・デイ（カメハメハ大王の日）
- 7 月 4 日 ··········· インディペンデンス・デイ（独立記念日）
- 8 月第 3 金曜　ステートフッド・デイ（州制定記念日）
- 9 月第 1 月曜　レイバー・デイ（労働者の日）
- 11 月 11 日 ········ ベテランズ・デイ（退役軍人の日）
- 11 月第 4 木曜　サンクスギビング・デイ（感謝祭）
- 12 月 25 日 ······ クリスマス

👣 旅のベストシーズン

オアフ島の年間の平均気温は 25℃で 1 年中さわやか。ただし、11 〜 4 月頃は雨季にあたり、「シャワー」と呼ばれるにわか雨が降る。5 〜 10 月頃は気温は高いけれど、貿易風の影響で湿度が低く過ごしやすい

●オアフ島と東京の月別平均気温　━ オアフ島の平均気温　━ 東京の平均気温

℃	1 月	2 月	3 月	4 月	5 月	6 月	7 月	8 月	9 月	10 月	11 月	12 月
オアフ島	23	23.3	23.7	24.7	25.7	26.8	27.5	27.9	27.5	26.8	25.5	24.1
東京	5.7	7.3	12.9	16.3	19	23.2	28.7	29.2	26.7	18.9	14.4	9.4

データ：気象庁より

Honolulu

[ホノルル市]

オアフ島南部にあるハワイ州の州都。ハワイの玄関口であるダニエル・K・イノウエ国際空港がある

Let's Go!

I: ワード〜カカアコ

巨大ショッピングコンプレックスやウオールアートなど見どころが多い。高級コンドミニアムの開発も盛ん → P.98,110

J: アラモアナ

ハワイ最大のお買い物スポット、アラモアナセンターがある。アラモアナ・ビーチは地元のファミリーに人気 → P.64

Manoa
G

Monsarrat Ave.
Kaimuki
F

Downtown H
Ala Moana
L
Kahala
E

Waikiki
K
ダイヤモンドヘッド

ダニエル・K・イノウエ（ホノルル）国際空港

Kapahulu Ave.

Ward〜Kakaako

K: カパフル通り

ワイキキの徒歩圏内にある通り。ローカル感のあるグルメスポットやショップ、24時間営業のスーパーがある

G: マノア

ハワイ大学マノア校がある住宅街。山の麓にあるため雨が多く虹の名所として有名。森林浴が楽しめるマノアの滝がある

E: カハラ

豪邸が立ち並ぶホノルルいちの高級住宅地。カハラモールやワイキキマーケットなどショッピングスポットが充実している

L: モンサラット通り

ダイヤモンドヘッドの麓にあるなだらかな坂道。個性的なショップやグルメスポットがあり、お散歩にぴったりの通り

H: ダウンタウン

行政機関や高層ビルが並ぶビジネス街とチャイナタウンが隣り合わせのエリア。夜遊びスポットとしても人気 → P.99,110

F: カイムキ

ワイキキからバスで約10分のローカルタウン。素朴な街並みに高評価のレストランが集まっている隠れたグルメ激戦地

Waikiki

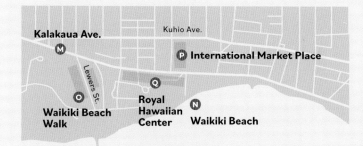

Kalakaua Ave.
M

Kuhio Ave.

P International Market Place

Lewers St.

Q

O
Waikiki Beach Walk

Royal Hawaiian Center

N
Waikiki Beach

yummy

[ワイキキ]

ビーチ沿いにずらりとホテルが並び、たくさんの観光客でにぎわうリゾート地。かつては王族の避暑地だった

Q: ロイヤル・ハワイアン・センター

カラカウア通り沿いにあるワイキキのランドマーク的ショッピングモール。多彩なコンテンツが魅力 → P.66

P: インターナショナルマーケットプレイス

カラカウア通りとクヒオ通りの間にあるショッピングモール。樹齢160年の見事なバニヤンツリーは必見 → P.67

O: ワイキキ・ビーチ・ウォーク

カラカウア通りと交差するルワーズ通りの左右に2棟あるショッピングモール。グルメスポットも充実している

N: ワイキキ・ビーチ

言わずと知れたハワイを象徴するビーチ。施設やアクティビティ、エンターテインメントが充実していて、1日では遊び尽くせないほど → P.90

M: カラカウア通り

ワイキキのメインストリート。通り沿いにはホテル、ショッピングモール、レストランが並ぶ。中心部は東側へ向かって一方通行

とっておきを教えてくれた
ハワイのスペシャリストはこの11人！

ロコガールの視点で選んだ
LOVE HAWAIIをお届け

Sasha
サーシャ／マルチタレント

ハワイで高校、大学時代を過ごし日本やアメリカ本土を行き来し成長。インタビュアー、リポーター、アーティスト、タレント、モデルなど多岐にわたり活躍し、ハワイの起業家やアーティストをサポートするプロジェクト「サーシャのサポートハワイ」も主宰。➡ P.78

Jake Shimabukuro
ジェイク・シマブクロ／ウクレレ奏者

ホノルル出身。ウクレレ＝ハワイアンという概念を覆し、ロック、ポップ、ジャズ、クラシックなど多彩なジャンルの音楽に挑戦する速弾きの天才。日本では映画『フラガール』や大河ドラマ『麒麟がくる』などの音楽制作でも有名。最近はハワイアン航空の機内搭乗ビデオにネイサン・アヴェアウとコラボした『Kawika』が採用されている。➡ P.104

ハワイアンミュージックの
最新プレイリストを紹介します

最新アルバム
『Grateful』
Sony Music Labels

Sean Morris
ショーン・モリス／マーケティング会社社長兼フードライター

本で紹介した369軒から
5軒をピックアップ

ホノルル出身。地元新聞社主催のグルメ大賞イリマアワードの審査員も務める。日本語の著書『ハワイローカルグルメ完全ガイド Sean's Hawaii Ultimate Dining Guide366』（朝日新聞出版）が好評発売中。➡ P.41

オアフ島のグルメ情報が満載！

Nae Ogawa
小川苗／ナチュール・ワイキキのシェフ

ハワイとカラダに優しい
グルメスポットをセレクト

ハワイのグルメ大賞ハレアイナアワードの金賞を、オープン約半年で受賞したナチュール・ワイキキのエグゼクティブシェフ。服部栄養専門学校卒業後、東京、NY、パリの名店で修業し、2021年より現職。最近ではアメリカ料理界のアカデミー賞といわれるジェームス・ビアード賞のベストシェフ賞候補に。➡ P.40

Michelle Baldomero

ミシェル・バルドメロ／ハレクラニベーカリーペストリーシェフ

子供の頃から食べていた
推しパンをお教えします

ワイキキの名門ホテル、ハレクラニで20年以上ペストリー＆ベーカリーチームの主軸として勤務。2023年よりペストリーシェフ兼統括責任者として奮闘中。ハレクラニ内すべてのレストラン、ウエディングなどのデザートも管轄。➡ P.42

Maiko Hanawa

塙 麻衣子／ヒルトン・ハワイアン・ビレッジ・ワイキキ・ビーチ・リゾート勤務

ホテルは泊まるだけではなく
活用してコスパUP

アジア地区マーケティング＆広報マネージャー。オレゴンの大学卒業後、マーケティング会社を経て現職に。オンオフ問わず世界中を旅して他国のリゾートやホテルをチェックしつつ、郷に入っては郷に従えタイプでとことん満喫。ハワイ在住20年。
➡ P.111

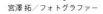

暮らしのなかで出会う
素顔のハワイも魅力

Taku Miyazawa

宮澤 拓／フォトグラファー

ハワイ在住20年以上。取材で訪れたレストラン、ショップ、アクティビティは数知れず、被写体を最も映えさせる技を熟知した編集室の頼れる存在。ハワイ関連本の著書、共著多数。

and...
地球の歩き方編集室
取材スタッフほか

Hawaii Lovers

Jana Lam

ジャナ・ラム／ジャナ・ラム・ハワイのオーナー兼デザイナー

私を
ハッピーにしてくれる
メイドインハワイへご案内

ハワイ生まれハワイ育ちのロコガール。アメリカ本土の大学でデザインを学び、ブランド設立後はオリジナル商品の販売やカカアコの壁画制作、ショップオープンに異業種とのコラボなどハワイ屈指のアーティストとして躍進中。

➡ P.79

Risa Ogasawara

小笠原リサ／ハワイ本の人気著者

ハワイは自然と一体になれる
癒やしと充電のスポット

運営するブログ『リサのLOVEハワイ』はアメブロハワイ部門7年連続1位を達成しオフィシャルブログに。ハワイに関する情報を中心に、旅先で見つけた話題のスポットや最旬グルメ、ショッピングのコツなど、ワンランク上の大人旅を発信。ハワイ渡航歴100回以上、SNSの総フォロワー数13万人以上。

Akira Kumagai

熊谷 晃／フォトグラファー

ハワイの素材を生かした
お酒も日本料理も絶品

ハワイ在住20年以上。広告から写真集、雑誌、ガイドブックまでハワイの光や空気も表現してくれる編集室の強い味方。ハワイであらゆるグルメを食べ尽くしながらも、3食日本食が食べたい派。

Keiichi Izawa

伊澤慶一／トラベルエディター

家族全員が
リピートしたくなる
ハワイ旅を実践中

元「地球の歩き方」社員。オンオフで70ヵ国以上旅した末に「ハワイがいちばん好き」を確信し、著書本『最高のハワイの過ごし方』（地球の歩き方BOOKS）を発行。最近では長女もハワイデビューし、子供と行く海外旅行をインスタなどでリアル発信。

HAPPY "0" DOLLAR!

タダがいっぱい
ハワイ・ハッピーゼロダラー

円安・物価高のハワイで"タダ"ほどうれしいワードはないはず。そこで絶対「価値ありのタダ」をひと足先にご紹介。まだまだあるけどページに収まりきらないから続きはこの先へ！

登りきった達成感と
絶景ゼロダラー！

ワイキキのランドマーク・ダイヤモンドヘッドは有料になってしまったけれど、まだまだ無料で登れるトレッキングコースはたくさん。写真は絶景ランキング2位のココヘッド・クレーター。→ P.94,107

ハワイアンカルチャーレッスンも タダ !! → P.92

ビーチの幻想的な
フラショーが復活！

一時休演していたクヒオ・ビーチ・フラショーが2024年4月より再開。潮の香りと夕日に包まれたステージで、生のハワイアンミュージックに合わせ踊る著名なハラウ（フラグループ）。贅沢すぎてお金を払いたくなる！→ P.92

宇宙の神秘・
天の川を肉眼で観賞

ノースショアなど街明かりの影響が少ない海や山では、夜空に淡く輝く天の川に遭遇するチャンス大。夏から初秋の満月前後、南の空をチェックしてみて。遭遇確率を上げたければ有料のツアーも。→ P.108

巨大サボテンが生息する
希少植物園

東京ドーム約17個分のクレーター内にあるココクレーター・ボタニカルガーデンも入園無料。写真のようなハワイらしからぬ光景と、プルメリアが咲き乱れることでも有名。落ちたプルメリアでレイを作るのもタダ！→ P.93

ここはメキシコ!?

貸し切り感覚の ビーチもタダでOK？

自然保護区に指定されているハナウマ湾などを除き、ハワイにはプライベートビーチがないため、基本無料。オアフ島にはワイキキ以外にも美しいビーチが多く、足を延ばせば写角に人が入らない貸し切り感覚のビーチもいっぱい。写真はビーチランキング1位のワイマナロ・ビーチ。➡P.106

草間弥生の「南瓜」の鑑賞もタダ!!

アラモアナセンター
➡P.64

第1・3金曜は キャピトル・モダンへ！

ハワイ州立美術館が2023年に名称をキャピトル・モダンへ変更し、さらにパワーアップ。ロコアーティストの現代アートが鑑賞できるだけでなく、第1・3金曜17時からはアートと音楽のコラボイベントを開催。もちろんすべてタダ！➡P.96

出会っただけで ラッキー ダブルレインボー

実はハワイでは意外に遭遇率の高い二重の虹。雨上がりやしぶきを上げる波や滝など、太陽を背に鮮やかな円弧を発見することができる。目を凝らしてみて。

ツウなら知らない人はいないヒルトン・ハワイアン・ビレッジで毎週金曜に打ち上げられる花火。ワイキキ周辺ならどこからでも観賞でき、高層階に宿泊すれば間近で花弁が飛び散る様子まで観られることも。無料の特等席はラグーン前のビーチ。➡P.93、113

ずっとタダに感涙 ヒルトンの花火

イエス・キリストが サーフィン!?

ダウンタウンのセント・アンドリュース大聖堂にはハワイ一大きなステンドグラスがあり、左上にサーフボードに乗ったイエス・キリストが！ただしデザイナーは明言していないので真実は謎。教会に縁が深いカメハメハ4世とエマ王妃の姿も。➡P.99

カカアコ & カリヒでウオールアートホッピング

カカアコ地区で展開していたウオールアートイベント POW！WOW！HAWAII が2023年から WORLD WIDE WALLS の名称でカリヒ・パラマ地区へお引っ越し。とはいえ、カカアコにも新進気鋭アーティストの作品があるので、無料でハシゴ。➡P.98

3泊5日モデルプラン

最安で移動したい！ 最旬グルメを堪能したい！

DAY 2
特別な体験はタイパ重視でセレクト

オプショナルツアーで自然を満喫。アクティビティも満載！

6:30 朝食はハレクラニベーカリーへ ➡ P.42,53

↓ ツアーバン

7:30 オプショナルツアーに参加 ➡ P.108

↓ ツアーバン

13:00 ワイキキに戻ってフードホールランチ ➡ P.28

↓ 徒歩

14:00 ホテルのアクティビティを満喫する ➡ P.114

↓ 徒歩

15:00 ウルフギャング・ステーキハウスのハッピーアワーでハワイグルメに舌鼓 ➡ P.25,46,47,51,55

↓ 徒歩

16:00 ワイキキのオフプライスストア＆アウトレットでショッピング ➡ P.62

↓ 徒歩

17:30 ロイヤル・ハワイアン・センターで無料のハワイアンショーを観る ➡ P.92

↓ 徒歩

18:30 ワイキキ・ビーチでサンセットに感動！ ➡ P.91

↓ 徒歩

19:30 スーパーのメンバーになってお得にショッピング ➡ P.72

↓ 徒歩

21:00 マウイブリューイングカンパニーでおいしい料理とビールで乾杯！ ➡ P.25,39,57

DAY 1
楽園の中心ワイキキを極める

待ちに待ったハワイ到着。まずはワイキキを遊び尽くそう！

ダニエル・K・イノウエ国際空港到着

10:30 ホスピタリティルームでリフレッシュ ➡ P.17

↓ 徒歩

11:00 最初はやっぱりワイキキ・ビーチ！ ➡ P.90

↓ 徒歩

12:00 アイランド・ヴィンテージ・シェイブアイスのひんやりスイーツでクールダウン ➡ P.52

↓ 徒歩

13:00 ワイキキ・ビーチとワイキキの無料観光スポット巡り ➡ P.91,92

↓ 徒歩

スペシャリストたちが推すランクインスポットと㊢テクニックをギュギュッと詰め込んだ究極の高コスパ旅をスケジューリング。ドルと時間を節約しつつ、満足度は大幅UPする最強ハワイを楽しもう！

16:00 ホールフーズ・マーケットでショッピング
→ P.72

徒歩約10分

17:00 アラモアナセンターでショッピング → P.64

ザ・バス約15分

20:00 ストリップステーキ・ワイキキでディナー
→ P.25,51,55

DAY 4
最終日ギリギリまで得するグルメ

7:00 モンキーポッド・キッチンでオンザビーチ朝食
→ P.25,43,51

午前〜午後
ダニエル・K・イノウエ国際空港出発

9:00 カイヴァアリッジでトレッキングに挑戦 → P.94,107

ザ・バス約15分

11:00 カイルアタウンを散策
→ P.100,110

ザ・バス約45分

13:00 ザ・バスでカカアコのブッチャー＆バードへ
→ P.48

徒歩

14:00 カカアコからワードを散策しながらウオールアート巡り → P.98,110

徒歩

15:00 おやつはホーリーグレイル・ドーナツ
→ P.53

徒歩約3分

17:00 ワイキキでショッピング
→ P.60

徒歩

19:00 ショッピング＆ディナーができるワイキキマーケットへ → P.30,49,53,58,72,85

徒歩

20:00 ABCストアでショッピング
→ P.75

徒歩

22:00 早割で予約したロミノハワイで癒やされる
→ P.97

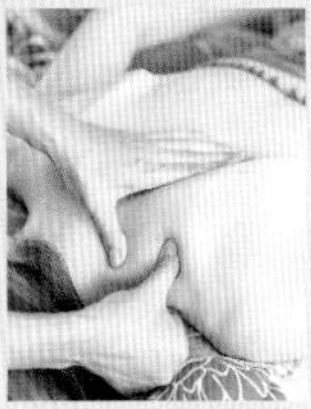

DAY 3
人気のロコタウンに行きたい

カイルアもカカアコもザ・バスなら$7.50で1日乗り放題

6:00 サンライズシャックのアサイボウルでエナジーチャージ
→ P.45

ザ・バス約90分

PREPARATION & DEPARTURE

準備 & 出発

少しでも安くハワイへ行くなら準備から出発までのプロセスが最重要。
ハワイ旅のプロが実践するワザを参考にコスト大幅減＆旅の満足度大幅アップを目指そう！

001 出発時期や曜日を検討

チケット最安値はいつ？ フライト料金年間変動調査

シーズンや航空会社によってかなり差があるけれど、一般に最安値は1月下旬〜2月上旬、4月上〜中旬、6月上〜下旬、9月下旬〜11月上旬。曜日では月〜水曜出発が比較的リーズナブル。時期だけでなく、燃油サーチャージの価格に左右されることも覚えておこう。

> **燃油サーチャージとは？**
> 燃油価格の変動に応じて、フライト料金に上乗せして徴収される料金のこと。搭乗日ではなく発券時に徴収され、各航空会社で金額を設定している。燃油サーチャージを徴収しない航空会社もある。

正月三が日を過ぎると料金は一気に下降

1月下旬〜2月上旬は最安値となる

3月中旬〜下旬は卒業旅行＆春休みで料金上昇

春休みの終わる4月上旬以降は最安値に近づく

GW前半の出発は料金上昇

GW終了から下降し、6月は最安値となる

7月の夏休み開始とともに料金は一気に上昇

8月のお盆休み期間は最高値となる

9月から料金が下降し始め、10月は最安値となる

12月第2日曜のホノルルマラソン前に一気に上昇

12月20日くらいから上昇し、年末に最高値になる

大人1名分料金（円）　※GW：ゴールデンウイーク

002 それぞれにメリット・デメリットも

パッケージツアー or 個人手配 どっちが安い？

ホテル現地払いをプラスしても個人手配のほうが若干お得。ただし、現地払いはレートで金額が変動し、現地交通費も必要となる。パッケージツアーは特典や現地サポートが最大のメリット。一方で航空会社やホテルの指定に別料金が発生することも。

● 2024年6月28日（金）出発 ホノルル3泊5日（2名1室）でシミュレーション

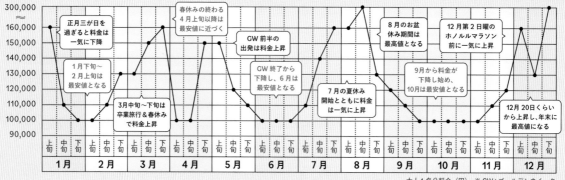

	パッケージツアー	個人手配
予約先	大手旅行会社フリープラン	インターネット予約サイト
利用航空会社	成田国際空港	成田国際空港
利用航空会社	JAL、ANAのいずれか（指定不可）	ユナイテッド航空
宿泊ホテル	エコノミークラスホテル（指定不可）	ホテル・ラ・クロワ
ホテル現地払い	込み	1万6971円
現地交通費	往路送迎（復路は別途）、トロリー8ライン乗り放題付き	なし
合計	18万5090円	15万7341円

空港使用税、燃油サーチャージ込み。大人1名分料金（円）

005 地方都市からホノルルへ
韓国乗り継ぎ便という手段も

大韓航空で仁川空港乗り継ぎ

羽田と成田はホノルルへの直行便が毎日就航している（下記参照）。関西は毎日、中部は週4便、福岡は週3便（※ 2024年8月1日より週4便予定）就航している。直行便が就航していない都市からホノルルへ行く場合は乗り継ぎが必要となる。その場合、日本国内より韓国で乗り継ぐほうがリーズナブルになることも。所要時間は長くなるけれど、LCCも含めてチェックしてみよう！

● 関西 ⟷ ホノルル

	便名	関西発	ホノルル着	便名	ホノルル発	関西着
日本航空 /ハワイアン航空※	HA450JL6408（毎日）	20:45	9:45	JL791HA5397	12:05	15:50+1
	JL792HA5398（毎日）	21:45	11:05	HA449JL6407	14:35	18:45+1

● 中部 ⟷ ホノルル

	便名	中部発	ホノルル着	便名	ホノルル発	中部着
日本航空 /ハワイアン航空※	JL794HA5400（火・水・金・土）	21:35	10:15	JL793/HA5399（月・火・木・土）	14:40	18:00+1

● 福岡 ⟷ ホノルル

	便名	福岡発	ホノルル着	便名	ホノルル発	福岡着
日本航空 /ハワイアン航空※	HA828JL6414（月・水・土）	20:40	10:00	HA827JL6413（火・金・日）	13:50	18:40+1

003 個人手配の強い味方
比較サイトを使いこなして最安値を検索！

同じホテルでも予約サイトによって値段が異なるので、比較サイトのチェックはマスト！ 料金の変動をメールで知らせるアラート機能があるサイトが便利。

航空券・ホテル
スカイスキャナー　URL www.skyscanner.jp
トリップドットコム　URL jp.trip.com
楽天トラベル　URL travel.rakuten.co.jp
トラベルコ　URL www.tour.ne.jp
エクスペディア　URL www.expedia.co.jp
アゴダ　URL www.agoda.com
航空券 サプライズ　URL www.surpricenow.com
ホテル トリバゴ　URL www.trivago.jp

004 とことん安く行くなら
LCC 格安航空券！

ZIPAIR の受託手荷物も機内食も有料サービスとなる

旅行好きにはすっかりおなじみになったLCC（ローコストキャリア）。無料サービスの廃止や有料化などにより、航空運賃を低く設定している。日本〜ハワイには1社のみ就航。特別セールも頻繁に開催されている。
ZIPAIR（成田〜ホノルル）　URL www.zipair.net

006 羽田・成田 ⟷ ホノルルで検証
1分でも長く滞在できるエアラインは？

飛行機の発着時刻で滞在時間に大きな差が。成田・羽田発着便は表組の赤字フライトが最もハワイ滞在時間が長くなる！

全日空
URL www.ana.co.jp
日本航空
URL www.jal.co.jp
ユナイテッド航空
URL www.united.com
ハワイアン航空
URL www.hawaiianairlines.co.jp
デルタ航空
URL ja.delta.com
大韓航空
URL www.koreanair.com

※ 2024年5月編集部調べ。
※便名に曜日のないものは毎日就航。
※スケジュールは予告なく変更される場合があります。

● 羽田 ⟷ ホノルル

	便名	羽田発	ホノルル着	便名	ホノルル発	羽田着
全日空 / ユナイテッド航空※	NH186 ／ UA7984	21:55	10:20	NH185 ／ UA7985	13:50	17:25+1
日本航空 /ハワイアン航空※	JL074 ／ HA5389	21:05	9:50	JL071 ／ HA5396	16:20	19:30+1
	JL072 ／ HA5391	21:55	10:40	JL073 ／ HA5390	12:45	15:55+1
	HA458 ／ JAL6402（週6便）	21:20	9:55	HA457 ／ JL6401（週6便）	16:00	19:25+1
	HA864 ／ JL6410（週6便）	20:15	8:50	HA863 ／ JL6415（週6便）	13:40	17:10+1
デルタ航空	DL180	21:55	22:40	DL181	16:20	20:00+1

● 成田 ⟷ ホノルル

	便名	成田発	ホノルル着	便名	ホノルル発	成田着
全日空 / ユナイテッド航空※	NH184 ／ UA8010	20:10	8:30	NH183 ／ UA8011	11:35	15:05+1
	NH182 ／ UA7940	21:30	9:50	NH181 ／ UA7981	12:40	16:15+1
日本航空 / ハワイアン航空※	JL784 ／ HA5393	20:45	9:25	JL783 ／ HA5392	13:45	17:00+1
	HA822 ／ JL6406（週6便）	19:55	8:25	HA821 ／ JL6405（週6便）	12:40	16:00+1
ジップエア	ZG2（週3便）	19:15	7:50	ZG1（週3便）	9:50	13:10+1
大韓航空	KE001	21:20	10:00	KE002	11:55	15:20+1

準備＆出発｜テクニック

010 救急車も有料！

ハワイの医療費は高額！
海外旅行保険に加入しよう

旅先での病気や事故、盗難に備えて必ず加入しておこう。
オンラインで申し込むタイプは比較的割安なので要チェック！

011 日本の運転免許証でOK
時短＋安心！
レンタカーは日本で予約

ハワイは入国後1年以内なら日本の免許証でレンタルOK。現地の窓口は営業時間が短く混んでいることが多いので出発前に日本で予約しよう。各社のお得なキャンペーンも見逃せない。ハーツレンタカーでは入会金・年会費無料の Gold プラス・リワードのメンバーになると専用カウンターで待たずに手続きできるなどの特典も！

012 スマホを自由に使いたい
ハワイ滞在中の
賢い Wi-Fi 接続は？

フリー Wi-Fi が少ないハワイでネットを自由に利用したいなら、①Wi-Fiルーターレンタル、②携帯電話会社の海外パケット定額サービス利用、③海外用 SIM カードまたは eSIM を購入の3とおりがおすすめ。また、Wi-Fiルーターレンタルには自宅配送や日本の空港受け取りのほか、ワイキキのオフィスで受け取れる場合もある。料金や使用条件を比較して選ぼう。

013 日本出発前に設定
うっかりじゃ済まされない！
海外スマホ高額請求に注意

上記で紹介した① Wi-Fiルーターレンタルでスマホを使用する場合、日本出発前にモバイルデータ通信をオフにして国際ローミングしないように設定変更する必要がある。オフにしていないと勝手に現地携帯電話会社に接続してしまい、高額の通信費が発生するので注意。Wi-Fi はオンにしてレンタルしたルーターに接続する。

| iPhoneの場合 | [設定] ➡ [モバイルデータ通信]オフ |

| Androidの場合 | [設定] ➡ [接続] ➡ [モバイルネットワーク]➡ [モバイルデータ通信] オフ |

007 クレジット機能付きがおすすめ！

月々の公共料金の支払いやポイントサイトを経由してマイルを貯めることもできる。航空券ゲットを目標にしてクレジットカードを選ぶのも◎

マイルを貯めて
ハワイへ行こう！

航空会社が提供するクレジット機能付きマイレージカードで無料航空券をゲットしよう。フライト利用でマイルが貯まるのはもちろん、月々の支払いやショッピングで利用すれば効率的にマイルが貯められる。

008 海外旅行上級者の裏ワザ

少しの追加料金で
ゆったり快適シートへ！

各航空会社では通常のエコノミーより広めの席を用意している。アップグレードしてフライト疲れを軽減しよう！

全日空	プレミアムエコノミー
日本航空	プレミアムエコノミー
ユナイテッド航空	エコノミープラス
ハワイアン航空	エクストラ・コンフォート
デルタ航空	コンフォートプラス

009 代行手数料不要！
日本語で OK！
ESTAは自分で申請

アメリカ入国には ESTA（電子渡航認証システム）の申請が必要。公式サイトで自分で申請すれば費用は $21 のみ。申請代行サイトで申請すると代行手数料が加算されるので注意。**URL** esta.cbp.dhs.gov で言語の変換で日本語を選択すれば安心。擬似サイトに注意！

017

スマホでOK！
オンラインチェックイン
で空港での手続きを短縮

利用航空会社の公式サイトやアプリでオンラインチェックインを済ませておけば、空港では荷物を預けるだけで時間の大幅節約に。座席の選択ができるのも魅力。

018

日本人も利用可能
日本の
空港免税店を利用する

日本の空港免税店の商品は市場より割安。でも出発前は時間がなかったり、在庫切れの場合もあるので事前にネットで予約をすると確実。事前予約で免税価格からさらに5%オフになる特典も。

> ネット予約
> でさらに
> お得！

準備＆出発｜テクニック

019

羽田と成田で比較
どれがお得で便利？
空港までの移動方法

空港までの移動にかかる料金をチェック！ 利便性や所要時間も考慮して選びたい。

● 羽田空港

	利用	運賃	所要時間
鉄道	京急線	330円（品川駅発）	13分〜
モノレール	東京モノレール	500円（浜松町駅発）	18分〜
バス	エアポートリムジン	1400円（バスタ新宿発）	45分〜
マイカー（駐車場5日間）	羽田空港国際線駐車場	9480円（P5）	
	民間駐車場	6500円〜（駐車場預け＆引き取り）	

● 成田空港

	利用	運賃	所要時間
鉄道	成田エクスプレス	3070円（東京駅発普通車）	55分〜
	京成スカイライナー	2570円（日暮里駅発）	36分〜
バス	エアポートバス東京・成田	1300円〜（東京駅八重洲南口発）	約1時間5分
	エアポートリムジン	3100円（東京駅八重洲北口発）	約1時間15分
マイカー（駐車場5日間）	成田空港駐車場P1（第1）、P2（第2）	1万円〜	
	成田空港駐車場P3（第3）、P5（第5）	7000円〜	
	民間駐車場	3500円〜（駐車場預け＆引き取り）	

014

取材スタッフおすすめ
日本から持っていった
ほうがいい旅グッズ

たいていのものは現地調達できるけれど、日本から持っていったほうが安心＆便利なものをリストアップ！

クレジットカード 両替の手間がなく多額の現金を持ち歩く必要がない。ホテルの保証金代わりや現地ラウンジも利用できる	**TSAロックのスーツケース** アメリカの空港では、TSAロック以外はスーツケースに鍵をかけてはいけないのがルール
ポータブルチャージャー 地図を見たり、店を検索したり、スマホの使用時間が長くなる可能性が！用意しておくと安心	**長袖のはおるもの** ハワイのレストランやスーパーなどは冷房が効きすぎていることも多い。1枚は持っていこう
水着のアンダーショーツ ハワイではアンダーショーツを着けたい人が多く、取扱店が少ないので持参がおすすめ	**ウエットティッシュ** バクつきグルメを楽しんだりアウトドアで飲食するときなど、いろんなシーンで大活躍！
洗濯用洗剤 現地で購入すると余ってしまいがち。ホテルの部屋で下着などを洗うときにも少量あると便利	**筆記具** 機内で税関申告書などを書くので、筆記具は機内持ち込みバッグに。2〜3本あると安心
マスク 感染症の対策のほか、機内やホテルの客室はとても乾燥しているので数枚は持参しよう	**常備薬** ハワイで売られている薬は日本人には成分が強いものが多い。飲み慣れたものを持参しよう

015

1秒でも早く
ビーチへ！
機内持ち込みで
空港の待ち時間カット！

55cm以内
40cm以内 25cm以内

● 3辺の和が115cm以内
● 総重量10kg以内

機内持ち込みサイズのキャリーケースなら到着後すぐに空港を出発！ 国際線の一般的な規定は左記の通り。ファスナーで容量アップできるキャリーなら増えても安心。

016

重量超過は高額！
無料受託手荷物許容を
しっかりチェック！

ハワイ便の受託手荷物重量はシビアで、オーバーすると超過料金がかかる。無駄な出費にならないように注意しよう。ちなみに、LCCのZIPAIRは1個から有料6000円〜。

航空会社	サイズ（縦・横・高さ3辺の和）／重量／個数
全日空	158cm／1個23kg／2個
日本航空	203cm／1個23kg／2個
ユナイテッド航空	157cm／1個23kg／2個
ハワイアン航空	158cm／1個23kg／2個
デルタ航空	158cm／1個23kg／1個

到着直後から滞在中ずっと賢く使える優れワザを解説

ARRIVAL & PRACTICAL GUIDE

到着＆実用ガイド

飛行機がホノルルに到着した瞬間からスタートする海外旅行のアレコレをスマートにこなしたい！
交通手段、Wi-Fi、お金のこと、実用技フル活用で快適ステイ♪

021

タクシーより安い
格安配車アプリ Uber の使い方

ハワイの配車サービスは Uber（ウーバー）や Lyft（リフト）が利用でき、車内での支払いもなくて便利。Uber なら日本語表示もあって使いやすいので、アプリをダウンロードしてクレジットカードの登録などを済ませておこう。

Uberの使い方
1. アプリを起動すると現在地が表示される
2. 行き先を検索または地図上から選択
3. 車種や料金を確認して選択
4. 乗車場所を調整確定
5. ドライバーの顔写真、車種、ナンバー、待ち時間が表示される
6. 車が到着したら乗車
7. 降車後、アプリで支払額確認
8. アプリでドライバーへのチップと評価を送信

020

対面またはセルフ
ハイテク機器 APC も設置 入国審査の流れをおさらい

飛行機を降りたら案内に従い入国審査へ。Non-resident（非居住者）用の列に並び、審査官にパスポートと税関申告書を提示。滞在目的や期間の質問に答え、指紋採取と顔写真を撮影して審査終了。2009 年以降、ESTA での渡米歴がある場合、APC キオスク（自動入国審査端末）での審査も OK（パスポートを更新した場合は無効）。

APCキオスクの手順
1. 言語を選択（日本語対応）
2. パスポートをスキャン
3. 顔写真撮影
4. 税関申告、個人情報、渡航情報の質問に回答
5. 指紋スキャン
6. 発行された入国証明書を受け取る

022

早さ or 安さ
空港〜ワイキキ最適な移動手段は？

ホテルを巡っていくので所要時間はかかるけど値段重視ならシャトルバス、時短重視＆割安なら Uber がおすすめ。

● 空港〜ワイキキの移動手段比較

	利用	運賃	所要時間	
シャトルバス	フライシャトル＆ツアーズ [URL] flyshuttlehawaii.com	$19.99 ＋チップ	30〜50分	●要予約　●荷物1人2個まで無料、3個以上は1個追加ごとに +$4
	スピーディシャトル [URL] www.speedishuttle.com/jp	$19.50 ＋チップ		●先着順（予約推奨）●荷物1人2個まで無料、3個以上は1個追加ごとに +$9.68
	ロバーツハワイ [URL] www.airportshuttlehawaii.com/ja	$26 ＋チップ		●要予約　●荷物1人2個まで無料、3個以上は1個追加ごとに +$10
タクシー	Uber	約$33＋チップ	20〜30分	●アプリ（上記参照）
	定額制タクシー ハナタクシー [URL] hana.taxi チャーリーズタクシー [URL] charleystaxi.com コアタクシー LINE ID：@kwc0854l	$34〜40 ＋チップ		●要予約（今すぐ予約も選択可）●荷物1人1個まで無料、2個以上は1個追加ごとに +$6.38
	一般タクシー	約40＋チップ		●予約不要　●メーター制

025 困った充電切れ！そんなときはここへ GO! 無料充電スポット

インターナショナル マーケットプレイスは各所に充電スタンドが設置されており、近くにソファもあって便利。また、以下のスポットは鍵付きだから充電時間を利用してお買い物も OK！

暗証番号付きの充電ボックス

ブルーミングデールズ　→P.65
ノードストローム　→P.65
ターゲット　MAP P.124-C4
ノースフェイス（アラモアナセンター内）　MAP P.124-C4
シェラトン・ワイキキのロビー　MAP P.123-C2

023 到着＆帰国時もバッチリ すぐにスマホが使える！空港の無料 Wi-Fi

ホノルル国際空港は無料 Wi-Fi 完備。ネットワークで「HNL Free WiFi」を選び、ブラウザで「HNL 無料 Unlimited Wi-Fi」を選択し広告表示後に接続完了！

024 つながらないと不安…… いざというときのフリー Wi-Fi スポット

ハワイ州観光局ではカラカウア・アベニューとクヒオ・アベニューでフリー Wi-Fi を提供。「Gohawaii」に接続しショートムービー視聴後 1 時間利用できる。ムービーを再視聴すれば延長も可。ほかにも以下のスポットで接続可能。

インターナショナル マーケットプレイス　MAP P.123-B3
ロイヤル・ハワイアン・センター　MAP P.123-C2
DFS ワイキキ店　MAP P.123-B2
ワイキキ・ショッピング・プラザ　MAP P.123-B2
アラモアナセンター　MAP P.124-C4
ホールフーズ・マーケット　MAP P.125-C3
セーフウェイ　MAP P.121-B3
スターバックス
マクドナルド

026 時間を有効に♪ ホスピタリティルームを上手に利用しよう

早朝のフライトでハワイに到着すると、まだチェックイン時間になっていない場合が多い。そんなとき利用したいのがホテルのホスピタリティルーム。宿泊ゲストのためのソファやシャワー室がある部屋で、海や街に繰り出す前に身支度を整えることができる。早朝着で計画しているならホテル選びのポイントに！

027 快適に使いたい 覚えておきたい美トイレスポット

ハワイの公衆トイレやひと気の少ないトイレは危険なので決して利用しないように注意。ホテルのロビーにも完備してあるけれど、防犯上ルームキーやパスワードが必要なことも多い。街歩きや買い物途中でも自由に使えて、比較的きれいなトイレスポットはチェックしておこう。また、トイレの男女別表示がハワイ語（女性 =Wahine、男性 =Kane）で表記されていることもあるので覚えておこう。

ワイキキ	アラモアナ
DFS ワイキキ店　MAP P.123-B2	アラモアナセンター ホオキパテラス　MAP P.124-C4
メイシーズワイキキ店　MAP P.123-B3	ブルーミングデールズ　→P.65
インターナショナル マーケットプレイス　MAP P.123-B3	ニーマン・マーカス　→P.65
ロイヤル・ハワイアン・センター パイナラナイ　MAP P.123-C2	ノードストローム　→P.65
ワイキキマーケット　MAP P.123-B3	

030

超裏ワザ☆

ABC ストアの買い物で 日本円をドルに両替!?

> この表示が あれば 日本円OK

ハワイのコンビニ ABC ストアは日本円での支払いに応じてくれる。支払えるのは紙幣だけで、おつりはドルで返される。レートはそれほどよくないけれど、細かい現金が必要なときなどに使える!

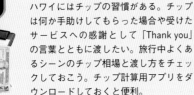

031

いくら? いつ?

シーン別にチェック! チップの相場と渡し方

ハワイにはチップの習慣がある。チップは何か手助けしてもらった場合や受けたサービスへの感謝として「Thank you」の言葉とともに渡したい。旅行中よくあるシーンのチップ相場と渡し方をチェックしておこう。チップ計算用アプリをダウンロードしておくと便利。

シーン	相場	渡し方
タクシー	料金の 15〜20%	料金と一緒に手渡す。荷物の積み降ろしは1個につき$1紙幣を手渡す
Uber	料金の 15〜20%	降車後にアプリ上で選択。荷物の積み降ろしは1個につき$1紙幣を手渡す
シャトルバス	$1〜	荷物の積み降ろし1個につき$1紙幣を手渡す
ベル	料金の 15〜25%	荷物を運んでもらった、タクシーを呼んでもらったあとに$1（荷物は1個につき$1）紙幣を手渡す
バレー パーキング	$2〜	車を持ってきてもらったときに$2〜紙幣を手渡す
ベッド メイキング	$2 （ツイン）	毎朝ベッドサイドボードの上に$1紙幣を2枚置く
普通の レストラン	料金の 15〜20%	クレジットカード払いの場合は伝票のTIP欄とTOTAL欄に金額を書いて渡す。現金の場合は料金と合わせて支払う
高級 レストラン	料金の 20〜25%	普通のレストランと同様。すでにチップが含まれている場合は額面どおりを支払う
ビュッフェ レストラン	料金の 10〜15%	普通のレストランや高級レストランと同様
セルフサービスのカフェやテイクアウト	$0	会計時にTIP18%、20%、25%が表示されたタブレット画面を見せられることが多い。必要ないと思えばNo Tipを選択してもOK

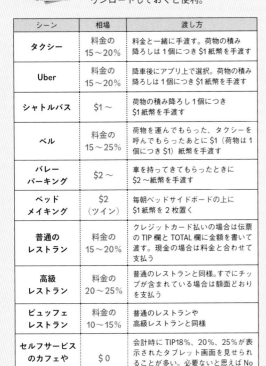

028

レートがいいのは?

日本円からアメリカドルへ どこで両替する?

ほとんどはクレジットカード（で OK。ただし、ピローチップやファーマーズマーケット、コインパーキングなど、現金しか使えないところも。ハワイでの両替は空港、ホテル、銀行、民間の両替所で可能。空港やホテルはレートが悪く手数料がかかる。銀行は空港やホテルよりレートはよいが営業時間が限られている。そして、レートが最もよく安心して両替できるのが州政府公認の民間両替所。

州政府公認の民間両替所
カレンシー・エクスチェンジ・インターナショナル Currency Exchange International ワイキキ [MAP] P.123-B3 ♀インターナショナル マーケットプレイス 1F ☎ 808-664-0216 ⏰ 11:00 〜 19:00 ㊡ 無休
グローバル・カレンシー Global Currency ワイキキ [MAP] P.122-B4 ♀ハイアット リージェンシー ワイキキ ビーチ リゾート＆スパ内 ☎ 800-210-8961 ⏰ 9:00 〜 15:00 ㊡ 月
グローバル・カレンシー Global Currency アラモアナ [MAP] P.124-C4 ♀アラモアナセンター 1F センターコート ☎ 800-210-8961 ⏰ 9:00 〜 15:30 ㊡ 月
パシフィック・マネーチェンジ Pacific Money Exchange ワイキキ [MAP] P.123-B2 ♀339 Royal Hawaiian Ave. ☎ 808-924-9318 ⏰ 11:00 〜 16:30 ㊡ 無休
アロハ・カレンシー・エクスチェンジ Aloha Currency Exchange ワイキキ [MAP] P.123-B2 ♀334 Seaside Ave.3F ☎ 808-926-3999 ⏰ 9:00 〜 18:00 ㊡ 土・日

029

意外とお得!

クレジットカードで ATMで$を引き出す

国際ブランドのクレジットカードがあればATMの海外キャッシングでドルで現金を引き出すことができる。キャッシングの利息とATM手数料がかかるが、両替所で現金を両替するよりお得になる場合も。返済はほかのクレジットカード利用分と一緒に後日請求される。ATMは銀行やホテル、ABCストアの店内に設置されている。

How to

① ENTER PIN

❶ クレジットカードを挿入し 4桁のPIN（暗証番号）を入力

② SELECT TRANSACTION
WITHDRAWAL / TRANSFER / BALANCE / CANCEL

❷ WITHDRAWAL（引き出し） を選択

③ SELECT SOURCE ACCOUNT
CHECKING / SAVINGS / CREDIT / CANCEL

❸ CREDIT（クレジットカード） を選択
※ CHECKING（当座預金）、 SAVINGS（預金）

④ SELECT DISPENSE AMOUNT
$20 / $80 / $40 / $100 / $60 / $200 / OTHER / CANCEL

❹ 金額を選択するか OTHER （その他）で金額を入力。 ドル紙幣と明細が出てくる

034 おみやげ買いすぎた！
ABC ストアの
キャスター付きバッグ で解決！

帰国前のパッキングで「荷物全部が入らない」「重量オーバー」なんてことも。そんなときに頼れるのが ABC ストアで約 $13 で販売されているキャスター付きバッグ。無料受託手荷物 2 個の航空会社ならスーツケースと分けて預けられ、機内持ち込みサイズに収めることも可能（P.15 参照）。ちなみに ABC ストアで合算 $300 以上買い物をするとギフトとしてもらえる（P.75 参照）。

035 隠れた散策スポット
ホノルル空港にある
3つのガーデン

出国手続き後の保安区域内 1 階に趣の異なる 3 ガーデンが設けられている。ジャパニーズガーデンには魚が泳ぐ池、チャイニーズガーデンには中国風の東屋、ハワイアンガーデンには熱帯植物が植えられている。フライト前の癒やしの穴場スポット。

036 エグゼクティブラウンジ
ゴールドカード会員なら
I.A.S.S ラウンジで ゆったり

帰国前の
ひとときを
過ごそう

I.A.S.S ハワイラウンジは、クレジットカードのゴールド会員以上が無料で利用できるラウンジ。ホノルル空港のターミナル 2 の出国手続き後の保安区域内にある。無料ドリンクや Wi-Fi が利用でき、搭乗までの時間をのんびり過ごすことができる。利用可能時間は 7 時 30 分〜18 時。

032 サービスいろいろ！
クレジットカードの
会員専用ラウンジ

ホノルルには各クレジットカード会社の専用ラウンジがあり、カードの紛失や盗難などのトラブルに日本語で対応している。ほかにも、フリー Wi-Fi やベビーカーレンタル、ドリンクサービス、荷物の預かりなどうれしいサービスが用意されている。

クレジットカードラウンジ

楽天カード ワイキキラウンジ
ワイキキ 〔MAP〕 P.123-B3 📍インターナショナル マーケットプレイス 1F ☎ 808-300-4010 ⏰ 10:00〜20:00（最終受付 19:45）㊡ 無休

楽天カード アラモアナラウンジ
アラモアナ 〔MAP〕 P.124-C4 📍アラモアナセンター 3F エヴァウイング 山側 ☎ 808-400-9742 ⏰ 10:00〜20:00（最終受付 19:45）㊡ 無休

JCB プラザ ラウンジ・ホノルル
ワイキキ 〔MAP〕 P.123-B2 📍ワイキキ・ショッピング・プラザ 2F ☎ 800-775-0046 ／ 808-971-8111 ⏰ 9:00〜20:00 ㊡ 無休

三井住友（SMBC）カード VJ デスク
ワイキキ 〔MAP〕 P.123-B2 📍ワイキキ・ショッピング・プラザ 2F ☎ 800-926-6125 ⏰ 9:30〜18:00 ㊡ 無休

033 硬貨も OK！
余った外貨を
電子マネーに
画期的な両替機を活用

How to

使いきれなかったドルを両替所で日本円に再両替すると手数料がかかるうえに、両替されるのは紙幣だけなのであまりお得ではない。そこで注目したいのがポケットチェンジ。紙幣も硬貨も OK で専用端末で Suica や PASMO などの交通系電子マネーや amazon ギフト券などに交換できる。空港や主要駅に設置されているから便利。

ポケットチェンジ
〔URL〕 www.pocket-change. jp/ja

❶ 居住地に応じた交換先サービスを選択

❷ 紙幣と硬貨を投入

❸ その場で希望の電子マネーやギフト券に交換

Transportation

オアフ島
交通ガイド

目的地や予定に合わせて最適な移動手段を選んで、滞在中の移動費をコストダウン！

039 チャートで予習
日本とはちょっと違う ザ・バスの乗り方

HOLO カードをゲットして DaBus2 アプリをダウンロードしたら、目的地と路線を調べていざ乗車！

STEP 1 バス停で路線番号を確認

STEP 2 前方のドアから乗車

STEP 3 HOLO カードをリーダーにタッチ。現金は料金箱に投入。おつりは出ないので注意

STEP 4 停留所は前方の掲示板で確認

STEP 5 降りるバス停が掲示板に表示されたら近くのワイヤーを引いて合図。ボタン式のバスもある。中程のドアから降車。降車ドアがセンサー式の場合は「Touch here to open door」の表示部分に触れる。プレス式の場合は「Press to open」の取っ手を押す

バス車内でのNG
※ 飲食、飲酒、喫煙
※ 走行中のドライバーに話しかける
※ スーツケースなど大きな荷物の持ち込み

040 追加料金不要！行動範囲大幅UP!!
自転車と一緒にザ・バスに乗車

ザ・バスの車体前方のバイクラックは追加料金なしで利用可能。ローカルタウンに行くときレンタサイクルを持っていけば現地での行動範囲が一気に広がる！

037 たった $3！
100 路線以上で島を網羅する最安移動手段ザ・バス

THE BUS ザ・バス

2021 年に紙チケットが廃止され、支払いは現金または HOLO カード。移動費を抑えるなら HOLO カードが断然お得！

URL www.thebus.org　URL www.holocard.net/ja

	Adult Day Pass（大人用1日パス）カード発行料 $2+$7.50	Adult 7-Day Pass（大人用1週間パス）カード発行料 $2+$30	Adult Month Pass（大人用1ヵ月パス）カード発行料 $2+$80
ABC ストア（一部を除く）	○	—	—
スカイライン各駅券売機	○	—	—
セブン-イレブン	—	○	○
フードランド	—	○	○
パラマ・マーケット	—	○	○

HOLO カードの条件と使い方
- HOLO カードはひとり1枚必要
- 乗車時にカードリーダーにタッチ
- 運賃は1回目の乗車 $3 が引かれ、2時間半以内の乗り換えは無料。1日に何度乗車しても上限 $7.50 以上は引かれない（※現金支払いの場合は乗車1回ごとに $3。おつりは出ないので注意）
- 1日パスの有効期限は初日の午前3時〜2日目の午前2時59分
- 1日パスで翌日以降も乗車する場合は公式サイトでアカウントを作成しクレジットカードでチャージできる。アカウントを作成せずチャージする場合はセブン-イレブン、フードランドで現金のみで可能
- HOLO カードは損傷しないかぎり最低5年間使用可能
- ユース（6〜17歳）、シニア（65歳以上）バスはアラモアナ以外のサテライトシティホールかトランジットバスオフィス（📍611 Middle St. 🕐月〜金 7:30〜16:00）で購入可能

038 使える！ バス旅を強力サポート DaBus2 アプリ

ザ・バスの公式無料ナビゲーションアプリ。現在地から最も近いバス停を検索できるほか、ストリート名、バス停ナンバー、ルートナンバー（路線番号）、終着地、マップから検索可能。乗りたいバスが何分後に到着するかもわかる。

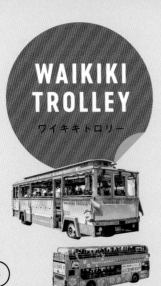

WAIKIKI TROLLEY
ワイキキトロリー

041 ハワイ初心者におすすめ！
ワイキキトロリー全ライン解説

オープンエアやダブルデッカータイプの車体があり、移動と観光両方のメリットがある。ピンク、ブルー、グリーン、レッドの4ラインある。各ラインの特徴と上手な利用法を参考に旅のプランに合わせてチケットを購入しよう。☎ 808-591-2561　URL waikikitrolley.com/jp

ライン	コース内容	上手な利用方法
ピンクライン	ワイキキの主要ホテルとアラモアナセンターを一周 約60分で巡回	1日乗り放題パス $5 で、ザ・バスの1日上限 $7.50 よりお得。約15分間隔で運行し、アラモアナセンターへ行くなら断然ワイキキトロリーがおすすめ
ブルーライン	ダイヤモンドヘッド、カハラモール、東海岸沿いの景勝地を約110分で巡回	ハワイらしい景色を堪能できるコース。約40分間隔で運行しているので、気になるスポットで降りて散策やショッピングを楽しんで次の便に乗車するのも◎
グリーンライン	ダイヤモンドヘッドの周囲とクレーターを約60分で巡回	ダイヤモンドヘッドへトレッキングに行く際の移動手段として便利。毎週土曜は KCC ファーマーズマーケットにも停車する
レッドライン	ダウンタウン、カカアコ、ワードなどワイキキ西側のタウンを約110分で巡回	歴史的な見どころの多いダウンタウン観光に最適。人気のショッピング＆グルメスポットが集中するカカアコやワード散策の移動手段としても使える

042 オンラインでもOK！
ワイキキトロリーの
チケットの種類と購入方法

1ラインごとや全ライン乗り放題などチケットの種類は複数。オンラインまたは現地オフィスで購入できる。1ライン1日乗り放題パスなら乗車の際にドライバーから現金購入も可能。

ワイキキトロリーチケット販売所
ワイキキ　MAP P.123-B2　♥ワイキキ・ショッピング・プラザ 1F　⏰8:00～17:00　㊡無休

チケットの種類	大人料金	3～11歳料金 (2歳以下無料)	条件など
ピンクライン1日乗り放題パス	$5.50	$5.50	―
ブルーライン1日乗り放題パス	$31.50	$21	―
グリーンライン1日乗り放題パス	$19	$12.75	―
レッドライン1日乗り放題パス	$31.50	$21	―
全ライン1日乗り放題パス	$57.75	$31.50	使用した日の翌日も無料で乗り放題になる
全ライン4日間乗り放題パス	$68.25	$42	使用した初日から7日以内の4日間を選択して利用できる
全ライン7日間乗り放題パス	$78.75	$52.50	使用した初日から10日以内の7日間を選択して利用できる

044 ワイキキトロリーの
チケットで
お得なディスカウントGet！

ワイキキトロリーでアクセスできるスポットのなかに、チケットを提示するだけでディスカウントを受けられるカフェやショップがある。スポットや最寄りの停留所などは公式サイトをチェック！

043 超お得な
キャンペーン
JCBカード提示で
ピンクラインが無料に！

JCB ブランドのクレジットカードを持っていると1枚で大人2名、11歳以下の子供2名（2歳以下無料）のピンクライン乗車が無料！乗車時にドライバーに見せるだけ。キャンペーンは2025年3月31日まで。URL www.jcb.jp

045 ワイキキ～カカアコ
無料トロリー登場！

アンドユークリエーションズ
ワイキキ　MAP P.122-B2
♥ 307 Lewers St. 4F　⏰8:00～18:30（チケット配布 7:30～）　㊡無休　⊕ turtletrolley.com/ja

マリンアクティビティのツアーを催行するアンドユークリエーションズがワイキキ～カカアコ間で無料トロリーを運行。現地オフィスでチケットを配布。※パレードなどの場合はルート変更または運休の可能性あり。

TURTLES TROLLEY
タートルトロリー

046

公式アプリ PBSC

近隣タウンへスイスイ♪
シェア自転車 biki が便利すぎる！

biki
ビキ

ワイキキを中心に東はカイムキやKCCファーマーズマーケット、西はダウンタウン、北はハワイ大学マノア校まで130ヵ所以上にスポットが点在。ロコタウンへ安く時短で行くならbikiが最適！まずは借り方と返却方法をチェック！

URL gobiki.org/Japanese

STEP 1 自転車のあるストップへ。公式ウェブやアプリPBSCでは近くのスポットや台数などの情報をオンタイムで取得できる

STEP 2 タッチパネル左上の「English」を日本語に変更し、「利用許可証の購入」を選択

biki の返し方
公式ウェブやアプリでストップを探す。空きドックに自転車を押し込み、緑色のランプが点灯すれば終了

STEP 3 借りる台数、利用プランを選び、「利用条件に同意する」をタッチ。クレジットカードを挿入しすぐ引き出す

STEP 4 日本の電話番号と郵便番号を入力。保証金$50とプラン料金を確認後、同意。乗車コードが表示されたら印刷

STEP 5 STEP4で取得した乗車コードをドック左側の①②③のボタンに入力。ランプが緑色になったら自転車を取り出す

048

事前にチェック
bikiを安全に乗りこなす基本の交通ルール

安全に利用するためにハワイでの自転車の乗り方を確認しておこう。

- 16歳以下はヘルメット必須。それ以外も着用推奨
- 信号や停止標識など交通ルールに従う
- バイクレーンがある場合はレーンの矢印方向に従って走行
- 車道右側の右端走行が原則。一部住宅街では歩道走行も可

047

移動にも観光にも◎
賢く使えるbikiの料金プラン

利用方法を把握したら次はプラン選び。料金が3プランあり、自分に合うものを選んで行動範囲を広げてみよう！

プラン	料金	条件など
ワンウエイ	$4.50	1回30分以内の利用が可能で、ストップ返却で終了
ザ・ジャンパー	$12	24時間何度でも利用可能。1回の利用は30分以内で、30分を超えると30分ごとに$5加算される
ザ・エクスプローラー	$30	300分（5時間）利用可能。1回の利用制限はなく、ドックに返却している間は利用時間が止まる。有効期限は1年間

050

専用アプリでレンタルOK
電動キックボード

Go-X
ゴーエックス

ハワイではクルーザーと呼ばれる。料金はロック解除料$1+1分$0.88、35分$9.99、1日$49.99。ワイキキを中心に約50のストップがある。利用は16歳以上で、時速約15マイル（約24km）。**URL goxapp.com/scooter-rentals-in-honolulu**

049

オアフの最新交通網
西側を結ぶ鉄道スカイライン一部開業！

SKYLINE
スカイライン

2023年にイースト・カポレイ〜アロハスタジアム間が運行開始。2025年にダニエル・K・イノウエ国際空港、2031年にダウンタウン、最終的にはアラモアナセンターまで延線予定。HOLOカードで乗車でき、使用条件はザ・バスと同じ。

051 到着日から借りたい！
空港内のレンタカーセンターで手続き

交通手段としては安くないけれど自由度は満点。日数を絞ってレンタルするのがおすすめ。到着日に借りるなら空港内のレンタカーセンターへ。到着ロビー出口から徒歩約7分の別棟にあり、無料シャトルバスも運行している。

到着&実用ガイド｜テクニック

054 節約重視
ホテル＆人気タウンの駐車場事情

ホテルの駐車場料金は1日$20～40。なかには駐車場無料のホテルもあるので、レンタカーを利用するなら、その点も考慮してホテル選びをしよう。ホテルでは車寄せでスタッフに車を預けるバレーパーキングとセルフパーキングがある。バレーパーキングは車を受け取る際にチップ$2～5を手渡す。節約するならセルフパーキングがおすすめ。人気タウンの無料＆格安駐車場もチェック！

エリア	駐車場	料金
アラモアナ	アラモアナセンター	無料
	ウォルマート	無料
ワード	ワードビレッジ	無料
	ホールフーズ・マーケット	無料
カカアコ	ソルトアットアワーカカアコ	1時間無料
	Hマート	1時間無料
	ダウントゥアース	$5利用で2時間無料

052 いざというときも安心
もしもに備えて任意保険に加入しよう

自動的に自動車損害賠償保険（LP／LI／PP）が付帯されているが、保証内容は最低限度で十分とはいえない。以下の保険も追加で申し込みたい。

- CDW、LDW 自車両損害補償制度
- PAI 搭乗者傷害保険
- PEC、PPP 携行品保険
- LIS、ALI、SLI 追加自動車損害賠償保険

053 標識はもちろん英語
交通ルールを頭に入れて安全運転！

快適ドライブのために覚えておきたい交通ルールをチェック！

●左ハンドル、右側走行
日本とは逆。右折や左折後、駐車場から出るときなど反対車線に入らないように注意

●シートベルト
全席シートベルト、1歳未満はベビーシート、4歳未満はチャイルドシート、8歳未満はブースターシートが義務付けられている

●マイル表示
制限速度や距離の標識の数字はマイル表示。1マイル＝約1.6km

●スクールバス優先
スクールバスが停車中は後続車も対向車も停車し、バスが発車するまで待機

●赤信号でも右折OK
右折レーンで一旦停止して安全確認をして右に曲がる。「NO RIGHT TURN ON RED」の標識がある場合は赤信号での右折禁止

055 レンタカー返却
ガソリンはセルフで満タン返却がお得

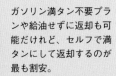

ガソリン満タン不要プランや給油せずに返却も可能だけれど、セルフで満タンにして返却するのが最も割安。

056 使い方次第では割安
ハワイのタクシー事情

TAXI
タクシー

自由度が高くグループで利用するなら割安感もある。ハワイに流しのタクシーはほぼいないので、タクシー乗り場を利用しよう。料金は会社により異なるが初乗り$3～4、メーター制で約200mごとに$0.45追加。降車時にメーターの表示額に15～20%のチップを加算して支払う。Uberや定額制タクシー（P.16参照）も上手に利用しよう。

RENT A CAR
レンタカー

GOURMET

グルメ

一食たりとも失敗したくないバカンス中の食事。おいしいのは絶対条件として
$1でも安く、雰囲気も楽しめて、ハワイならでのプラスαなどなど、こだわりまくって選びたい！

059 店が決まったら
レストランを予約しよう

ハワイ滞在の貴重な時間を無駄にしないためにも行きたいレストランが決まったら予約するのがおすすめ。レストランの公式サイトで直接予約できない場合は、yelp（右記）のほかに予約サイト OpenTable（オープンテーブル）をチェックしてみよう。OpenTable も yelp 同様、店の総合評価や予算、基本情報、レビュー、写真が投稿されている。予約に特化しているので、リアルタイムで空席情報がわかるのが便利。無料スマホアプリもあり、日本語表示も選べる。登録無料のアカウントを作成しログインして予約するとポイントが貯まり、レストランでの割引などに使える。

GET
APP!

060 特別なオーダー
コンシェルジュや
カードラウンジ に依頼

テラス席希望、子供用のメニューなどレストランへの特別な依頼は OpenTable でも可能だけれど、書き込みはもちろん英語。困ったらホテルの日本語コンシェルジュやクレジットカードのラウンジへ相談しよう。

061 店からの情報発信をゲット
お目当ては
SNS をフォロー

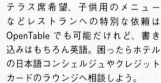

気になるグルメスポットを見つけたら公式 SNS をフォロー。スペシャルイベントやお得メニューなどをいち早くゲットできる。

057 みんな大好き！
クーポンが
物価高騰から助ける！

ワイキキの街なかに設置されたマガジンスタンドにはフリーペーパーが置かれている。最新情報とともに、レストランやショップ、アクティビティのクーポンを掲載。日本語だけでなく英語版も入手しておこう。また、各種クレジットカードでも会員専用のクーポンを発行している。さらに、ハワイの情報サイトにもクーポンがいっぱい。検索を駆使してお得をゲットしよう！

058 レストラン探しに
クチコミサイト
yelp を活用

GET
APP!

yelp（イェルプ）はアメリカのレビューサイト。店の総合評価は5段階の星、予算は4段階の$で表示。住所や地図、営業時間、料理のカテゴリーなどの店舗情報が掲載されている。エリアやカテゴリー、店名から店選びが可能。利用者が投稿した画像で料理や店の雰囲気も確認できる。店によってはサイトで予約やテイクアウト、デリバリーのオーダーも可能。無料のスマホアプリもあるのでダウンロードして活用しよう。

063

さらに高コスパ
目指して行きたい
ロコタウンの
ハッピーアワー

ワイキキ以外のローカルタウンには地元の人がリアルに通う人気レストランが多い。こちらももちろんハッピーアワーを実施中。ワイキキからもアクセスがよくクチコミ人気の高いハッピーアワー実施店はこちら！

ロコタウンのレストラン	ハッピーアワー
1938 Indochine 1938 インドシナ ➡ P.51 カカアコ [MAP] P.125-C2 ♀ 602 Ala Moana Blvd. ☎ 808-545-7777 ⏰ 16:00 ～ 22:00（木～土～23:00）休 無休 [CARD] A J M V ⊕ 1938indochine.com	月～金 16:00-18:00 月～木 20:00-閉店 グラスヌードル $12、フライドライス $15、オイスターシューター %5、ビール $6 ～ほか
Mariposa マリポサ アラモアナ [MAP] P.124-C4 ♀ アラモアナセンター内ニーマン・マーカス3F ☎ 808-951-3420 ⏰ 11:00 ～ 15:00（土～15:30、日～16:30）休 無休 [CARD] A J M V ⊕ neimanmarcushawaii.com	金 17:00-19:30 （土 16:30-19:30） カフクコーンチャウダーボウル $12、アジアンフライドチキン $15、カルビステーキ $36、ビール $4 ほか
Merriman's Honolulu メリマンズ・ホノルル ワード [MAP] P.125-C3 ♀ 1108 Auahi St. ☎ 808-215-0022 ⏰ 11:00 ～ 21:00 休 無休 [CARD] A J M V ⊕ www.merrimanshawaii.com	15:00-16:45 （最終オーダー） パルメザントリュフフライ $6、オーガニックタロフムス $9、カルアピッグタコス $10、生ビール $2 割引ほか
Moku Kitchen モクキッチン カカアコ [MAP] P.125-C2 ♀ ソルトアットアワーカカアコ1F ☎ 808-591-6658 ⏰ 11:00 ～ 21:00（木～土～22:00）休 無休 [CARD] A J M V ⊕ www.mokukitchen.com	14:00-17:30 小皿料理全品 50％割引、ピザ $12、生ビール・グラスワイン・ドリンクすべて $2 割引
Off The Wall オフザウォール ワード [MAP] P.124-C4 ♀ サウスショア・マーケット1F ☎ 808-593-2337 ⏰ 11:00 ～ 22:00（木～23:00、金・土～23:30、日～21:00）休 無休 [CARD] A J M V ⊕ www.offthewallhawaii.com	月～木 15:00-17:00 ウイング $2、フムス $8.50、クリスピー芽キャベツ $11.90、フライドカラマリ $13.60、アヒタルタルナチョス $14.55 ほか
The Signature Prime Steak & Seafood シグネチャー・プライムステーキ＆シーフード アラモアナ [MAP] P.124-B5 ♀ アラモアナ・ホテル・バイ・マントラ内 ☎ 808-949-3636 ⏰ 16:30 ～ 22:00 休 無休 [CARD] A J M V ⊕ www.signatureprimesteak.com	16:30-18:30 フード・ドリンク 50％割引（ステーキスライダー $7.50、プライムステーキチップス $9、アヒタルタル $11.50、ビール $6.50 ほか）
Vein at Kakaako ヴェインアットカカアコ カカアコ [MAP] P.125-C2 ♀ ソルトアットアワーカカアコ1F ☎ 808-376-4800 ⏰ 16:30 ～ 22:00（20:30 最終着席）休 日 [CARD] A J M V ⊕ www.veinatkakaako.com	16:00-18:00 全パスタメニュー 18％割引（サルティンボッカ $24、キノコのリゾット・トリュフの香り $26、ウニのカルボナーラ $40、ボロネーゼ・リガトーニ $30 ほか）

062　時間をずらすだけ

人気店のメニューが超お得！
ワイキキのハッピーアワー

ハッピーアワーは客が少ない時間帯に設けられたお得なサービス。通常メニューが割引になったり、ハッピーアワー用の高コスパメニューを用意。多くのレストランで採用しているけれど、ワイキキで特に評判のいいハッピーアワー実施店はこちら！

時間をずらすだけで人気レストランの人気メニューがリーズナブルに食べられる！

ワイキキのレストラン	ハッピーアワー
Appetito Craft Pizza & Wine Bar アペティートクラフトピザ＆ワインバー [MAP] P.123-B3 ♀ オハナ・ワイキキ・イースト by アウトリガー内 ☎ 808-922-1150 ⏰ 15:00 ～ 20:45（最終着席）休 無休 [CARD] A J M V ⊕ appetitowaikiki.com	15:00-18:00 ピザ $15 ～、ブブ $8 ～、ビール $6、グラスワイン $7、カクテル $10 ほか
Deck. デック ➡ P.43 [MAP] P.122-C6 ♀ クイーンカピオラニホテル内 ☎ 808-556-2435 ⏰ 6:30 ～ 22:00（金・土～23:00）休 無休 [CARD] A D J M V ⊕ deckwaikiki.com	ドリンク 14:00-18:00 フード 16:00-18:00 ハマチカルパッチョ $15、ブレイズドショートリブ $29、ビール $6 ほか
Island Vintage Wine Bar アイランド・ヴィンテージ・ワインバー ➡ P.47,51 [MAP] P.123-C2 ♀ ロイヤル・ハワイアン・センター C館2F ☎ 808-799-9463 ⏰ 7:00 ～ L.O.21:30 休 無休 [CARD] A D J M V ⊕ www.islandvintagewinebar.com	15:00-17:00 ポケ弁当ボックス $10、カプレーゼサラダ $10、ビール $6、グラスワイン $7
Maui Brewing Co. マウイブリューイングカンパニー ➡ P.57 [MAP] P.123-B3 ♀ アウトリガー・ワイキキ・ビーチコマー・ホテル内 ☎ 808-843-2739 ⏰ 11:00 ～ 23:00（金・土～23:00）休 無休 [CARD] A J M V ⊕ www.mbcrestaurants.com/waikiki	月～金 15:30-16:30 日～木 21:30-22:30 アペタイザー 50％割引、ピザ $12、ビール $2 割引、カクテル $3 割引
Monkeypod Kitchen モンキーポッド・キッチン ➡ P.43,51 [MAP] P.123-D1 ♀ アウトリガー・リーフ・ワイキキ・ビーチ・リゾート内 ☎ 808-900-4226 ⏰ 7:00 ～ 23:00 休 無休 [CARD] A J M V ⊕ www.monkeypodkitchen.com ♠ コオリナ	15:30-17:00 アペタイザー 50％割引、ピザ $14、ビール $2 割引、グラスワイン $3 割引、カクテル $4 割引
Ruth's Chris Steak House ルースズ・クリス・ステーキハウス ➡ P.55 [MAP] P.123-C2 ♀ ワイキキ・ビーチ・ウォーク2F ☎ 808-440-7910 ⏰ 16:00 ～ 22:00（金・土～22:30、日～21:00）休 無休 [CARD] A D J M V ⊕ jp.ruthschrishawaii.com ♠ ウォーターフロントプラザ	プライムタイム 16:00-19:00 プリフィックススペシャルメニュー（前菜・ステーキ・サイド・デザート）$59
Stripsteak Waikikiki ストリップステーキワイキキ ➡ P.51,55 [MAP] P.123-B3 ♀ インターナショナルマーケットプレイス3F ☎ 808-896-2545 ⏰ 11:00 ～ 21:00（金・土～22:00）休 月 [CARD] A D J M V ⊕ www.michaelmina.net/restaurants/stripsteak-waikiki-jp	火～日 16:00-18:00 スパイシーアヒツナタコ $7、ポークベリーバオパン $8、ビール $6、カクテル $10
Wolfgang's Steak House ウルフギャング・ステーキハウス ➡ P.46,47,51,55 [MAP] P.123-C2 ♀ ロイヤル・ハワイアン・センターC館2F ☎ 808-922-3600 ⏰ 7:00 ～ 22:30（金・土～23:00）休 無休 [CARD] A D J M V ⊕ wolfgangssteakhouse.jp	月～金 15:00-18:30 ミニロコモコ $12、ステーキスライダー $24、シーフードコンボ $26、カクテル $8 ほか

067 料理選びの参考に
メニューの ハワイ語

本場のポケボウル（右）とハウピアパイ（下）もおすすめ

ハワイのレストランメニューにはさまざまなハワイ語が使われている。メニューによく登場する単語を覚えて、料理選びの参考にして。

ハワイ語	読み	解説
Poke	ポケ	魚の切り身をマリネした料理。英語の発音はポキ
Ahi	アヒ	マグロ
Mahi Mahi	マヒマヒ	シイラ
Aku	アク	カツオ
Ono	オノ	おいしい
Pupu	ププ	前菜、オードブル、おつまみ
Huli Huli	フリフリ	回転。鶏肉を回して焼く料理がフリフリチキン
Lilikoi	リリコイ	パッションフルーツ
Kalo	カロ	里芋に似たイモ。タロ
Haupia	ハウピア	ココナッツミルクのデザート
Keik	ケイキ	子供。ケイキメニューはキッズメニュー

064 閉まっていた！ を回避
レストランの 営業時間に注意

日本より1日中通しで営業するレストランが少ないハワイ。朝食グルメをサーブする店では、早朝から営業を開始し、14～15時閉店ということが多い。逆にファインダイニングなどではディナーしか営業していない店も。また、ランチとディナーの間は一度閉店する店もある。

065 ビーサン＆短パンOK？
レストランの ドレスコード

一流ホテルのダイニングやハイエンドなレストランでは、女性はエレガントな装い、男性はジャケット＆長ズボン＆革靴で、デニムやTシャツはNG。それ以外でもディナーの場合はきれいめリゾートカジュアルで、女性はワンピース、男性はアロハシャツ＆長ズボンでまとめよう。

068 歳をとるのも悪くない
シニア割引で 得しちゃおう！

ハワイでは、ファミレスやファストフード店の多くがシニア向けのサービスを設けている。旅行者でもパスポートを提示するだけでサービスを受けられるので、対象者はドンドン活用しよう！

KFC	55歳以上フードの注文で1ドリンク無料
アイホップ	55歳以上 10%割引
アンティ・アンズ	65歳以上 10%割引
ウェンディーズ	55歳以上 10%割引
オリジナルパンケーキハウス	55歳以上シニアプレート注文可
サブウェイ	60歳以上 10%割引
ジャック・イン・ザ・ボックス	55歳以上 20%割引
タコベル	65歳以上 5%割引または1ドリンク無料
チリズ	55歳以上 10%割引
デニーズ	55歳以上 10%割引
バーガーキング	60歳以上ドリンク10%割引
ベン＆ジェリー	60歳以上 10%割引
マクドナルド	55歳以上シニアコーヒー注文可

066 お気に入りで乾杯♪
BYOBレストランは 安上がり！

BYOBとは「Bring Your Own Beverage（またはBottle）」の頭文字で、レストランに酒の持ち込みOKの意味。スーパーやコンビニで自分の好きなお酒を安く購入できるので、レストランで注文するよりお得。

店のグラスを使用した場合などはチップを多めに

071 現地で大捜索
物価高に対抗！
$10以下メニュー

ハワイ滞在中の食事を思う存分楽しみたいけれど、物価高騰は大きな悩みの種。ときには安く済ませてバランスをとりたい。そんなときに活用したい $10以下で満足できるメニューを提供するおすすめのグルメスポットはこちら！

グルメ｜テクニック

レストラン	メニュー
Diamond Head Market & Grill ダイヤモンドヘッド・マーケット＆グリル モンサラット通り [MAP] P.120-C4 📍 3158 Monsarrat Ave. ☎ 808-732-0077 🕐 7:00 ～ 20:00 🈺 月～金 15:00 ～ 16:00 CARD A J M V 🌐 www.diamondheadmarket.com	◆ サンドイッチ＆ バーガー $9 ～
Forty Niner Hawaii フォーティナイナー・ハワイ ➡ P.58 ワイキキ [MAP] P.123-A2 📍 445 Seaside Ave. アイランドコロニー内 ☎ 808-923-2058 🕐 7:00 ～ 15:00 🈺 CARD A J M V 🌐 www.fortyninerhawaii.com 🏠 アイエア	◆ パンケーキ $8.05 ～ ◆ ワッフル $9.50 ～ ◆ ブレックファスト セット $9.95 ～
Guava Smoked グァバスモークド ➡ P.50 カパフル通り [MAP] P.120-C4 📍 567 Kapahulu Ave. 2F ☎ 808-913-2100 🕐 11:00 ～ 20:00 🈺 無休 CARD A J M V 🌐 www.guavasmoked.com 🏠 カリヒ、パールリッジ・センター	◆ フライドライス $7.64 ◆ ミートチリ $8.60 ◆ ハンバーガーステーキ $9.55
Hank's Haute Dogs ハンクスオートドッグ カカアコ [MAP] P.125-C2 📍 ソルトアットアワーカカアコ 1F ☎ 808-532-4265 🕐 11:00 ～ 16:00（木～土～19:00、日～18:00）🈺 無休 CARD A J M V 🌐 www.hankshautedogs.com	◆ ホットドッグ $5.65 ～ ◆ ハンクバーガー $8.95
Musubi Cafe Iyasume むすびカフェいやす夢 ワイキキ [MAP] P.123-C2 📍 ワイキキ・ビーチ・ウォーク 1F ☎ 808-383-3442 🕐 7:00 ～ 21:00 🈺 無休 CARD A J M V 🌐 iyasumehawaii.com 🏠 ワイキキ、アラモアナセンターほか	◆ おにぎり 1 個 $2.28 ～ ◆ スパムむすび 1 個 $2.28 ～ ◆ むすびパック（弁当） $4.58 ～
Rainbow Drive-In レインボードライブイン ➡ P.47,50 カパフル通り [MAP] P.120-C4 📍 3308 Kanaina Ave. ☎ 808-737-0177 🕐 7:00 ～ 21:00（月 11:00 ～ 19:00）🈺 無休 CARD A J M V 🌐 rainbowdrivein.com 🏠 カリヒ、パールリッジ・センター	◆ サンドイッチ＆ バーガー $4.75 ～ 8.25 ◆ ロコモコボウル $7.50

069 食べきれなかった料理は
気軽にお持ち帰り

ハワイのレストランの料理はどれもボリューム満点。食べきれなかったときは、スタッフに「Can I have a to-go box?」または「Box please」と声をかければ、持ち帰り用の容器を用意してくれる。ハワイでは一般的なので気軽に尋ねてみよう。

070 超人気店だから仕方ない……
4つの裏ワザで行列回避

ハワイの人気レストランはかなり混雑していて、予約不可の場合は行列必至。でも、旅の貴重な時間を並ぶのに費やすのはもったいない。行列を回避する裏技を駆使してみよう。

1 時間をずらす

1日中通しで営業しているレストランなら、ランチとディナーの間の時間が狙い目。特にハッピーアワーを実施しているレストランなら料金的にもお得になる。

2 モバイルオーダー＆テイクアウト

ハワイではほとんどのレストランがテイクアウトに対応。最近ではモバイルオーダーを採用している店も多く、公式サイトや yelp（P.24）の時間指定でオーダー＆ピックアップで時短！

3 デリバリーを利用

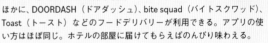

ハワイでも Uber Eats は利用可能。ほかに、DOORDASH（ドアダッシュ）、bite squad（バイトスクワッド）、Toast（トースト）などのフードデリバリーが利用できる。アプリの使い方はほぼ同じ。ホテルの部屋に届けてもらえばのんびり味わえる。

4 支店を狙う

本店が大行列でも支店なら並ばず入店できることも。例えば、エッグスンシングスのアラモアナ店、モケズのカイムキ店などは本店より混雑が少ない。

Eggs'n Things
エッグスンシングス
アラモアナ [MAP] P.124-C4 📍 451 Piikoi St. ☎ 808-538-3447 🕐 7:00 ～ 14:00 🈺 無休 CARD A J M V 🌐 eggsnthings.com 🏠 ワイキキ

Moke's モケズ
カイムキ [MAP] P.120-A4
📍 1127 11th Ave. ☎ 808-367-0571 🕐 7:30 ～ 14:00（土・日 7:00 ～）🈺 月 CARD A J M V 🌐 www.mokeshawaii.com 🏠 カイルア

Food Hall & Food Court

フードホール＆
フードコート

選択肢が多くてリーズナブルでおいしい！ ハワイ滞在中に全スポットを制覇したい！

073 ほっとひと息 旅行者に大人気の パイナラナイ

日本でもよく見るフードコートスタイルで入りやすい。プレートランチからスイーツまで 13 店舗があり、買い物途中やビーチの行き帰りに立ち寄る人も多い。注目度の高いメニューはこちら。

Paina Lanai パイナラナイ

ワイキキ [MAP] P.123-C2 ♀ロイヤル・ハワイアン・センター B 館 2F ☎ 808-922-2299 ⏰ 10:00 〜 21:00（※店舗により多少異なる）㊡ 無休
[CARD] A J M V ⊕ jp.royalhawaiiancenter.com

ハンバーガー	マハロハバーガー

マハロハバーガー $7.45、ロコモコバーガー $7.45、ビーフドッグ $5.45

フォー	フォーファクトリー

ビーフフォー $9.99、チキン BBQ $9.69、クリスピーチキンフライドライス $10.89

プレートランチ	L&L ハワイアンバーベキュー

BBQ ミックス $22.95、BBQ チキンボウル $12.25、チーズバーガー $6.95

プレートランチ	チャンピオンズ・ステーキ＆シーフード

ニューヨークステーキ＆ガーリックシュリンププレート $25.75

スイーツ	ココロカフェ

シャカブーン $8、モチポップ $3.75、ドールホイップフロート $8

072 ワイキキの中心 おしゃれなグルメスポット ワイキキ・フードホール

フードホールとはフードコートに付加価値をプラスしてグレードアップさせたスタイルのこと。さまざまな料理を 1 ヵ所でリーズナブルに楽しめてお得。8 店舗が並ぶワイキキ・フードホールのおすすめメニューをチェック！

Waikiki Food Hall
ワイキキ・フードホール

ワイキキ [MAP] P.123-C2 ♀ロイヤル・ハワイアン・センター C 館 3F ☎ 808-376-0435 ⏰ 11:00 〜 21:00 ㊡ 無休 [CARD] A J M V ⊕ waikikifoodhall.com

肉料理	ミータリーボーイズ

カレーライス $7、ステーキプレート $17.80

ポークたまおにぎり	ポーたま

スタンダード 1 個 $5、スタンダード 6 種入りボックス $25

ガーリックシュリンプ	ファイブスターシュリンプ

ガーリックシュリンプ $15.50、ステーキ＆シュリンププレート $18.50

イタリアン	アレグリーニ・ワイキキ

毎日 14 〜 18 時はハッピーアワーのパスタとサラダのセット $15.60

074 フードホールの先駆け 世界旅行気分が味わえる クヒオ・アベニュー・フードホール

規模は大きくないものの、ウッド調の落ち着いた店内で世界各国の料理が楽しめるのが魅力。朝食を提供するカフェ、ボリューミーなランチ、トロピカルカクテルが楽しめるバーなど、用途を変えて 1 日に何度も利用できる。

Kuhio Avenue Food Hall クヒオ・アベニュー・フードホール

ワイキキ [MAP] P.123-B3 ♀インターナショナル マーケットプレイス 1F ⏰ 11:00 〜 21:00（カフェワイキキ 8:00 〜 18:00、ハワイホーギーカンパニー 11:00 〜 18:00、チーホー BBQ、ラ・ピニャ・カンティーナ 16:00 〜 21:00）
㊡ 無休 [CARD] A J M V ⊕ www.kuhioavenuefoodhall.com

ハンバーガー	カフェワイキキ

アサイボウル $14、バナナブレッド $4、スムージー $9 〜

メキシカン	ラ・ピニャ・カンティーナ

タコス $16 〜、ブレックファストブリトー $10、エロテ $9

ギリシア料理	グリークグロット

ラップ $15、フムス $9、ババガヌーシュ $9

BBQ	チーホー BBQ

BBQ バックリブ $18、チキンプレート $16

バーガー	バンザイ・バーガー

ハンバーガー $12 〜、スライダー＆フライ $10

バー	ティプシーティキ

毎日 14 〜 17 時はハッピーアワー

077 フードコートの集大成
ホノルル最大規模の
マカイ・マーケット・フードコート

アラモアナセンター内のフードコート。ホノルル最大規模の約30店舗が軒を連ね、目移りしそうなほど充実。ロコに評判の高コスパなスポットはこちら。

Makai Market Food Court
マカイ・マーケット・フードコート

アラモアナ [MAP] P.124-C4 ● アラモアナセンター 1F センターコート海側 ☎ 808-955-9517 ◯ 10:00 ～ 20:00 ㊑ 無休 [CARD] A J M V ● www.alamoanacenter.com

チキンバーガー チックフィレイ
チックフィレイチキンサンド $6.29 ～、マック＆チーズ $5.19

BBQ ヤミーコリアン BBQ
BBQ ビーフ $18.95、ビビンバ $16.95

ブリスケット L.A. ブリスケット
ブリスケットサンドイッチ $16 ～、エロテ $7

078 こだわりのラインアップ
穴場的スポット
ラナイ＠アラモアナセンター

10店舗ほどと小規模だけれど、マカイ・マーケット・フードコートより落ち着いた雰囲気で、ゆったりと食事が楽しめる。飲茶や日本のラーメン、韓国料理、毎日ハッピーアワーがあるワインバーも！

The Lanai
@Ala Moana Center
ラナイ＠アラモアナセンター

アラモアナ [MAP] P.124-C4 ● アラモアナセンター 2F ダイヤモンドヘッドウイング山側 ☎ 808-955-9517 ◯ 10:00 ～ 20:00 ㊑ 無休 [CARD] A J M V ● www.alamoanacenter.com

韓国料理 ソウルミックス 2.0
ビビンバ $10.50、キムパ $6.95

ラーメン 神座ラーメン
おいしいラーメン $14.99、餃子 $7.99

バー アガヴェ＆ヴァイン
毎日 15 ～ 18 時はハッピーアワーでビール $4、グラスワイン $5。日替わりで割引メニューあり

075 フルサービスレストランも
名物メニューもある
デュークスレーン・マーケット＆イータリー

ABC ストアの系列マーケットには 6 つのグルメスポットが併設されている。特にバサルトはフードホールの店舗とは思えないクオリティの高さとハッピーアワーのお得さが人気。真っ黒なチャコール・バターミルクパンケーキも名物。

Dukes Lane Market & Eatery
デュークスレーン・マーケット＆イータリー

ワイキキ [MAP] P.123-B2 ● ハイアット セントリック ワイキキ ビーチ内 ☎ 808-923-5692 ◯ 7:00 ～ 21:00（バサルト月・火・木・金 8:00 ～ 13:00、土・日 7:00 ～ 13:30、毎日 17:00 ～ 21:00）㊑ 無休 [CARD] A J M V ● www.dukeslanehawaii.com

アメリカ料理 バサルト
毎日 15 ～ 17 時はハッピーアワーでポケボウル $8、ハッピーアワーバーガー $8、ピザ $8 ～、ビール $4 ～

ロティサリーチキン スピットファイヤ
アイランドブレックファスト $10.49、ポケボウル $12.99 ～、ピザ $8.99 ～

カフェ アイランドグルメコーヒー
ブレンドコーヒー $1.99 ～、エスプレッソ $2.99 ～、カフェラテ $5.99 ～

076 ラーメンに天ぷらも！
スティックス・アジアで
アジア料理を堪能

カラカウア通り沿いにあるアジアンフードホール。日本、台湾、香港、ベトナム料理のほか、抹茶スイーツ、上海をイメージしたバーの13店舗がある。ラーメン、天ぷら、寿司、うどんなど日本食が恋しくなったらここ！

STIX Asia スティックス・アジア

ワイキキ [MAP] P.123-B2 ● ワイキキ・ショッピング・プラザ B1F ◯ 11:00 ～ 22:00 ㊑ 無休 [CARD] A J M V ● www.stixasia.com

ラーメン 梅光軒
みそらーめん $16.48、餃子 $6.48

天ぷら 喜々
喜々定食 $25、かき揚げ丼 $13

抹茶カフェ ナナズグリーンティー
抹茶ソフト $6 ～

Deli & Grocerant

デリ＆
グローサラント

スーパーのデリは節約グルメの宝庫。さらに、レベルの高いグローサラントにも注目！

080 スーパーとは思えない！
ワインバー＆カクテルラウンジを併設する
フードランドファームズ

デリフードの味のよさと充実度ではハワイ随一。プレートランチ店のハイステーキも入店しているので、いろいろ買ってイートインスペースで味わいたい。店内で注目すべきは酒売り場内にあるザ・バー。ワインカンパニーの運営で本格ワインとフードランドのシェフ監修のプブがカウンターで味わえる。さらに酒売り場を抜けた先には、なんとカクテルラウンジのイレブンも！スーパーにいることを忘れてしまいそう。

ザ・バーで気に入ったワインやおつまみは売り場ですぐに購入することもできる

フードランドファームズのポケや寿司、お弁当はおいしいと評判

Foodland Farms
フードランドファームズ（ザ・バー）

ワイキキ [MAP] P.124-C4
📍 アラモアナセンター 1F エヴァウイング西端 ☎ 808-949-5044（ザ・バー 808-949-2996）🕐 6:00 ～ 22:00（ザ・バー 12:00 ～ 20:00）
㊡ 無休 [CARD] A M V
🌐 jp.foodland.com

隠れ家的な雰囲気のイレブン

HI Steak ハイステーキ
📍 フードランドファームズ内
☎ 808-949-8746 🕐 11:00 ～ 19:00 ㊡ 無休 [CARD] A J M V 🌐 www.histeaks.com
※自分の好みでトッピングを選べるステーキ丼 $17 ～

Eleven イレブン ➡ P.59
📍 フードランドファームズ内.
☎ 808-949-2990 🕐 11:00 ～ 23:00（金・土 16:30 ～ 24:00）㊡ 月・火 [CARD] A J M V
🌐 www.elevenhnl.com
※金曜はアロハフライデイスペシャル：プブ $20、ビール $5

079 2023年オープン
グルメスポットとしても大注目
ワイキキマーケット

ワイキキに誕生した本格スーパーのデリが高コスパと評判。ポケ、ローカルプレート、ライス、ベイクショップの4コーナーあり、イートインスペースも併設。レストランよりリーズナブルに好きなものを気軽に味わえる。さらに、ふたつの高レベルなグローサラント（グロッサリー＋レストランの造語で、おもにスーパーの食材を調理して提供）、ピコ・キッチン＋バーとオリリ・ワイキキではハッピーアワーも実施。

Waikiki Market
ワイキキマーケット ➡ P.49,53,58

ワイキキ [MAP] P.123-B3
📍 2380 Kuhio Ave. ☎ 808-923-2022 🕐 6:00 ～ 22:00
㊡ 無休 [CARD] A J M V
🌐 jp.foodland.com

ワイキキマーケットのデリコーナー。ポケやオーダー後に作るチャーハンは絶品

❶ Piko kitchen + bar
ピコ・キッチン＋バー
📍 ワイキキマーケット 1F
☎ 808-923-2032 🕐 7:00 ～ 23:00 [ハッピーアワー] 14:00 ～ 17:00
㊡ 無休 [CARD] A J M V
🌐 www.pikowaikikihawaii.com
※ハッピーアワー：プブ $11 ～ 13、生ビール $1割引

❷ Olili Waikiki
オリリ・ワイキキ
📍 ワイキキマーケット 2F
☎ 808-923-2095 🕐 16:00 ～ 22:00 [ハッピーアワー] 16:00 ～ 18:00
㊡ 無休 [CARD] A J M V
🌐 www.oliliwaikikihawaii.com
※ハッピーアワー：プブ $14 ～ 20、カクテル $10

下／ミックスプレートの料理がモダンに変身
左／仕事終わりに飲みにいこうがコンセプト

午後のひと
ときを過ご
すのに最適

et al.
エタァル ➡ P.57

📍 カハラマーケット内
☎ 808-732-2144
🕐 7:00 〜 20:45
ハッピーアワー 14:30 〜
16:30 　休 無休
CARD A J M V
🌐 etalhawaii.com
※ ハッピーアワー：
スライダー $8、チキ
ン $10、ビール $7

🍴

グルメ｜テクニック

083 フードランド系列

カハラマーケットにも
クールなグローサラントが誕生

カハラにオープンしたスーパー。フードランドファームズ同
様、高クオリティなデリフードが楽しめる。併設のグローサ
ラント、エタァルでは朝昼夜で異なるメニューを用意。

Kahala Mkt. カハラマーケット

カハラ 　MAP P.120-A5 　📍 4210 Waialae Ave. 　☎ 808-732-2440
🕐 6:00 〜 21:00 　休 無休 　CARD A J M V 　🌐 jp.foodland.com

084 新体験

ダウントゥアースの
ベジタリアンメニューにトライ

Vegetarian Menu

オールベジタリアンスーパーのデ
リももちろんベジタリアンフード
のみ。数々の賞を受賞しているだ
けあって、おいしさはお墨付き。
量り売りコーナーには、ハワイ産
の食材のみを使用したホットフー
ドやサラダバーがずらりと並んで
いる。ベジバーガーやピザなど肉
を使っていないとは思えないでき
あがりに驚く。

Down to Earth
ダウントゥアース（デリ）

カカアコ 　MAP P.125-C2
📍 500 Keawe St. 　☎ 808-465-2512
🕐 7:00 〜 22:00 （デリ〜 21:00）
休 無休 　CARD A J M V
🌐 www.downtoearth.org

081 アメリカンな雰囲気が◎

お得な日替わりセットも！
ホールフーズ・マーケット
クイーン店

量り売りのセルフデリやスープ、スタッフにオーダーできる
ホットフードなど品数豊富。肉や魚料理はもちろん、ヘルシー
スーパーだけあってベジタリアンにも対応している。併設の
グローサラント、トゥータイズバーはお得なグルメスポット
としてロコから大人気。

**Whole Foods
Market（Queen）**
ホールフーズ・マーケット

ワード 　MAP P.125-C3
📍 388 Kamakee St. 　☎ 808-
379-1800 　🕐 7:00 〜 22:00
休 無休 　CARD A J M V
www.wholefoodsmarket.com

Two Tides Bar
トゥータイズバー

📍 ホールフーズ・マーケット内
☎ 808-379-1774 　🕐 11:00 〜 21:00
ハッピーアワー 月 〜 金 16:00 〜 18:00
休 無休 　CARD A J M V
※ ハッピーアワー：日替わりプブ＋ビー
ル $14、金はオイスター 12 個 $15

082 セレブ御用達

ホールフーズ・マーケット
カハラモール店もチェック

セレブタウンのホールフー
ズ・マーケットの量り売りデ
リももちろん充実。併設の
グローサラント、プカズで
も日替わりメニューやハッ
ピーアワーを設けている。

**Whole Foods
Market
（Kahala Mall）**
ホールフーズ・マーケット

カハラ 　MAP P.120-A5
📍 4211 Wai'alae Ave. カハラ
モール 1F 　☎ 808-738-0820
🕐 7:00 〜 22:00 　休 無休
CARD A J M V 　🌐 www.
wholefoodsmarket.com

Puka's プカズ

📍 ホールフーズ・マーケット内
🕐 13:00 〜 20:00 　ハッピーアワー
月 〜 金 15:00 〜 18:00 　休 無休
CARD A J M V 　※ ハッピーア
ワー：日替わりプブ＋ビール $14

031

Farmers Market

ファーマーズ マーケット

ハワイ各地のおいしいものが集まる青空市場でグルメハントしなきゃもったいない！

085 毎日どこかで開催！
ファーマーズマーケット 週間スケジュール

人気なのは土曜開催のKCCとカカアコ。ほかにもワイキキやロコタウンのさまざまな場所で開催中。朝スタートや夕方スタートもあるので、スケジュールをチェックして予定を立てよう。

日曜	8:00-11:00	ミリラニ・ファーマーズマーケット ミリラニ [MAP] P.117 ♀95-1200 Meheula Pkwy. Mililani ミリラニ・ハイスクール ⊕hfbf.org
日曜	8:00-12:00	カイルアタウン・ファーマーズマーケット カイルア [MAP] P.118-A4 ♀640 Ulukahiki St. Kailua アドベンティストヘルスキャッスル病院隣 ⊕www.farmloversmarkets.com
日曜	7:00-14:00	マノア・ファーマーズマーケット マノア [MAP] P.119-C3 ♀2752 Woodlawn Dr. マノア・マーケットプレイス ⊕manoamarketplacehawaii.com
月曜	16:00-20:00	ワイキキ・ファーマーズマーケット ワイキキ [MAP] P.122-B4 ♀ハイアット リージェンシー ワイキキ
月曜	16:00-20:00	オープンマーケット ワイキキ [MAP] P.123-C2 ♀ワイキキ・ビーチ・ウォーク
火曜	7:00-14:00	マノア・ファーマーズマーケット （日曜参照）
水曜	16:00-19:00	ホノルル・ファーマーズマーケット ワード [MAP] P.125-B3 ♀777 Ward Ave. ニール・ブレイズデル・センター ⊕hfbf.org
木曜	7:00-14:00	マノア・ファーマーズマーケット （日曜参照）
木曜	14:00-18:00	ハレイワ・ファーマーズマーケット ハレイワ [MAP] P.117 ♀59-864 Kamehameha Hwy. Haleiwa ワイメア・バレー ⊕www.farmloversmarkets.com
木曜	16:00-19:00	カイルア・ファーマーズマーケット カイルア [MAP] P.101 ♀609 Kailua Rd. Kailua カイルア・タウン・センター ⊕hfbf.org
土曜	7:30-11:00	KCC ファーマーズマーケット ダイヤモンドヘッド [MAP] P.120-B5 ♀4303 Diamond Head Rd. カピオラニ・コミュニティ・カレッジ ⊕hfbf.org
土曜	8:00-12:00	カカアコ・ファーマーズマーケット ワード [MAP] P.125-C3 ♀919 Ala Moana Blvd. ⊕www.farmloversmarkets.com
土曜	8:00-12:00	パールリッジ・ファーマーズマーケット アイエア [MAP] P.117 ♀98-180 Kamehameha Hwy. Aiea パールリッジ・センター ⊕www.farmloversmarkets.com

---

ロコマーケットは地元の人御用達

087 ロコタウンのほうがお得!?
同じものでも値段が異なる

同じベンダーが各地のファーマーズマーケットに出店していることが多い。商品の値段は開催地で若干異なり、ワイキキよりロコタウンのほうが安い傾向にある。

088 絶対食べたい！
KCCとカカアコFM のマストグルメ

ファーマーズマーケットから火がつき人気店となるパターン多数。現在もベンダーとして出店している人気グルメやネクストブレイクグルメをピックアップ！

Hand Roll

KCC ファーマーズマーケット
- アロハエロテのトウモロコシ
- ククイソーセージのホットドッグ
- ノッシュのボンデケージョ
- バーガー＆ブリトーのハンバーガー
- ビッグ＆レディのバインミー
- フィーストのロブスターロール

カカアコ・ファーマーズマーケット
- イレアズキッチンの手巻き寿司
- サトウシーフード808のポケ
- サロサロの串焼きBBQ
- ジョジャハワイのハンバーガー
- ヒーリングキッチンハワイのサンドイッチ
- ファットアマノのピザ

086 これで失敗なし！
ファーマーズマーケット を満喫する5つのコツ

ファーマーズマーケットの醍醐味はその場で作るできたてグルメと生産者から購入するおみやげ。上手に楽しむコツをチェックしておこう！

☑ 公式サイトを確認
スケジュールが変更されることもあるので、行く前に必ず情報確認を。荒天の場合も中止となる

☑ 現金を用意
一部クレジットカード決済もあるけれど、基本は現金。$20以上の紙幣NGもあるので少額紙幣を用意しよう

☑ 持ち物は？
食べ歩き用のウエットティッシュ、買ったものを入れるエコバッグ、帽子を用意していこう

☑ 何時に行くのがベスト？
KCCやカカアコは駐車場が混雑するので、車で行くなら早めがおすすめ。人気店は行列ができているけれど回転は早い。10時くらいからは混雑も緩和される

☑ おみやげは最後に
身軽なうちに食べ歩きを楽しんで、おみやげ購入はラストが◎

091 いろいろ食べたい！
バラエティ豊富な ビュッフェ

ホテルクオリティの味をビュッフェサイズで楽しめるホテルのビュッフェはかなり高コスパ。さらに、ロコが通うリーズナブルなビュッフェも興味津々。おなかをすかせて行こう！

レストラン	料理・食べ放題料金
100 Sails Restaurant & Bar ワンハンドレッド セイルズ レストラン＆バー ワイキキ [MAP] P.124-C5 ♥ プリンスワイキキ内 ☎ 808-944-4494 ⏰ 6:30 〜 10:30、11:00 〜 13:30、17:00 〜 21:00（日 6:30 〜 9:00、9:30 〜 12:15、木 〜 日 17:00 〜 21:30）休 無休 CARD A J M V www.100sails.com	● 朝食：$32 （6 〜 10 歳 $16） ● 日曜 9:30 〜 12:15：$89 （6 〜 10 歳 $44.50） ● 木 〜 日 17:00 〜 21:30：$85（6 〜 10 歳 $42.50）
Duke's Waikiki デュークスワイキキ ➡ P.43 ワイキキ [MAP] P.123-C3 ♥ アウトリガー・ワイキキ・ビーチ・リゾート内 ☎ 808-922-2268 ⏰ 7:00 〜 24:00 休 無休 CARD A D J M V www.dukeswaikiki.com	● 朝食 7:00 〜 11:00：$25（11 歳以下 $14） ● プライムリブビュッフェ 木 16:45 〜 22:00：$64（11 歳以下 $24）
Kuhio Beach Grill クヒオビーチグリル ワイキキ [MAP] P.122-B5 ♥ ワイキキ ビーチ マリオット リゾート＆スパ内 ☎ 808-921-5171 ⏰ 5:00 〜 11:00 休 無休 CARD A J M V www.marriott.com	● $48（5 〜 12 歳 $20）
Makana Lani マカナラニ ワイキキ [MAP] P.122-B4 ♥ アロヒラニ・リゾート・ワイキキ・ビーチ内 ☎ 808-922-1233 ⏰ 7:00 〜 11:00、17:00 〜 20:00（土・日 7:00 〜 20:00）休 月〜水のディナー CARD A J M V www.makanalanihawaii.com	● 朝食 7:00 〜 11:00（土・日 〜 10:00）：$35 ● 土・日 10:30 〜 14:00：$65
McCully Buffet マッカリィビュッフェ マッカリィ [MAP] P.124-A5 ♥ 930 Mccully St. ☎ 808-951-0511 ⏰ 10:30 〜 15:30、16:30 〜 21:30 休 無休 CARD A J M V mccullybuffet.com	● ランチ：$27.95（10 歳以下 $18.95） ● ディナー：$37.95（10 歳以下 $29.95）
Plumeria Beach House ➡ P.43 プルメリアビーチハウス カハラ [MAP] P.120-A6 ♥ ザ・カハラ・ホテル＆リゾート内 ☎ 808-739-8760 ⏰ 6:30 〜 11:00、11:30 〜 14:00、17:30 〜 20:30 休 無休 CARD A D J M V jp.kahalaresort.com	● 朝食：$55（6 〜 12 歳 $24） ● 金・土 17:00 〜 20:30：$90（6 〜 12 歳 $45）
The Buffet at Hyatt ビュッフェアットハイアット ワイキキ [MAP] P.122-B4 ♥ ハイアット リージェンシー ワイキキ ビーチ リゾート内 ☎ 808-923-1234 ⏰ 17:00 〜 21:00（最終着席）休 無休 CARD A J M V www.hyatt.com	● $84（6 〜 12 歳 $42）
The Veranda ザ・ベランダ ➡ P.43 ワイキキ [MAP] P.123-C3 ♥ モアナ サーフライダー ウェスティン リゾート＆スパ内 ☎ 808-931-8646 ⏰ 6:00 〜 10:30 休 無休 CARD A D J M V www.verandawaikiki.com	● $48（12 歳以下 $22）

092 火曜のメニューは決まり！
お得においしい タコチューズデイ

アメリカには「火曜はタコス」という食習慣がある。モンサラット通りのタコスレストラン、サウスショアグリルでは、火曜はフィッシュまたはチキンタコスが $1 割引になる。

South Shore Grill サウスショアグリル

モンサラット通り [MAP] P.120-C4 ♥ 3114 Monsarrat Ave. ☎ 808-734-0229 ⏰ 10:30 〜 20:30（水・日 12:00 〜）休 無休 CARD A J M V www.southshoregrill.com

089 大食いに自信！
好きなだけガッツリ！
食べ放題

とにかく安くおなかいっぱい食べたいなら食べ放題がおすすめ。ロコに人気のレストランはこちら！

レストラン	料理・食べ放題料金
Gen Korean BBQ Hosue ジェンコリアン BBQ ハウス アラモアナ [MAP] P.124-C4 ♥ アラモアナセンター 4F ホオキパテラス ☎ 808-944-5227 ⏰ 10:00 〜 22:00 休 無休 CARD A J M V www.genkoreanbbq.com	韓国焼肉 ● 月〜木 10:00 〜 15:00：$19.95（5 〜 10 歳半額） ● 土・日・祝 15:00 〜 22:00：$30.95（5 〜 10 歳半額）
Gyu-Kaku 牛角 ワイキキ [MAP] P.123-B2 ♥ 307 Lewers St. ☎ 808-926-2989 ⏰ 11:30 〜 22:30（最終着席）休 無休 CARD A J M V www.gyu-kaku.com ♠ アラモアナほか	焼肉 ● 11:30 〜 16:00：$35.95（6 〜 12 歳 $26.95） ※ プレミアム食べ放題 $56.45 〜あり
Kan Sushi 韓すし ワイキキ [MAP] P.124-C6 ♥ 1910 Ala Moana Blvd. ☎ 808-796-5944 ⏰ 11:00 〜 21:30（金・土 〜 23:00、日 〜 22:00）休 無休 CARD A J M V kan-sushi.com	寿司 ● 月〜木 11:00 〜 15:00：$27.95（5 〜 10 歳 $14.95） ● 月〜木 15:00 〜閉店、金〜日 11:00 〜閉店：$37.95（5 〜 10 歳 $17.95）
Shabuya しゃぶや アラモアナ [MAP] P.124-C4 ♥ アラモアナセンター 2F エヴァウイング山側 ☎ 808-638-4886 ⏰ 11:30 〜 22:00（金・土 〜 23:00）休 無休 CARD A J M V www.shabuyarestaurant.com	しゃぶしゃぶ ● 月〜金 10:30 〜 15:00：$21.99（身長約 101 〜 127cm の子供 $9.99） ● 15:00 〜閉店：$29.99（身長約 101 〜 127cm の子供 $9.99）

090 ウイークエンドを楽しもう
お得感いっぱいの 週末ブランチ

ハワイでは週末にいつもよりちょっとお得感のあるブランチメニューを用意しているレストランがある。遅めの朝食＆早めのランチをゆったり楽しもう。

レストラン	週末ブランチ
Herringbone Waikiki ヘリンボーン・ワイキキ ワイキキ [MAP] P.123-B3 ♥ インターナショナル マーケットプレイス 3F ☎ 808-210-2656 ⏰ 16:00 〜 22:00（金・土 〜 23:00）ハッピーアワー 16:00 〜 18:00 休 無休 CARD A J M V aokigroup.com/herringbonewaikiki	土・日 11:30 〜 14:30 モチパンケーキ $23 〜、グリルドオクトパス $26 〜、ロブスターロール $38 〜ほか
Hideout ハイドアウト ワイキキ [MAP] P.123-B3 ♥ ザ・レイロウ・オートグラフコレクション ☎ 808-623-3060 ⏰ 6:00 〜 22:00（金・土 〜 23:00）ハッピーアワー 15:30 〜 17:30 休 無休 CARD A J M V www.hideoutwaikiki.com	日 10:00 〜 13:00 ロコモコ $24、カルアエッグロール $16、アイランドフレンチトースト $18、そば粉パンケーキ $20 ほか
Hula Grill Waikiki フラグリル・ワイキキ ワイキキ [MAP] P.123-C3 ♥ アウトリガー・ワイキキ・ビーチ・リゾート内 ☎ 808-923-4852 ⏰ 7:00 〜 22:00 ハッピーアワー 15:00 〜 18:00 休 無休 CARD A J M V www.hulagrillwaikiki.com	土・日 7:00 〜 15:00 アボカドトースト $14.50、ポルチョギーソーセージベネディクト $19、バナナマックパンケーキ $18.50 ほか

グルメ｜テクニック

095 これもロコフード
ハワイ通が愛する
オックステールスープ

ハワイには伝統料理のほかに、移民が持ち込んだロコフードがある。ロコモコやガーリックシュリンプ、マラサダなどがそれに当たる。中国料理にルーツがあるといわれるオックステールスープもそんなロコフードのひとつ。牛の尾をほろほろになるまで煮込んだスープは絶品！ 長年愛される名店で味わってみよう。

Asahi Grill アサヒグリル

カイムキ MAP P.121-B3 📍3008 Waialae Ave. 🕐808-744-9067
🕐8:00～14:00、17:00～21:00 休水 CARD J M V 🌐asahigrill.net

---

096 ロコ御用達
ハワイ生まれのファミレス
ジッピーズ

1966年、沖縄出身の日系人が創業。アメリカングルメからロコモコやスパムむすび、カルアポーク、フリカケ味噌サーモンかつといったハワイらしいミックスカルチャーフードまでメニューが驚くほど豊富。ハワイ生まれの麺、サイミンも食べられる。

Zippy's ジッピーズ

カパフル通り MAP P.120-C4 📍601 Kapahulu Ave. 🕐808-733-3725 🕐6:00～24:00
休無休 CARD J M V 🌐www.zippys.com
🏠カハラ、ハワイカイほか

---

093 チャンスは週1回
人気店の曜日限定イベント

おいしいお酒をリーズナブルに楽しみたい人におすすめなのが、曜日限定のアルコールイベント。2023年にワイキキに進出したモンキーポッド・キッチン（P.25,43,51）は、日曜の7～11時はボトルシャンパンが半額になるシャンパンサンデイを開催。カカアコの1938インドシナ（P.25,51）では、木曜は終日、グラスワインが半額になる（Aokiリワードに要登録）イベントを開催している。

---

094 貴重な存在！
開いていてよかった
深夜営業レストラン

ハワイでは深夜に食事ができるところは少ない。そんなときはここ！

Denny's デニーズ

ワイキキ MAP P.123-C2
📍205 Lewers St. 🕐808-923-8188 🕐24時間
休無休 CARD A J M V
🌐locations.dennys.com
🏠カパフル通り

Shorefyre ショアファイヤー ➡ P.47

ワイキキ MAP P.123-B3 📍インターナショナル マーケットプレイス 3F 🕐808-672-2097 🕐10:00～24:00（水・木～翌2:00、金・土9:00～翌2:00、日9:00～） ハッピーアワー 月～金 16:00～18:00 休無休 CARD A J M V
🌐www.shorefyre.com 🏠ワイキキ（コア通り）

Moani Waikiki モアニ・ワイキキ

ワイキキ MAP P.123-B3 📍インターナショナル マーケットプレイス 3F 🕐808-466-2629 🕐16:00～23:00（金・土～翌1:30）ハッピーアワー 16:00～18:00
休無休 CARD A J M V 🌐www.moaniwaikiki.com

---

097 王朝時代から受け継がれる
ハワイ伝統料理にトライ

Highway Inn ハイウェイイン

カカアコ MAP P.125-C2 📍ソルトアットアワーカカアコ 1F 🕐808-954-4955 🕐9:30～20:00（金・土～20:30、日～15:00）ハッピーアワー 月～金 15:00～18:00 休無休 CARD A J M V 🌐www.myhighwayinn.com
🏠ホノルル・ミュージアム、ワイパフ

Oahu Grill オアフグリル

カイムキ MAP P.120-A4 📍1137 11th Ave. 🕐808-762-0130 🕐11:00～21:00 休無休 CARD A J M V 🌐thebesthawaiianfood.com

Helena's Hawaiian Food ヘレナズ・ハワイアンフード

カリヒ MAP P.119-C1 📍1240 N. School St. 🕐808-845-8044 🕐10:00～19:30 休土～月 CARD J M V 🌐www.helenashawaiianfood.com

古代ハワイアンから伝わる伝統料理は地味なビジュアルからちょっと敬遠されがちだけれど、一度味わったらハマる人続出。代表的なメニューと食べられるレストランをチェックしておこう！

Lomi Salmon ロミサーモン
サーモン、トマト、タマネギのサラダ風マリネ

Ualo ウアラ
紫のサツマイモをふかしたもの

Haupia ハウピア
ココナッツミルクのデザート

Lau Lau ラウラウ
豚肉や鶏肉をタロイモの葉で包んで蒸したもの

Poi ポイ
タロイモの根を蒸してペースト状にした主食

098 B級グルメ大集合
懐かしの味が揃う
ハワイズフェイバリットキッチン

ハワイのB級グルメがワンストップで楽しめるスポット。ガーリックシュリンプ、フリフリチキン、ポケなどほとんどメニューが$10前後と値段もリーズナブル。ロコにとっては懐かしの味、KCドライブインのワッフルドッグも食べられる。

Hawaii's Favorite Kitchen ハワイズフェイバリッドキッチン
カパフル通り [MAP] P.120-C4 ◆ 3111 Castle St. ☎ 808-744-0465 ⏰ 10:00 ～ 19:00（シマズシェイブアイス月・火・木・金 12:00 ～ 19:00、土・日 10:00 ～ 19:00） 休 火・水（シマズシェイブアイスは水のみ）[CARD] A J M V
◉ www.hawaiisfavoritekitchens.com

101 ポケやシュリンプ以外も！
魚介好きにおすすめしたい
シーフード専門店

肉や野菜もいいけど、海に囲まれたハワイでは新鮮なシーフードも味わって帰りたい。ポケやガーリックシュリンプだけじゃないハワイの魚介料理を堪能できる人気店はこちら。

Crackin' Kitchen クラッキンキッチン ワイキキ [MAP] P.123-B3 ◆ インターナショナル マーケットプレイス 3F ☎ 808-404-9221 ⏰ 12:00 ～ 22:00（土・日 10:00 ～）[ハッピーアワー] 15:00 ～ 18:00 休 無休 [CARD] A J M V ◉ crackinkitchen.com	魚介類をテーブルから直接手づかみで食べるハワイアンケイジャンが名物
Nico's Pier 38 ニコスピア 38 ➡ P.50 ピア 38 [MAP] P.119-C1 ◆ 1129 N. Nimitz Hwy. ☎ 808-540-1377 ⏰ 6:30 ～ 21:00（日 10:00 ～）休 無休 [CARD] A J M V ◉ nicospier38.com	魚市場直営レストラン。水揚げしたばかりの新鮮な魚介類が味わえる
Paia Fishmarket Waikiki パイアフィッシュマーケット・ワイキキ ワイキキ [MAP] P.123-B3 ◆ 2299 Kuhio Ave. ☎ 808-200-0200 ⏰ 11:00 ～ 22:00 休 無休 [CARD] A J M V ◉ paiafishmarket.com ⌂ カイルア	マウイ島発魚介専門店。オバマ元大統領も食べたオノ（サワラ）バーガーは絶品
The Boiling Crab ボイリングクラブ カカアコ [MAP] P.125-C2 ◆ ソルトアットアワーカカアコ 1F ☎ 808-518-2935 ⏰ 15:00 ～ 22:00（土・日 12:00 ～）休 無休 [CARD] A J M V ◉ theboilingcrab.com	カリフォルニア発のケイジャンシーフード。辛さを選べる。生ガキも人気

099 全部プラントベース!?
ヘルシーハワイを体感する
ヴィーガンレストラン

健康志向や環境意識への高まりから、ハワイではヴィーガン対応メニューが豊富。最近ではオールヴィーガンを掲げたカフェやレストランも増え、ますます注目が集まっている。話題のスポットはこちら！

ALOH Health Bar & Cafe アロー・ヘルスバー＆カフェ ➡ P.45
ワイキキ [MAP] P.123-B2 ◆ 407 Seaside Ave. ☎ 808-548-8116 ⏰ 6:30 ～ 22:00 休 無休 [CARD] A D J M V ◉ alohcafe.square.site

Peace Cafe ピースカフェ
ダウンタウン [MAP] P.124-A6 ◆ 2239 S. King St. ☎ 808-951-7555 ⏰ 10:00 ～ 20:00 休 日 [CARD] A J M V ◉ www.peacecafehawaii.com

Plant Based Paradise プラントベースパラダイス
カイムキ [MAP] P.120-A4 ◆ 3574 Waialae Ave. ☎ 808-690-4648 ⏰ 9:00 ～ 14:00 休 無休 [CARD] A J M V ◉ yogaunderthepalms.com ⌂ カカアコ、カイルア

102 恋しくなったら……
ワイキキの日本食

ハワイには日本人の味覚に合う料理が多いので、あまり恋しくなることはないけれど、どうしても食べたくなったときはワイキキのこの2軒がおすすめ。ほかの日本料理店に比べ、比較的リーズナブルに食べられる。

Marugame Udon 丸亀製麺
ワイキキ [MAP] P.123-B3 ◆ 2310 Kuhio Ave. ☎ 808-931-6000 ⏰ 10:00 ～ 22:00 休 無休 [CARD] A J M V ◉ www.marugameudon.com ⌂ ダウンタウン

Tsuru Ton Tan つるとんたん
ワイキキ [MAP] P.123-C2 ◆ ロイヤル・ハワイアン・センター B 館 3F
☎ 808-888-8559 ⏰ 10:30 ～ 21:00 [ハッピーアワー] 10:30 ～ 17:30
休 無休 [CARD] A J M V ◉ www.tsurutontan.com/hawaii

100 ファームトゥテーブル
大地の恵みを味わう
農園レストラン

農園併設のレストランでとれたての野菜やフルーツを使った料理が楽しめる。自然を感じながらいただく味は格別。ドライブを兼ねて訪れたい。

Kahumana Farm
カフマナファーム
ワイアナエ [MAP] P.117 ◆ 86-660 Lualualei Homestead Rd. Waianae ☎ 808-696-8844 ⏰ カフェ 10:00 ～ 14:30（土 9:00 ～ 13:00、17:00 ～ 20:00）休 月 [CARD] J M V
◉ www.kahumana.org

103 グルメなロコが選出
ハレアイナアワード受賞店

メリマンズは金賞に選ばれました

ハレアイナアワードとは、ハワイのエグゼクティブ雑誌『ホノルルマガジン』主催のグルメ大賞。読者などの投票によって選ばれ、毎年6月に発表。盛大な授賞式が行われる。2023年の注目の受賞店をチェック！　URL www.honolulumagazine.com

★ベストニューレストラン
Nami Kaze Hawaii ナミカゼ・ハワイ →P.41

★ベストビュフェ
| 金賞 | **100 Sails Restaurant & Bar** |
ワンハンドレッド セイルズ レストラン＆バー →P.33
| 銀賞 | **Orchids** オーキッズ |
| 銅賞 | **Hoku's** ホクズ |
ファイナリスト **Plumeria Beach House** プルメリアビーチハウス →P.33,43

★ベストホテルブランチ
| 金賞 | **Halekulani** ハレクラニ |
| 銀賞 | **The Kahala Hotel & Resort** |
ザ・カハラ・ホテル＆リゾート
| 銅賞 | **Deck.** デック →P.25,43 |
ファイナリスト **Hau Tree** ハウツリー →P.46

★ベストステーキ
| 金賞 | **Hy's Steak House** ハイズステーキハウス |
| 銀賞 | **Ruth's Chris Steak House** |
ルーズ・クリス・ステーキハウス →P.25,55
| 銅賞 | **Stripsteak Waikiki** |
ストリップステーキワイキキ →P.25,51,55
ファイナリスト **The Signature Prime Steak and Seafood**
ザ・シグネチャープライムステーキ＆シーフード

★ベストオアフレストラン
金賞	**Merriman's Honolulu** メリマンズ・ホノルル →P.25
銀賞	**Miro Kaimuki** ミロカイムキ
銅賞	**Restaurant Suntory** レストランサントリー
ファイナリスト **Mahina & Sun's** マヒナ＆サンズ

★ベストブレックファスト
金賞	**Cafe Kaila** カフェカイラ
銀賞	**Koko Head Cafe** ココヘッドカフェ
銅賞	**Goofy Cafe & Dine** グーフィーカフェ＆ダイン
ファイナリスト **Over Easy** オーバーイージー

★ベストベジタリアン
金賞	**Tane Vegan Izakaya** タネヴィーガン居酒屋
銀賞	**Peace Cafe** ピースカフェ →P.35
銅賞	**natuRe Waikiki** ナチュール・ワイキキ →P.40
ファイナリスト **Kapa Hale** カパハレ

★ベストシーフード
金賞	**Mama's Fish House** ママズフィッシュハウス
銀賞	**The Seaside** ザ・シーサイド
銅賞	**Nico's Pier 38** ニコスピア38 →P.35,50
ファイナリスト **Herringbone Waikiki** ヘリンボーン・ワイキキ →P.33

104 もうひとつのグルメ賞
イリマアワード受賞店もチェック

ハワイの新聞『ホノルル・アドバタイザー』主催。読者投票と評論家が選ぶ2部門があり、カテゴリーが細かく分かれている。発表は毎年10月頃に発表される。
URL www.staradvertiser.com/ilima-awards

★ベストカジュアルレストラン
Maile's Thai Bisto
マイレズタイビストロ

★ベストブレックファスト
Sweet E's Cafe
スイートイーズカフェ

★ベストランチレストラン
Rigo リゴ

★ベストプレイスフォーデザート
W Restaurant
MW レストラン →P.55

★ベストヌードル
The Pig & The Lady
ビッグ＆レディ

★ベストベーカリー
Halekulani Bakery
ハレクラニ ベーカリー →P.42

★ベストハワイアン
Highway Inn
ハイウェイイン →P.34

★ベストフードトラック
La Bierria ラ・ビリア

★ベストシーフード
53 By The Sea
フィフティスリーバイザシー

★ベストサンドイッチロール
Up Roll Cafe
アップロールカフェ

★ベストワインセレクション
Wolfgang's Steak House
ウルフギャング・ステーキハウス →P.25,46,47,51,55

★ベストブリュワリー
Aloha Beer アロハビア

★ベストファミリーレストラン
Zippy's ジッピーズ →P.34

★ベストテイクアウト
Artizen by MW
アルチザンバイ MW

★ベストフードホール
STIX Asia
スティックス・アジア →P.29

107

一流レストラン出身
人気シェフの
プレートランチ店

ハワイや NY の一流レストランで腕を振るったジョン・マツバラシェフがオープンしたのはなんとプレートランチ店。グルメも一目置く美食はわざわざ食べにいく価値あり！

Feast フィースト

マノア [MAP] P.119-C3 ♀2970 E Manoa Rd. ☎ 808-840-0488
⏰ 11:00 〜 14:00、16:00 〜 18:00（金・土〜 19:00） 休日・月
[CARD] A J M V ⊕ www.feastrestauranthawaii.com

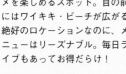
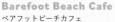

108

ワイキキの特等席
ワイキキ・ビーチの
激安絶景レストラン

ベアフットビーチカフェは、ワイキキで最もお得に絶景とグルメを楽しめるスポット。目の前にはワイキキ・ビーチが広がる絶好のロケーションなのに、メニューはリーズナブル。毎日ライブもあってお得だらけ！

Barefoot Beach Cafe
ベアフットビーチカフェ
ワイキキ [MAP] P.122-D6
♀ 2699 Kalakaua Ave.
☎ 808-924-2233 ⏰ 8:00 〜 L.O.20:30 休無休 [CARD] A J M V
⊕ www.barefootbeachcafe.com

ほかのジッピーズに比べ、ちょっと優雅な気分で食事が楽しめる

109

セレブ気分
マリーナを望む
ジッピーズ

ハワイカイにあるジッピーズの店舗は、プライベートボートが停泊するココマリーナに面して立つ絶好のロケーション。建物は太陽が降り注ぐガラス張りでマリーナ側にはテラス席も設けられている。

Zippy's ジッピーズ
ハワイカイ [MAP] P.118-D5
♀ 7192 Kalanianaole Hwy. ☎ 808-396-6977 ⏰ 6:00 〜 22:00
休無休 [CARD] A J M V
⊕ www.zippys.com

105

ハワイの食文化を盛り上げる
フードイベントをチェック

ハワイでは街全体で盛り上がるフードイベントが開催されている。イベントに合わせてハワイ旅行を計画するのもおすすめ。2024 年の開催予定は以下のとおり。

● 2025 年 4 月 19 日〜 5 月 4 日
ワイキキ・スパム・ジャム・フェスティバル
⊕ spamjamhawaii.com
カラカウア通りでユニークなスパムメニューが楽しめる

● 2024 年 10 月 31 日〜 11 月 3 日
ハワイ・フード＆ワイン・フェスティバル
⊕ hawaiifoodandwinefestival.com
100 名以上の有名シェフやワイン生産者が集まり、料理を披露する食の祭典
©Hawaii Tourism Authority (HTA) / Dana Edmunds

106

憧れの名店 ✧
ロイ・ヤマグチ氏のレストラン

料理界のアカデミー賞といわれるアメリカで最も権威のあるジェームス・ビアード賞を受賞したハワイを代表するシェフ。オアフ島でヤマグチ氏が手がける 6 軒は、ハワイ好きならぜひ訪れたい名店ばかり。お得に楽しむコツも伝授。必ず予約して行こう。
[URL] www.royyamaguchi.com

Roy's Waikiki ロイズワイキキ ワイキキ [MAP] P.123-C2 ♀ ワイキキ・ビーチ・ウォーク 1F ☎ 808-923-7697 ⏰ 16:30 〜 20:30（最終着席）休無休	魚介類をテーブルから直接手づかみで食べるハワイアンケイジャンが名物
Roy's Hawaii Kai ロイズハワイカイ ハワイカイ [MAP] P.118-D5 ♀ 6600 Kalanianaole Hwy. ☎ 808-396-7697 ⏰ 16:30 〜 21:00（金・土〜 21:30） [ハッピーアワー] 16:30 〜 17:30 休無休	ハッピーアワーはププ $9 〜 12、ビール $5、グラスワイン $7
Roy's Ko Olina ロイズコオリナ コオリナ [MAP] P.117 ♀ 92-1220 Aliinui Dr. Kaplei ☎ 808-676-7697 ⏰ 11:30 〜 14:00、17:00 〜 20:30 [ハッピーアワー] 14:00 〜 17:00 休無休	ハッピーアワーはププ $6 〜 12、ビール $7、グラスワイン $9 〜
Eating House 1849 イーティングハウス 1849 ワイキキ [MAP] P.123-B3 ♀ インターナショナルマーケットプレイス 3F ☎ 808-924-1849 ⏰ 16:00 〜 21:00（土・日 10:30 〜 14:00、16:00 〜 21:00） [ハッピーアワー] 16:00 〜 17:00 休無休	ハッピーアワーはププ $10、アルコール一律 $8。週末ブランチもリーズナブル
Goen Dining + Bar ゴエンダイニング＋バー カイルア [MAP] P.101 ♀ 573 Kailua Rd. Kailua ☎ 808-263-4636 ⏰ 16:00 〜 20:00（金〜日 12:00 〜 15:00、16:00 〜 20:00） 休無休	金〜日曜のランチはディナーよりリーズナブル
Beach House ビーチハウス ハレイワ [MAP] P.117 ♀ 57-091 Kamehameha Hwy. Kahuku ☎ 808-293-7697 ⏰ 11:30 〜 21:00（14:30 〜 16:30 はバーのみ） 休無休	14:30 〜 16:30 のバーバイツメニューは $8 〜 24、ランチメニューもリーズナブル

グルメ｜テクニック

112 気軽に立ち寄り
カラカウア通りの
コーヒーショップ

ハワイはコーヒーの産地で、ハワイ島のコナをはじめ、オアフ島、マウイ島、カウアイ島でもコーヒー栽培が行われている。数あるカフェのなかでもワイキキ・ビーチ帰りにハワイのコーヒーを楽しむならこの2軒へ。

❶ Honolulu Coffee Company
ホノルル・コーヒー・カンパニー　➡P.82

ワイキキ 　MAP P.123-C3　♈ モアナ サーフライダー ウェスティン リゾート＆スパ内　☎ 808-926-6162　🕐 5:30 〜 20:00　🈑 無休　CARD A J M V
🌐 www.honolulucoffee.com　🏠 ワイキキ、アラモアナセンターほか

❷ Kai Coffee Hawaii @ Queen's Arbor
カイコーヒーハワイ・アット・クイーンズアーバー

ワイキキ 　MAP P.122-C4　♈ アロヒラニリゾートワイキキビーチの向かい
☎ 808-926-1131　🕐 6:30 〜 16:00　🈑 無休　CARD A J M V
🌐 kaicoffeehawaii.com　🏠 ワイキキ、カパフル通りほか

雨上がりには空に虹が出ることも

113 わざわざ行きたい
フォトジェニック
なスタバ

シアトル発のコーヒーチェーン、スターバックス。虹の街として知られるマノアにスタバ好きの間で話題の店舗がある。周辺の山の緑に溶け込むような緑の外観とノスタルジックなたたずまいが何ともおしゃれ。

Starbucks スターバックス

マノア 　MAP P.119-C3　♈ 2902 E Manoa Rd.　☎ 808-988-9295　🕐 4:30 〜 18:30（土・日 5:00〜）　🈑 無休　CARD A J M V
🌐 www.starbucks.com　🏠 ワイキキ、アラモアナセンターほか

114 LA発
新感覚の抹茶ドリンク

LA生まれでチェーン展開している抹茶ドリンク専門店がハワイに上陸。日本の茶農園で生産された最高級抹茶にスーパーフードやフルーツなどをミックスしたドリンクをラインアップ。POG（パッションフルーツ・オレンジ・グァバ）などハワイ限定を試してみよう。

Junbi ジュンビ

ワイキキ 　MAP P.123-C2　♈ ロイヤル・ハワイアン・センター C館 1F　☎ 808-892-1221　🕐 9:00 〜 21:00　🈑 無休
CARD A J M V　📷 junbiwaikiki

---

110 最高の午後の
過ごし方
優雅なアフタヌーンティーを楽しむ

人気ホテルではアフタヌーンティーを実施。ランチやディナーとはまた違った優雅な時間が満喫できる。さらに、おしゃれグルメスポット、ディーン＆デルーカのアフタヌーンティーも高コスパと話題。いずれも予約が必要なので、事前にチェック。

Dean & Deluca ディーン＆デルーカ ワイキキ 　MAP P.123-B1　♈ ザ・リッツカールトン・レジデンス ワイキキ ビーチ内　☎ 808-729-9720 🌐 www.deandeluca-hawaii.com	火・水 11:30 〜 15:30 ● アフタヌーンティー $54
The Veranda ザ・ベランダ　➡P.43 ワイキキ 　MAP P.123-C3　♈ モアナ サーフライダー ウェスティン リゾート＆スパ内　☎ 808-931-8646 🌐 www.verandawaikiki.com/jp	金〜日 11:30 〜 14:30 ● モアナ・クラシックティー $69 ● デューク $71　● ファーストレディ $90 ● ロイヤル・ティー $135 ● ケイキ・ティー $35 ● ヴィーガン・ティー $69 ● グルテンフリーティー $69
Veranda ベランダ ワイキキ 　MAP P.123-D2　♈ ハレクラニ内　☎ 808-923-2311　🌐 www.halekulani.jp/restaurant/veranda	火〜土 14:00 〜 17:00 ● クラシック・アフタヌーンティー $58 ● シャンパン・アフタヌーンティー $68 ● お祝いアフタヌーンティー $80
The Veranda ザ・ヴェランダ カハラ 　MAP P.120-A6　♈ ザ・カハラ・ホテル＆リゾート内　☎ 808-739-8760　🌐 jp.kahalaresort.com/dining/the-veranda	金・土 14:00 〜 15:30 ● クラシック・アフタヌーンティー $80

---

111 気になる〜
鮮やかなパープル！
ウベスイーツ

ウベとは紅山芋と呼ばれるヤマイモ科のイモ。鮮やかな紫色が特徴で、食物繊維、消化酵素、老化予防に効果があるといわれる。ヨーグルストーリーではウベパンケーキを提供。ウベ専門店のウベェでは、タルトやソフト、クッキーなどが味わえる。

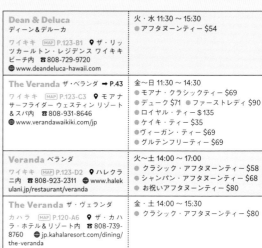

YogurStory ヨーグルストーリー

アラモアナ 　MAP P.124-B4
♈ 745 Keeaumoku St.　☎ 808-942-0505
🕐 7:00 〜 15:30　🈑 無休　CARD A J M V　📷 yogurstory

Ubae ウベェ

カリヒ 　MAP P.119-C1　♈ 1284 Kalni St.
☎ 808-439-3224　🕐 9:00 〜 18:00（日 〜 16:00）　🈑 無休　CARD A J M V
🌐 www.ubaehawaii.com

グルメ｜テクニック

117 まだまだ遊び足りない！

ワイキキの中心でロコと一緒に盛り上がりたい

ワイキキ
夜遊びスポット

ワイキキの夜を楽しみたい人におすすめのナイトスポットをご紹介。カラカウア通りに面しているザ・ギャラリーワイキキは、朝から営業しているけれど、ライブが始まる20時頃にはバーに変身。ビルの19階にあるルーフトップラウンジ、スカイワイキキも夜遊びにぴったり。週末のDJタイムはクラブに早変わり。

The Gallery Waikiki ザ・ギャラリー・ワイキキ → P.54

ワイキキ MAP P.123-B3 ♀ アウトリガー・ワイキキ・ビーチコマー・ホテル内 ☎ 808-256-2602 ⏰ 7:00 ～ 24:00 ㊡ 無休 CARD A D J M V 🅾 the_gallery_waikiki

Sky Waikiki スカイワイキキ

ワイキキ MAP P.123-B2 ♀ 2270 Kalakaua Ave. ワイキキ・ビジネス・プラザ 19F ☎ 808-979-7590 ⏰ 16:00 ～ 22:00（金・土ナイトクラブ 21:00 ～ 翌 2:00） ハッピーアワー 16:00 ～ 17:00 ㊡ 無休 CARD A J M V 🌐 www.skywaikiki.com

118 高感度ロコの遊び場
大人の隠れ家
スピークイージーに潜入

スピークイージーとは、1920年代のアメリカ禁酒法時代のもぐり酒場のことで、今では隠れ家的なバーのことをこう呼ぶ。ハワイでもスピークイージーが次々とオープン。いま最もホットで注目を集めているのはこちらの5軒。

Bar Leather Apron バーレザーエプロン
ダウンタウン MAP P.125-C1 ♀ 745 Fort St. ⏰ 17:00 ～ 24:00 ㊡ 日・火 CARD A J M V 🌐 www.barleatherapron.com

Gaslamp ガスランプ
カイルア MAP P.101 ♀ 26 Hoolai St. Kailua ☎ 808-829-0867 ⏰ 16:00 ～翌 1:00 ㊡ 無休 CARD A J M V 🌐 gaslamphi.com

HeyDay ヘイデイ
ワイキキ MAP P.123-B3 ♀ ホワイトサンズホテル内 ☎ 808-475-6864 ⏰ 12:00 ～ 24:00（L.O.21:00） ハッピーアワー 12:00 ～ 18:00 ㊡ 無休 CARD A J M V 🌐 www.heydayhawaii.com

Pint + Jigger パイント + ジガー
アラモアナ MAP P.124-B5 ♀ アラモアナ・ホテル・バイ・マントラ内 ☎ 808-744-9593 ⏰ 16:30 ～ L.O.24:00（金・土～ L.O. 翌 1:00） ㊡ 無休 CARD A J M V 🌐 pintandjigger.com

The Lei Stand ザ・レイスタンド → P.57
ダウンタウン MAP P.125-B1 ♀ 1115 Bethel St. ☎ 808-900-0237 ⏰ 17:00 ～翌 3:00、金・土 ～ 24:00） ㊡ 日・月 CARD A J M V 🌐 www.getlei.co

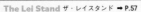

115 海沿いのホテルの特権
トロピカルカクテルで乾杯!
オンザビーチのバー

ワイキキ・ビーチ沿いのホテルのバーは、宿泊ゲスト以外ももちろん利用 OK。最高のロケーションで至福のひとときを！

Mai Tai Bar
マイタイバー → P.57

ワイキキ MAP P.123-C2 ♀ ロイヤルハワイアン ラグジュアリー コレクション リゾート内 ☎ 808-931-8641 ⏰ 11:00 ～ 23:00 ㊡ 無休 CARD A D J M V 🌐 www.maitaibarwaikiki.com

The Beach Bar ザ・ビーチバー

ワイキキ MAP P.123-C3 ♀ モアナサーフライダー ウェスティン リゾート & スパ内 ☎ 808-931-8648 ⏰ 11:00 ～ 22:30 ㊡ 無休 CARD A J M V 🌐 www.beachbarwaikiki.com

Edge of Waikiki
エッジ・オブ・ワイキキ

ワイキキ MAP P.123-C2 ♀ シェラトン・ワイキキ内 ☎ 808-931-8637 ⏰ 11:30 ～ 17:00 ㊡ 無休 CARD A J M V 🌐 www.edgewaikiki.com

116 ビール党におすすめ
醸造所のクラフトビール

ハワイでは小規模ブリュワリーで造られる個性的なビールが楽しめるスポットが充実している。ビール好きならぜひ飲み比べてほしい。また、クラフトビール激戦区として知られるワード～カカアコ地区は P.99 をチェック！

Aloha Beer Co. アロハビアカンパニー
ワイキキ MAP P.123-B1 ♀ 2155 Kalakaua Ave. ☎ 808-744-2011 ⏰ 11:00 ～ 22:00 ハッピーアワー 14:00 ～ 17:00 ㊡ 無休 CARD A J M V 🌐 alohabeer.com ★ ワード、ダウンタウン

Growler Hawaii グロウラーハワイ
カパフル通り MAP P.122-A6 ♀ 449 Kapahulu Ave. ☎ 808-600-5869 ⏰ 14:00 ～ 22:00（金 ～ 24:00、土 11:00 ～ 24:00、日 11:00 ～ 22:00） ハッピーアワー 月～金 15:00 ～ 18:00 ㊡ 無休 CARD A J M V 🌐 www.growlerhi.com

Kona Brewing Co. コナブリューイングカンパニー
ハワイカイ MAP P.118-D5 ♀ 7192 Kalanianaole Hwy. ☎ 808-396-5662 ⏰ 11:00 ～ 22:00（フード L.O.21:30） ハッピーアワー 月～金 15:00 ～ 18:00 ㊡ 無休 CARD A J M V 🌐 www.konabrewinghawaii.com

Maui Brewing Co. マウイブリューイングカンパニー → P.57
ワイキキ MAP P.123-B3 ♀ アウトリガー・ビーチコマー・ホテル内 ☎ 808-843-2739 ⏰ 11:00 ～ 23:00 ハッピーアワー 月～金 15:30 ～ 16:30、日～木 21:30 ～ 22:30 ㊡ 無休 CARD A J M V 🌐 www.mbcrestaurants.com

Waikiki Brewing Company ワイキキブリューイングカンパニー
ワイキキ MAP P.123-B6 ♀ 1945 Kalakaua Ave. ☎ 808-946-6590 ⏰ 10:30 ～ 23:00（金・土 9:00 ～ 24:00、日 8:00 ～ 23:00） ハッピーアワー 15:00 ～ 17:00、21:00 ～閉店 ㊡ 無休 CARD A J M V 🌐 www.waikikibrewing.com ★ カカアコ

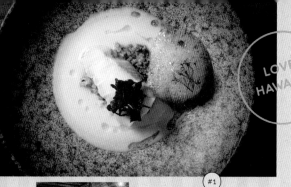

Specialist PICKS!

コースはカウンターでサーブ

#1 ナチュール・ワイキキ

地球とカラダに優しいレストラン。おいしいだけでなく、ハワイの食材の魅力を堪能でき、すてきなディナータイムを過ごせます。

natuRe Waikiki

ハワイの食材とフレンチの技法で作るアイランドフレンチ。

ワイキキ MAP P.123-B2 📍413 Seaside Ave.2F ☎808-212-9282 🕐17:30～最終着席 21:30（テイスティングメニュー～最終着席 20:30）❶無休 💰$100～ CARD A D J M V ※予約が望ましい 🌐www.naturewaikiki.com

#3 ナル・ヘルス・バー＆カフェ

サンドイッチ、アサイ、スムージーなど全部が美味。カラダを動かしたあとやヘルシーなものをおなかいっぱい食べたいときに行きたくなるカフェ。

Nalu Health Bar & Café

現在4店舗展開のヘルシーカフェの先駆け。

ワイキキ MAP P.123-C2 📍226 Lewers St. ワイキキ・ビーチ・ウォーク1F ☎808-425-4710 🕐7:00～19:00 ❶無休 💰$10～ CARD A J M V 🌐www.naluhealthbar.com 🚩ワード、カイルア、ハレイワ

アサイボウル $7.95～

#5 フェテ

ロビンは地元の料理人で知らない人はいないシェフ。メニューに提携農家の名前を載せるなど、地産地消といえば最初に思い浮かぶレストランです。

Fête

さまざまな世界を融合させたニューアメリカン。

チャイナタウン MAP P.125-B1 📍2 N.Hotel St. ☎808-369-1390 🕐11:00～21:00 ❶日 💰$25～ CARD A D J M V ※予約が望ましい 🌐www.fetehawaii.com

ロビンは同じ女性シェフとして尊敬するひとり

ナチュール・ワイキキのシェフ 小川 苗さんの

ハワイとカラダに優しいグルメスポット ⑤

SPECIALIST: **NAE OGAWA**

2021年に開業したナチュール・ワイキキでロコはもちろん、世界中から集まる食通を美食で魅了し続けている小川さん。そんな敏腕シェフの視点で選んだ5店を公開！

#2 アロカフェハワイ

スムージー **$10.18～** など

オーナーのサステナブルな意識が反映されたヴィーガンカフェ。アサイボウルやスムージーがおすすめ。雑貨やアクセサリーもあり、近くを通るとフラッと立ち寄りたくなります。

Alo Cafe Hawaii

日本人経営のプラントベースメニュー中心のカフェ。

ワイキキ MAP P.122-B4 📍159 Kaiulani Ave. ☎808-779-7887 🕐7:30～17:00 ❶無休 💰$15～ CARD A J M V 🌐alocafehawaii.com 🚩ダウンタウン

#4 ヘブンリー・アイランド・ライフスタイル

ハワイらしい料理をオーガニックやカラダに配慮した素材で楽しめます。ロコモコも雑穀米や地元産野菜をたっぷり使用しているのでおすすめ。

ヘブンリーズ ロコモコ $23。2024年1月にハワイカイ店もオープン

Heavenly Island Lifestyle

ロコフードやアジア料理のアレンジが自慢のダイニング。

ワイキキ MAP P.123-B2 📍342 Seaside Ave. ☎808-923-1100 🕐7:00～14:00、16:00～21:30 ❶無休 💰$20～ CARD A J M V ※予約が望ましい 🌐www.heavenly-waikiki.com 🚩ハワイカイ

おすすめのシュリンプトーストベネディクト $25（下）と人気メニュー

©Bj Rivad/Nami Kaze Hawaii.

©Reid Shimabukuro/Nami Kaze Hawaii.

ハワイ生まれのフードライター
ショーン・モリスさんの

今、絶対食べてほしいハワイグルメ ⑤

SPECIALIST: **SEAN MORRIS**

「1年に 366 回は外食」というハワイグルメ界の貢献者ショーン・モリスさんが、自身の著書で紹介した 369 店のなかから 5 店を選抜！

#1 ナミカゼ・ハワイ

地元の農家や漁師を支援し、ダイナミックでエネルギッシュな料理を創作。ブランチはシュリンプトーストベネディクト、ディナーは銀ダラの赤ワイン煮とクリスピーポークベリーがおすすめ。

Nami Kaze Hawaii
ハレアイナアワードのベスト・ニューレストラン受賞店。
ピア 38 [MAP] P.119-C1 📍1135 N.Nimitz Hwy. ☎808-888-6264
🕐10:00 〜 13:30（土・日 9:00 〜）、16:30 〜 20:30 休月・火
料$25 〜 CARD A D J M V ※予約が望ましい 🌐namikaze.com

#2 マルゴット ハワイ

季節のトリュフを贅沢に

最高峰のシャンパーニュ・クリュッグのアンバサダーレストランで、料理の味は別格。特にトリュフが惜しみなくのった料理は必食です。

Margotto Hawaii
西麻布のマルゴット エ バッチャーレの 2 号店。
アラモアナ [MAP] P.124-C4 📍514 Piikoi St.
☎808-592-8500 🕐17:00 〜 22:30 無休 料$80 〜 CARD A D J M V ※予約が望ましい 🌐www.margotto-hawaii.com

#3 エル・シエロ

伝統と革新が共存するタパスは、ワインが進みます。パエリアはハワイの魚介をふんだんに使用したシーフードがマスト。

El Cielo
アルゼンチン生まれのシェフが腕を振るうスペイン料理店。
ワイキキ
[MAP] P.123-B2
📍346 Lewers St.
☎808-772-4533
🕐17:00 〜 L.O.22:00 休無休
料$50 〜 CARD A J M V 🌐www.elcielo-hawaii.com

シーフードパエリア $38 など

上／かわいい店内
右／フムスなどの盛り合わせメザプラッター $36 など

#5 ボッコンチーノ・ハワイ

オーナーが作るチーズとイタリアから直輸入する食材を使用したパニーニやピンサが最高。ボリューム満点で価格も手頃です。

ピザよりヘルシーなピンサ $16 〜

Bocconcino Hawaii
イタリア人がオーナーのデリ＆マーケット。
ワイキキ [MAP] P.125-C3 📍978
Kawaiahao St. ☎808-200-2830
🕐10:30 〜 19:00 休日・火
料$5 〜 CARD A J M V
🌐www.bocconcinohi.com

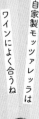

自家製モッツァレッラはワインによく合うね

#4 イスタンブール・ハワイ

ハワイでは珍しい本場のトルコ料理が食べられるレストラン。週末ブランチのパンケーキとフレンチトースト、平日はメザプラッターをぜひ！

Istanbul Hawaii
トルコ人母娘が営むハレアイナアワード連続受賞店。
ワイキキ [MAP] P.125-C3 📍1108 Auahi St. ☎808-772-4440 🕐11:00 〜 14:30、17:00 〜 21:00（金・土 21:30）休月・火 料$30 〜 CARD A D J M V ※予約が望ましい 🌐www.istanbulhawaii.com

#1 ハレクラニ ベーカリーの クロワッサン

いち押しはヨーロピアン・バター。外はカリッ、中はモチッとした食感にとことんこだわっています。塩キャラメル、ババナもトロピカルで洗練された味わい。

Halekulani Bakery

ハワイの豊かな食材を使用したパンはどれも美味。

ワイキキ [MAP] P.123-C2
📍 2233 Helumoa Rd. ハレプナワイキキバイハレクラニ内 ☎ 808-921-7272
🕐 6:30 〜 11:30 (休)月・火 [CARD] A D J M V
🌐 www.halepuna.jp

上／ヨーロピアンバタークロワッサン $5　中／塩キャラメルクロワッサン $6.50　下／リリコイ、マンゴー、バナナのババナクロワッサン $6.50

Croissants

ハレクラニ ベーカリーのペストリーシェフ
ミシェル・バルドメロさんの

愛しき推しパン ③

SPECIALIST: **MICHELLE BALDOMERO**

名門ホテル・ハレクラニのブランド初のベーカリーで、日々パンへ愛情を注ぎ続けているミシェルさんに、毎日でも食べたくなる推しパン BEST3を直撃！

Coco Puff

パフはココパフとチョコ、クリーム、抹茶の4種類。$2.99 〜

Kouign Amann

#3 ビー・パティスリーの ブラックセサミ・クイニーアマン

サンフランシスコに本店があり、西海岸ですごくポピュラー。特にクイニーアマンが絶品で、全米最大の食の祭典ジェームズ・ビアード賞を受賞するほど。

Kona Coffee Purveyors/ b.patisserie

ロースタリーカフェ、コナコーヒー・パーベイヤーズに併設。

ワイキキ [MAP] P.123-B3　📍 2330 Kalakaua Ave. インターナショナルマーケットプレイス 1F ☎ 808-450-2364　🕐 7:00 〜 16:00
(休)無休 [CARD] A D J M V
🌐 konacoffeepurveyors.com

クイニーアマン $6.75 〜

#2 リリハベーカリーの ココパフ

シュークリーム風のベーカリーメニューですが、子供の頃からずっと大好き。このココパフで育ちました。

Liliha Bakery

1950年創業のベーカリー＆ダイナー。2021年ワイキキ初出店。

ワイキキ [MAP] P.123-B3　📍 2330 Kalakaua Ave. インターナショナルマーケットプレイス 3F ☎ 808-922-2488　🕐 7:00 〜 22:00　(休)無休　$15 〜
[CARD] A J M V　🌐 www.lilihabakery.com
🏠 リリハ、ニミッツ、アラモアナセンター、パールハイランズ・センター

第1位

モンキーポッド・キッチン

カリスマシェフがワイキキ進出

ハワイリージョナルキュイジーヌの第一人者が手がける朝食は、ひとひねりきかせた個性派揃い。新しさと絶景で加点し初登場で首位獲得！

Monkeypod Kitchen
ピーター・メリマンのカジュアルダイニング。

ワイキキ MAP P.123-D1 📍2169 Kalia Rd. アウトリガー・リーフ・ワイキキ・ビーチ・リゾート内 ☎808-900-4226 🕐7:00〜23:00 ハッピーアワー15:30〜17:00 休無休 料$25〜 CARD A D J M V 🌐monkeypodkitchen.com 🏠コオリナ

GOURMET 🍴 RANKING
1日のパワーチャージ

ブレックファスト ランキング BEST 3

朝食は気分が上がる3軒が上位を独占！ビュッフェもハズせない

ポドモア

ハワイで英国風の朝食

創作料理店セニアのオーナーシェフが手がけるこの店の朝食は、遊び心が満載でツウからの票が集中。味もロコのお墨付き。

第3位
©2022 Olivier Koning

Podmore
©Olivier Koning
朝・昼はブランチ、夜はバーに様変わり。

ダウンタウン MAP P.125-B1 📍202 Merchant St. ☎808-521-7367 🕐9:00〜13:30、16:30〜23:00（土 17:00〜、日 17:00〜22:00）休月・火 $30〜 CARD A J M V 🌐www.barpodmore.com

第2位 **デック**

ダイヤモンドヘッドがすぐそこ

絶景を望むオープンエアダイニング。朝6時半からロコフードやお酒が楽しめ、リゾート気分が上がること間違いなし。

Deck.
アメリカとハワイの味が同時に満喫できる。

ワイキキ MAP P.122-C6 📍150 Kapahulu Ave. クイーンカピオラニホテル内 ☎808-556-2435 🕐6:30〜22:00（金・土23:00）ハッピーアワー16:00〜18:00（ドリンク14:00〜）休無休 料$20〜 CARD A D J M V 🌐deckwaikiki.com

& MORE 優雅にモリモリ♪ ホテルビュッフェ3選

デュークスワイキキ

ワイキキの高コスパ！

好みの具で注文できるオムレツやエッグベネディクト、パンケーキなどひととおり揃ってこの価格はお値打ち。

Duke's Waikiki
サーフ＆アメリカンテイストの陽気なダイニングバー。

ワイキキ MAP P.123-C3 📍2335 Kalakaua Ave. アウトリガー・ワイキキ・ビーチ・リゾート内 ☎808-922-2268 🕐7:00〜24:00（朝食〜11:00）休無休 料朝食ビュッフェ$25、12歳以下$14 CARD A D J M V 🌐www.dukeswaikiki.com

ザ・ベランダ

メインディッシュは別注

ビュッフェレーンとは別に、マンゴーパンケーキやモチワッフルが注文可能。ワイキキ・ビーチを眺めながらの和食も好評。

The Veranda
ワイキキのランドマークホテルのレストラン。

ワイキキ MAP P.123-C3 📍2365 Kalakaua Ave. モアナ サーフライダー ウェスティン リゾート＆スパ内 ☎808-931-8646 🕐6:00〜10:30（アフタヌーンティー金〜日11:30〜14:30）休無休 料朝食ビュッフェ$44、12歳以下$22 CARD A D J M V 🌐www.verandawaikiki.com/jp

プルメリアビーチハウス

喧騒とは無縁の別天地

ハワイきっての高級住宅地に立つ格式高いホテルのビーチサイドレストラン。名物の薄焼きパンケーキも食べ放題。

Plumeria Beach House
オープンエアでイルカが泳ぐラグーンに隣接。

カハラ MAP P.120-A6 📍5000 Kahala Ave. ザ・カハラ・ホテル＆リゾート内 ☎808-739-8760 🕐6:30〜11:00、11:30〜14:00、17:30〜20:30（金・土17:00〜）休日のディナー 料朝食ビュッフェ$55〜、6〜12歳$24 ほか CARD A D J M V 🌐jp.kahalaresort.com

★ポドモアと同経営のセニアもダウンタウンにあり、ディナーのみの営業。火〜土曜はアラカルトで、金・土曜はカウンター8席でのテイスティングメニューも。激戦なので早めの予約を！

日本未上陸！

パンケーキ ランキング BEST 5

ブームから定番になり
ツウが永遠に残したい
パンケーキはこの5皿！

第1位

ブーツ＆キモズの マカダミアナッツパンケーキ

結局戻るべきは
名店の濃厚ソース

映えに走ったパンケーキに飽きたツウの票を獲得。まったりとした濃厚ソースとモチモチの生地がやっぱりおいしいとの声多数！

Boots & Kimo's Homestyle Kitchen

毎朝行列になるカイルアの有名店。

カイルア MAP P.118-A4 🏠 1020 Keolu Dr. Kailua エンチャンテッドレイクショッピングセンター内 ☎ 808-263-7929 ⏰ 8:00 〜 13:00（土・日〜14:00）休 火・水 CARD A J M V
🌐 www.bootsnkimos.com

○ $16.99〜

> **Recommend**
> バナナやブルーベリーを練り込んだ生地も選べます。このソースをかけたフレンチトーストも美味（編集K）ほか

○ $20

第3位

バサルトの チャコール・バター ミルクパンケーキ

衝撃の黒いパンケーキ！

黒の正体はココナッツの殻が原料の食用活性炭。健康や美容効果が望めるため、罪悪感が軽減できると人気急上昇。

Basalt

ABCストア系フードマーケットのダイニング。

ワイキキ MAP P.123-B2 🏠 2255 Kuhio Ave. デュークスレーン・マーケット＆イータリー内 ☎ 808-923-5689 ⏰ 8:00 〜 13:00（土・日 7:00 〜 13:30）、17:00 〜 21:00 [ハッピーアワー] 14:00 〜 17:00 休 水 CARD A J M V
🌐 www.basaltwaikiki.com

第2位

サーフラナイの ピンクパレス パンケーキ

> **Recommend**
> コロナでハワイへ行けないときにいつも思い浮かぶのがこのパンケーキでした（ライターM）ほか

グァバとラズベリーが香る逸品

ピンクのビジュアルが注目されがちだけれど、フルーツの程よい酸味とココナッツの食感、上品な味わいも高得点。

$27

Surf Lanai

5つ星ホテルのオンザビーチダイニング。

ワイキキ MAP P.123-C2 🏠 2259 Kalakaua Ave. ロイヤル ハワイアン ラグジュアリーコレクション リゾート ワイキキ内 ☎ 808-931-8640 ⏰ 6:30 〜 10:30 休 無休 CARD A D J M V
🌐 www.surflanaiwaikiki.com/jp/

> **Recommend**
> 炭の味は一切なくモチモチ食感で、ストロベリーグァバソースとの相性抜群。デトックスもでき最高（編集S）ほか

> **Recommend**
> チョコクリーム・オレオチップスを毎回注文。小さなホールケーキを食べているようで気分も上がります（ライターG）ほか

○ $13.95

第5位

マイカフェの マラサダパンケーキ

マラサダとパンケーキが合体！

表面はカリカリ食感、ナイフを入れると中はフワフワのパンケーキ。バニラカスタードを絡めて口に含むと幸福感絶頂。

My Cafe

遠出してでも食べたいロコフードの有名店。

カポレイ MAP P.117 🏠 563 Farrington Hwy.Kapolei ☎ 808-200-5737 ⏰ 7:00 〜 14:00 休 無休 CARD A J M V
🌐 www.mycafehi.com

> **Recommend**
> 3種類のパンケーキが楽しめるフライトオブパンケーキ $16.50 もおすすめです（編集K）ほか

第4位

$12.75〜

クラウドナインカフェの スフレパンケーキ

フワフワプルプルのしあわせ3段重ね！

フワトロのパンケーキにチョコ、マンゴー、ストロベリーなどのクリームとオレオ、タピオカなどのトッピングがたっぷり！

 ### Cloud Nine Café

台湾の屋台料理やカステラも人気のカフェ。

アラモアナ MAP P.124-C4 🏠 1221 Kapiolani Blvd. ☎ 808-739-9988 ⏰ 9:00 〜 16:00 休 火・水 CARD A J M V 🌐 cloud9cafehi.com

---

アサイボウル
ランキング
BEST 5

規格外や進化形が
続々登場するなか
上位は王道が独占！

第1位

アイランド・ヴィンテージ・コーヒーのモアナボウル

緻密に計算された絶妙ブレンド

豆乳使用のオリジナルを抑えて、アップルジュースとアーモンドミルク配合のモアナボウルが首位。5種から選ぶ楽しみも。

Island Vintage Coffee

100% コナのコーヒーを低価格でサーブ。

ワイキキ 〔MAP〕P.123-C2 📍2301 Kalakaua Ave. ロイヤル・ハワイアン・センター C 館 2F ☎ 808-926-5662 🕐6:00〜22:00 無休 〔CARD〕A D J M V 🌐 www.islandvintagecoffee.com ♣ アラモアナセンター、ハレイワ、カポレイ

$13.95 〜

> *Recommend*
> アサイ、グラノーラ、フルーツに加えハウスメイドのリリコイハニーやピーナッツ＆アーモンドバターなどトッピングも栄養素の塊！（ライターN）ほか

第2位

ダコーブ・ヘルスバー＆カフェのマナボウル

アサイボウル人気の火つけ役

アサイボウル3種に追加トッピングはマメ科のキャロブやゴジベリーなどを含めた26種以上。ジェイク・シマブクロさん（P.104）も常連。

Da Cove Health Bar & Cafe

ロコでにぎわうヘルスコンシャスな店。

モンサラット通り 〔MAP〕P.120-C4 📍3045 Monsarrat Ave. ☎ 808-732-8744 🕐9:00〜19:00 無休 〔CARD〕不可 🌐 www.dacove.com

$12

> *Recommend*
> ビーボーレンをここのアサイボウルで知りました。タロがのったハワイアンボウルはジェイクさんのいち押し（編集K）ほか

第3位

トロピカルトライブのトロピカルトライブボウル

ブラジルのアマゾンから直輸入

アマゾンの良質なオーガニッククアサイとガラナベリーをブレンドしたレシピは、ほかとは一線を画する深い味わい。

Tropical Tribe

本格的なブラジリアンアサイの専門店。

ワイキキ 〔MAP〕P.123-D1 📍2161 Kalia Rd. ワイキキ・ショア内 ☎ 808-744-7079 🕐7:00〜19:00 無休 〔CARD〕A J M V 🌐 tropicaltribe.net

$9.75 〜

> *Recommend*
> ハワイでいちばんおいしいと思うアサイボウル（小川苗さん）
> ワイキキで食べるならここ（伊澤慶一さん）ほか

第4位

サンライズシャックのアサイボウル

ピタヤソースとソルトが隠し味の個性派

ハレイワの小屋からスタートし、ワイキキに進出し支持を拡大。ソルトの対比効果で深みを倍増させたアイデアが絶賛。

The Sunrise Shack

オーガニックしか口にしない3兄弟と友人が開業。

$11.95

ワイキキ 〔MAP〕P.123-C3 📍2335 Kalakaua Ave. アウトリガー・ワイキキ・ビーチ・リゾート内 ☎ 808-926-6460 🕐6:00〜19:00 無休 〔CARD〕A D J M V 🌐 www.sunriseshackhawaii.com ♣ アラモアナセンター、ハレイワ、カイルア

> *Recommend*
> グルテンフリーグラノーラや食物繊維豊富なピタヤソースでヘルシー度がアップ（編集H）ほか

第5位

アロー・ヘルスバー＆カフェのアラモアナボウル

注目のヘンプハーツをグラノーラに！

2022 年オープンのカフェのアサイボウルが初ランクイン。栄養素のバランスに優れたヘンプハーツ（麻の実）が特徴的。

Aloh Health Bar & Cafe

朝・昼はカフェ、17 時からはワインバーに。

ワイキキ 〔MAP〕P.123-B2 📍407 Seaside Ave. ☎ 808-548-8116 🕐6:30〜22:00 無休 〔CARD〕A D J M V 📷 alohcafe

$13 〜

> *Recommend*
> 3種のアサイボウルのなかで、パパイヤ、マンゴー、オーガニックヨーグルトがのったアラモアナボウルがお気に入り（編集S）ほか

★ ジェラート専門店イル・ジェラート（P.52）ではアサイフレーバーもあり、ジェラートで作るアサイボウルもおいしい。舌触りがなめらかで、デザート感覚。

グルメ｜ランキング

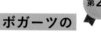

GOURMET ⅋ RANKING

おしゃれブランチ No.1

エッグベネディクト ランキング BEST 5

有名店の朝食参入や
リニューアルで
順位が大きく変動!?

第1位

ウルフギャング・ステーキハウスの クラブケーキ・エッグベネディクト

朝食開始で一気に首位に

朝食もランチやディナーに引けを取らないメニュー展開。エッグベネディクトは5種あり、別添えでポテトまたはサラダ付き。

$28.95

Wolfgang's Steakhouse

熟成ビーフで有名な NY 発の高級ステーキ店。

ワイキキ [MAP] P.123-C2 📍2301 Kalakaua Ave. ロイヤル・ハワイアン・センター C 館 3F ☎ 808-922-3600 ⏰ 7:00 〜 22:30（金・土 〜 23:00）[ハッピーアワー] 月 〜 金 15:00 〜 18:30 [休] 無休 [CARD] A D J M V @wolfgangswaikiki

SET

> **Recommend**
> フィレも捨てがたいけれど、卵とのマッチングはクラブケーキが好み。コスパも優秀（ライター N）ほか

第2位

> **Recommend**
> エッグベネディクトを気取らずガッツリ食べたいときはここ一択。コンビーフの具もユニーク（ライター G）ほか

ボガーツの クラブケーキ & アボカド・エッグベネディクト

ロコの人気カフェが返り咲き

1位と同じクラブケーキでも、アボカド好きの票はこちらに集中。ロコの家庭料理の親しみやすさとパンチ力では優勝。

$29

 Bogart's

モンサラット通り注目のきっかけになった店。

モンサラット通り [MAP] P.120-C4 📍3045 Monsarrat Ave. ☎ 808-739-0999 ⏰ 7:00 〜 15:00 [休] 無休 [CARD] A J M V www.bogartscafe.com

---

第3位

ハウツリーの エッグベネディクト

ひとひねり加わった名物メニュー

ホテルのリニューアルにともない、レストランも一新。名物メニューはそのままに、新シェフ監修の具材へとアップデート。

$27

 Hau Tree

有名シェフ、クリス・カジオカが監修。

ワイキキ [MAP] P.120-D4 📍2863 Kalakaua Ave. カイマナビーチホテル内 ☎ 808-923-1555 ⏰ 8:00 〜 22:00 [休] 無休 [CARD] A D J M V www.kaimana.com

> **Recommend**
> 薄切りハムにチャイブの風味とハリッサが香り、ワンランク上の味わい。皮付きポテトも美味（編集 K）ほか

第5位

ザ・ベランダの エッグベネディクト

ビュッフェでも味わえる！

$37

アラカルトはカルアポーク、スモークサーモン＆ホウレンソウなどから選べ、ビュッフェはその日のおまかせで楽しめる。

The Veranda ➡ P.43

> **Recommend**
> アラカルトよりビュッフェのほうが断然お得。パンケーキや日本食も食べられ、ドリンク付きで $44（編集 H）ほか

第4位

ブーツ & キモズの エッグベネディクト

絶対裏切らない定番の味

この店の料理の腕はパンケーキで実証済み。脂肪が少なく芳醇で甘味のあるカナディアンベーコンは定番にして王道。

Boots & Kimo's Homestyle Kitchen ➡ P.44

$19.95

ENJOY YOUR TIME

> **Recommend**
> サイドはトースト、ライスも選べるけれど、土台のマフィンを考えたらハッシュブラウンが◎（編集 S）ほか

★ ハワイカイにあるモエナカフェのエッグベネディクトは、マフィンではなくガーリックブレッドを使用。スモークした厚切りハムとの相性も抜群で、地元ロコのブランチを豊かに。

GOURMET RANKING

ロコグルメの代表格

ロコモコ ランキング BEST 5

こだわりミートのパテや
昔ながらのロコの味
新旧5皿が揃い踏み！

第1位 ウルフギャング・ステーキハウスのロコモコ

$19.95

エッグベネディクトに次ぎ2冠！

ステーキでサーブされる熟成ビーフを粗びきにし贅沢パテに。肉の食感と肉汁、グレービー、黄身が相まってまさに口福。

Wolfgang's Steakhouse ➡ P.46

Recommend
ステーキハウスのロコモコは食べ応え十分。ランチミーティングやプライベートでよく利用します（サーシャさん）ほか

第3位 レインボードライブインのロコモコ

$11.75

Recommend
このボリュームでこの価格はコスパ最強。サイドのマックサラダと交互に無限ループで食べられます（編集T）ほか

長年ロコに愛され殿堂入り確定

毎日1000皿以上売り上げる老舗プレートランチ店の看板メニュー。素朴な見た目に反してグルメ度が高く、有名シェフも常連。

Rainbow Drive-In

1961年創業のプレートランチ専門店。

カパフル通り MAP P.120-C4 3308 Kanaina Ave. ☎ 808-737-0177 7:00～21:00（月 11:00～19:00） 休 無休 CARD A J M V rainbowdrivein.com カリヒ、パールリッジ・センター

第2位 リリハベーカリーのロコモコ

$19.50

元祖スマッシュパテ！

近年ブームのスマッシュバーガー同様、表面をカリッとさせたパテが香ばしく歯応えもしっかり。ワイキキ進出で再注目のひと皿。

Liliha Bakery ➡ P.42

Recommend
ここのハンバーガーステーキが大好きで、ロコモコの場合は白米をフライドライスに変更して注文します（編集K）ほか

第5位 アイランド・ヴィンテージ・ワインバーのブレイズドビーフ・ロコモコ

$27.95

ショートリブのニューカマー

味に定評のあるワインバーのロコモコは、和牛使用とこのショートリブの2種。グレービーの下はガーリックライス！

Island Vintage Wine Bar

アイランド・ヴィンテージ・コーヒーのワインバー。

ワイキキ MAP P.123-C2 2301 Kalakaua Ave. ロイヤル・ハワイアン・センターC館2F ☎ 808-799-9463 7:00～L.O.21:30 ハッピーアワー 15:00～17:00 休 無休 CARD A D J M V www.islandvintagecoffee.com

Recommend
ホロホロに煮込んだショートリブと特製グレービーの上品な味わいに、パンチのきいたガーリックライスが絶妙（編集K）ほか

第4位 ショアファイヤーのシグネチャー 50/50 ロコモコ

Recommend
23時まで注文できるので夜食やお酒とも。フライドライスやキャラメリゼしたオニオンも高ポイント（編集S）ほか

$29

ベーコンを配合した個性派パテ

スモークベーコンとビーフを50%ずつ使用したパテ約255gは迫力満点。しつこさのないグレービーで食欲増進と評判。

Shore Fyre

ライブ演奏が楽しめるダイニング。

ワイキキ MAP P.123-B3 2330 Kalakaua Ave. インターナショナルマーケットプレイス3F ☎ 808-672-2097 10:00～24:00（水・木～翌2:00、金・土 9:00～翌2:00、日 9:00～） ハッピーアワー 月～金 16:00～18:00 休 無休 CARD A D J M V www.shorefyre.com ワイキキ（コア通り）

 ★ アイランド・ヴィンテージ・ワインバーでは隣のアイランド・ヴィンテージ・コーヒーのメニューが同価格で注文でき、さらにワインに合う追加メニューも。2軒を上手に使い分けるのがツウ。

<blockquote>
Recommend
フードトラックのときよりメニューは増えたけれど、50'sバーガーが変わらず好き。秘伝ソースが最高です（伊澤慶一さん）ほか
</blockquote>

第1位

チャビーズバーガーの 50's バーガー

1950 年代のハンバーガーを再現

鉄板に押し付けうま味を凝縮したスマッシュパテは、定番トッピングで普通に見えても食べた瞬間リピート確定の魔性の味。

Chubbies Burgers

フードトラックから 2023 年に路面店へ。

カイムキ 〔MAP〕P.120-A4
📍1145C 12th Ave.　☎808-291-7867
🕐10:30 ～ 21:00　㈬無休　〔CARD〕A M V　🌐www.chubbiesburgers.com

$10.75 ～

<blockquote>
GOURMET 🍴 RANKING
ファストフードの王様
ハンバーガー
ランキング
BEST 5
世界チェーンを抑えてハワイ発の極上バーガーが上位にランクイン！
</blockquote>

$13

第2位

セブンブラザーズのパニオロバーガー

ノースまで食べにいく価値大

巨大なオニオンリングの甘味とカリサク食感がジューシーなパテに合うと、ホノルルから通うファンも多い。

Seven Brothers

7 人兄弟をもつ夫婦が開業した繁盛店。

<blockquote>
Recommend
かぶりつくところで味が変わるほど具材がパンパンなので、最後まで楽しい（熊谷晃さん）ほか
</blockquote>

ハレイワ 〔MAP〕P.102　📍66-197 Kamehameha Hwy. Haleiwa　🕐11:00 ～ 21:00　㈬日　〔CARD〕A D J M V　🌐www.sevenbrothersburgers.com
🔺カフク、ライエ、シャークスコーブ

第3位

ブッチャー＆バードのダブルチーズバーガー

精肉店ならではの贅沢パテ

精肉店のデリで販売しているバーガーは、パテに USDA プライムビーフを使用。地元産野菜と自家製ソースも最強アシスト。

Butcher & Bird

ハワイ初のフルサービス精肉店 & デリ。

カカアコ 〔MAP〕P.125-C2　📍324 Coral St. ソルトアットアワーカカアコ 2F　☎808-762-8095　🕐11:00 ～ 18:00　㈬月　〔CARD〕A D J M V　🌐www.butcherandbirdhi.com

$17.98

<blockquote>
Recommend
肉を知り尽くした匠が作るパテはおいしいに決まっています。シングルは $15.98、肉増量はプラス $3！（編集 K）ほか
</blockquote>

& MORE
アメリカではKFC よりも人気？

チキン好きならチックフィレイがおすすめ。全米チェーンのチキン専門ファストフードで、売上は KFC 以上の大人気店。

デラックスサンド $12.19

Chick-fil-A

アラモアナ 〔MAP〕P.124-C4
📍1450 Ala Moana Blvd. アラモアナセンター 1F マカイマーケットフードコート内
☎808-466-3534　🕐10:00 ～ 20:00（金・土 ～ 20:30）
㈬日　〔CARD〕A J M V
📷chickfila_alamoana

第5位

ファイブガイズのベーコンチーズバーガー

世界チェーン唯一のランクイン

バージニア州で開業し現在 1700 店舗以上展開。15 種のトッピングがのせ放題でサービスの落花生もユニークと減点箇所なし！

<blockquote>
Recommend
レストランクオリティのバーガーをファストフード価格で！（編集 K）ほか
</blockquote>

Five Guys

オバマ元大統領も通う大手チェーン。

カポレイ 〔MAP〕P.117　📍91-5431 Kapolei Pkwy. Kapolei カ・マカナ・アリイ内　☎808-628-4740　🕐11:00 ～ 22:00　㈬無休　〔CARD〕A D J M V　🌐www.fiveguys.com　🔺パールリッジ・センター、ミリラニ

$13.59

<blockquote>
Recommend
トーストしたポテトバンズもおいしくて、全体を少し押しつぶして食べるのが自分流（ライター N）ほか
</blockquote>

$8.50

第4位

ザ・デイリーのデイリーバーガー

まさにシンプルイズベスト

メニューは 3 種と少ないけれど、ハワイ産グラスフェッドビーフやプラントベース、スマッシュにこだわり、ハマる人続出。

The Daley

スマッシュパテとポテトバンズで一世風靡。

ダウンタウン 〔MAP〕P.125-B1　📍1110 Nuuanu Ave.　🕐11:00 ～ 20:00（月 ～ 16:00、日 ～ 18:00）　㈬無休　〔CARD〕A D J M V
🌐www.thedaleyburger.com

新鮮マグロを丼で！

ポケボウル
ランキング
BEST 5

ハワイ近海のマグロを
仕入れ・味つけ・ひと工夫で
各店個性豊かな丼に！

第1位

オフザフック・ポケマーケット

ポケ8種にロコ大絶賛

毎朝仕入れるマグロとコールドジンジャーや味噌、ワサビといったユニークな味つけが大ウケし、瞬く間に行列店に！

Off The Hook Poke Market

閑静な住宅地でひときわにぎやかな繁盛店。

マノア MAP P.119-C3
📍 2908 E. Manoa Rd. ☎ 808-800-6865 ⏰ 10:00 ～ 18:00 休 日 CARD A J M V
🌐 www.offthehookpokemarket.com

$16.99～

> *Recommend*
> コールドジンジャーアヒとスパイシーアヒ、味噌ジンジャータコでいつも迷います。寿司飯も◎（編集K）ほか

> *Recommend*
> ポケボウルは7種あり、オニオンの食感が楽しいハワイアンリムやアボカド好きにはスパイシーがおすすめ（ライターM）ほか

第3位

> *Recommend*
> マグロが大きく食べ応え十分。スーパーなので総菜やデザートも一緒に購入でき、コンド滞在時にも重宝（ライターN）ほか

ワイキキマーケット

フードランドのポケをワイキキで！

ロコ定番のフードランドのポケをサイドやトッピングで自分好みに。夜遅くまで購入でき、取材スタッフ票を多く獲得。

2種 $22.99～

Waikiki Market → P.30

第2位

アイランド・ヴィンテージ・コーヒー

ライスの代わりにソバも！

アサイに次ぐ、不動人気のポケボウル。定番の五穀米以外にスーパーフードのキヌアやソバが選択でき新発見もいっぱい。

$21.95～

Island Vintage Coffee → P.45

第5位

$24～

レッドフィッシュ・ポケバー

ワイキキ進出でパワーアップ

3位のワイキキマーケットと同様、フードランド系列で味はロコのお墨付き。多彩なカクテルや料理と一緒に味わえる。

> *Recommend*
> シグネチャーボウルのカナックアタックはポケにカルアピッグ、ロミサーモン、ピピカウラを添えたハワイ料理の決定版（編集S）ほか

Redfish Poke Bar

ポケ充実のダイニング＆バー。

ワイキキ MAP P.122-A4 📍 2375 Ala Wai Blvd. ウェイファインダー・ワイキキ内 ☎ 808-921-3220 ⏰ 6:00 ～ 22:00 休 無休 CARD A D J M V 🌐 www.redfishpoke.com

第4位

マグロブラザーズ・ハワイ

> *Recommend*
> マグロが本当においしい！ワイキキ店が移転しさらに便利になったので、ホテルへの持ち帰りにも最適（サーシャさん）ほか

コンボ $19.10～

1日3時間勝負の激戦ポケ

17時開店にもかかわらず、在住日本人が刺身の質は唯一無二と太鼓判。ポケボウル以外に刺身、コンボなど目移り必至。

Maguro Brothers Hawaii

築地や飲食店で経験を積んだ兄弟が営む店。

ワイキキ MAP P.123-B2 📍 2250 Kalakaua Ave. ワイキキ・ショッピング・プラザ B1F ☎ 808-230-3470 ⏰ 17:00 ～ 20:00 休 日 CARD A J M V 🌐 magurobrothershawaii.com ♉ チャイナタウン

★ マグロブラザーズ・ハワイのチャイナタウン店は日曜以外の9～14時営業。ブランチやランチに食べたい人やワイキキ店の営業時間に行けない人はこちらへ。メニューはほぼ同じで少し安い。

グルメ｜ランキング

GOURMET 🍴 RANKING

ひと皿で大満足！

プレート
ランチ
ランキング
BEST 5

トップ 5 は地元人気の
名店揃い。肉好きロコ垂涎の
ひと皿も初ランクイン！

第1位

パイオニアサルーン
のガーリックアヒ
ステーキ

胃が喜ぶ和食プレート

ロコの老舗が多いプレートランチ
界で、地元でも支持されている日
本人経営の専門店。首位は肉厚ア
ヒ（マグロ）の逸品。

$22〜

Pioneer Saloon

日本人ならではの繊細
な味つけが評判。

モンサラット通り　MAP P.120-C4
📍 3046 Monsarrat Ave.
☎ 808-732-4001　🕐 11:00 〜 20:00
㊡無休　CARD A D J M V
🌐 pioneer-saloon.net　⚓ カカアコ

> *Recommend*
> 胃の負担を少なく、でもしっかり
> 食べたいというときの強い味方。
> 雑穀米やシソワカメごはんなども
> 選択可能（ライター N）ほか

第3位

グァバスモークドの
スモークド・
ミックスプレート

ジューシーさと燻香が絶妙

グァバの木で燻製したミートを2
種選べるミックスプレートが初ラ
ンクイン。カルビ、ポーク、チキ
ンなどどれも美味。

$19.58〜

Guava Smoked

カリヒの老舗がワイキキ
近くにオープン。

カパフル通り　MAP P.120-C4　📍 567
Kapahulu Ave.2F　☎ 808-913-2100
🕐 11:00〜20:00　㊡無休　CARD A J M V
🌐 www.guavasmoked.com　⚓ カリヒ、
パールリッジ・センター

> *Recommend*
> ホテルの部屋に持ち帰って、お酒とともに
> 食したいプレート。特に水・木・土曜限定の
> ダックは外せません（編集 T）ほか

第2位

レインボー
ドライブインの
醤油チキン

箸からほどける
煮込みに感動

鶏モモを醤油、ショウ
ガ、ニンニクで煮込ん
だ和風でも、日本では
再現できないここなら
ではの味。月・水〜土
曜のみ提供。

Rainbow Drive-In
➡ P.47

$11.75

> *Recommend*
> ほんのり甘い地元産のアロハ醤油を
> 使用しているので、ショウガと
> ニンニクをきかせながらもマイルドな
> 味わい（編集 K）ほか

第5位

ステーキシャックの
ステーキプレート

オンザビーチの隠れ家ステーキ

サシが入った友三角と呼ばれるモモ肉を使用
したコスパ最強プレート。ワイキキ・ビーチ
の特等席で食べられる立地も票を左右。

$18.50〜

Steak Shack

行列が絶えないビーチ沿いのキヨスク。

ワイキキ　MAP P.123-D1　📍 2161 Kalia Rd. ワイキキ・
ショア内　☎ 808-861-9966　🕐 10:30 〜 19:00
（金・土〜 19:30）　㊡無休　CARD A M V
🌐 www.steakshackhawaii.com

$12.85〜

> *Recommend*
> ステーキ約170gで $12.85 〜は
> ワイキキでは良心的。友三角は
> ミディアムレアの焼き加減が
> おすすめ（編集 S）ほか

第4位

ニコスピア 38 の
フリカケ・
パンシアードアヒ

フリカケの発想がユニーク

味つけと食感が楽しいロコの定
番魚料理がランクイン。フリカ
ケをまぶした表面は香ばしく、
中はふんわり肉厚のアヒ。

$18.50〜

> *Recommend*
> 「漁船からテーブルへ」がコンセプト
> の店だけあって魚介料理はどれも
> 美味。隣のマーケットのポケボウルも
> 鮮度抜群（ライター M）ほか

Nico's Pier 38

シーフードが自慢の港沿いレストラン。

ピア 38　MAP P.119-C1　📍 1129 N. Nimitz Hwy.
☎ 808-540-1377　🕐 6:30 〜 21:00（日 10:00 〜）　㊡無休
CARD A D J M V　🌐 nicospier38.com

& MORE　マクドナルドにもプレートランチが！

白米にスパムとポチギースソーセージ、スクランブルエッグをの
せたハワイ限定のローカルデラックスブレックファスト。注文は
朝マックでのみ！

第1位

ストリップ
ステーキワイキキ

極上ステーキもラインアップ

スターシェフ、マイケル・ミーナの ステーキハウスでは 10 種以上の高 コスパメニューが揃い、お酒も $6 からとお得に。

Stripsteak Waikiki

アメリカとアジアが 融合した美食を展開。

ワイキキ MAP P.123-B3 ⚲ 2330 Ka lakaua Ave. インターナショナルマー ケットプレイス 3F ☎ 808-896-2545 🕐 17:00 ～ 21:00（金・土 ～ 22:00） ハッピーアワー 16:00 ～ 18:00 休 月 CARD Ⓐ Ⓓ Ⓙ Ⓜ Ⓥ 🌐 www.michaelmina. net/restaurants/stripsteak-waikiki-jp

$8 ～。 アダルトハッピー ミールは $29

Recommend
日本のお弁当みたいにいろいろな料理を 少しずつつまめるアダルトハッピーミール がおすすめ（サーシャさん）ほか

第3位

1938 インドシナ

魅惑のニューカマー

フランス植民地時代のインドシナがコン セプトの店内では、アジアのストリート フードが割安に。月～木曜は 2 度楽し めるのも高評価。

1938 Indochine

高感度ロコが集まる 予約必須の人気店。

カカアコ MAP P.125-C2 ⚲ 602 Ala Moana Blvd. ☎ 808-545-7777 🕐 16:00 ～ 22:00 （木～土 ～ 23:00） ハッピーアワー 月～金 16:00 ～ 18:00、月～木 20:00 ～閉店 休 無休 CARD Ⓐ Ⓙ Ⓜ Ⓥ 🌐 1938indochine.com

料理は $4 ～、カクテルは $9

Recommend
店内もメニューもおしゃれ。同じアオキグループ の道楽寿司やヘリングボーンのハッピーアワー もお気に入り（ライター N）ほか

第2位

ウルフギャング・
ステーキハウス

あのロコモコも $10 ！

コスパのいいステーキハウスが 1 位に続き ランクイン。ロコモコ部門首位の逸品もミ ニサイズではあるものの $10 と破格。

Wolfgang's Steakhouse → P.46

Recommend
ステーキスライダーやシーフード コンボも満足感たっぷり。カクテル も $8 ～でつい飲みすぎてしまう こと（編集 T）ほか

$ 26 など シーフードコンボ

第5位

アイランド・
ヴィンテージ・
ワインバー

厳選メニューにハズレなし！

ワインがすすむお つまみ系からスパ イシーアヒタルタ ルをのせたポケ弁 当ボックスまで、 この時間のみのグ ルメ狙いも多数！

Island Vintage Wine Bar → P.47

ポケ弁当ボックス $10、 ワイン $7 ～

HAVE FUN!

Recommend
チキン、ポーク、アヒ、野菜など バランスのよいラインアップで、 プラントベースなどのメニュー も（ライター M）ほか

第4位

モンキーポッド・
キッチン

アペタイザーが 半額！

ワイキキ・ビーチに 臨む最高の立地とラ イブミュージックの なか、通常メニュー を半額などで注文で きる新スポット。

Monkeypod Kitchen → P.43

料理はほぼ $10 前後。ビールは $2 オフ

Recommend
ここは景色とビールとライブ ミュージックに尽きます。あとは ローストチキンウイング！ （伊澤慶一さん）ほか

051 ★ クイーンカピオラニホテルのカフェ、ノッツ・コーヒーロースターズではオリジナルのドリンクメニューのほかデック（P.43）のフードも注文可能。14 時からはお得なハッピーアワーも。

グルメ｜ランキング

太陽の下の必需品

ひんやりスイーツ ランキング BEST 5

ビジュアル超えのおいしさ♡
罪深きスイーツ5連発！

第1位

アイランド・ヴィンテージ・シェイブアイスの
ハワイアンレインボー

$10.95〜

トッピングは50¢〜で追加可能

ていねいな職人技に軍配

きめ細かい氷と果実の生シロップを使用した進化形シェイブアイスの先駆者的存在。モチと中に隠れたアイスにもファン多数。

Island Vintage Shave Ice
行列が絶えないシェイブアイスの人気店。

ワイキキ MAP P.122-B5　📍2552 Kalakaua Ave.
ワイキキビーチ・マリオット・リゾート＆スパ内
🕐7:00〜22:00　㊡無休　CARD A D J M V
📷islandvintageshaveice　🏠ロイヤル・ハワイアン・センター

Recommend
ハワイの豊かな恵みを感じられるかき氷。ハワイアンレインボー以外にも全7種類あるので、毎回選ぶ楽しみも（ライターG）ほか

第2位

イル・ジェラートの
ジェラート

$7.50〜

ハワイとイタリアの融合

ハワイ産食材などを本場イタリアの製法で仕上げたジェラートは、全スイーツ好きをトリコに。添加物不使用やビーガン対応も◎

Il Gelato
毎日作りたてが並ぶジェラートカフェ。

ワイキキ MAP P.123-B2
📍2229 Kuhio Ave.
☎808-762-0360　🕐10:00〜22:00
㊡無休　CARD A D J M V
🏠www.ilgelato-hawaii.com
🏠ワイキキ（ルワーズ通り、ハイアットリージェンシー、クヒオフードホール）、カハラ、ハレイワほか

Recommend
肉料理を食べたあとはここのジェラートで口直し。アサイボウルもあっさりしているので別腹にぴったり（ライターN）ほか

2スクープ $6.95〜

約20種のジェラートから選択

IL GELATO・HAWAII
Authentic Italian Ice Cream
Una Passione
www.IL.Gelato-Hawaii.com

第3位

ドール・プランテーションのドールホイップ

パイナップルトッピングは$1追加

ドールのオリジナルソフト

乳製品を使用せず、パイナップルの自然の甘味を生かしたソフト。40年の歴史があり、変わらない清涼感にツウも脱帽。

Historic Wahiawa Town, Hawaii
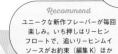
HAWAII PLANTATION

$7.50〜

Dole Plantation
1989年に開園したドールのテーマパーク。

ワヒアワ MAP P.117
📍64-1550 Kamehameha Hwy. Wahiawa
☎808-621-8408　🕐9:30〜17:30　㊡無休
CARD A J M V　🏠doleplantation.com

Recommend
ワイキキのクイーンカピオラニホテル内アロハホイップでも食べられます。日替わりや季節限定も（編集S）ほか

Recommend
ユニークな新作フレーバーが毎回楽しみ。いち押しはリーヒンフロートで、追いリーヒンムイソースがお約束（編集K）ほか

$6.99〜

アサトファミリーショップのシャーベット

毎回新しい味に出会える

昔懐かしいハワイの駄菓子屋さん風テイストがロコに大ウケ。週2日の営業にもかかわらず、通いたくなる魅力でいっぱい。

第5位

クリーミーだけどシャリシャリ食感

Asato Family Shop
10種以上のフレーバーを日替わりでサーブ。

ダウンタウン MAP P.125-B1　📍1306 Pali Hwy.
🕐水・日 10:00〜14:00　㊡月・火・木〜土
CARD A D J M V　📷asatofamily

第4位

バナンのチャンカデリック

バナナのミルクセーキ $13

カップ $9

Banán

ギルティフリーの先駆け

砂糖、牛乳不使用のヴィーガンスイーツで美意識高めのツウの票を獲得。最近フードランドで箱入りアイスバーの販売もスタート。

Banan
バナナをベースにしたアイスがウリ。

ワイキキ MAP P.123-C3　📍2301 Kalakaua Ave. ロイヤル・ハワイアン・センターC館横 ビーチアクセス沿い
☎808-691-9303　🕐9:00〜20:00
㊡無休　CARD A J M V　🏠banan.co
🏠ワイキキ（カリア通り）、カイムキ

Recommend
フルーツトッピングもいいけれど、ここのマックナッツハニーバターも好きなのでチャンカデリック推し（編集H）ほか

第1位

ホーリーグレイル・ドーナツの ヴィーガンドーナツ

生地にタロイモを使用

カウアイ島から上陸したドーナツがヘルシー志向のオアフ島ローカルにささり大ブレイク。「自分へのご褒美」購入が圧倒的意見。

1個 $4.50

4個入りボックス $18

Holey Grail Donuts
ココナッツオイルで揚げるドーナツ専門店。

ワード [MAP] P.125-C3
📍1001 Queen St. ☎808-482-0311
🕐7:00 〜 19:00（金・土 〜 21:00）
🈚無休 [CARD] A J M V
🌐 www.holeygraildonuts.com

GOURMET 🍴 RANKING

アナタはどっち派？

ドーナツ＆マラサダ ランキング BEST 5

近年のドーナツブーム到来で不動人気のマラサダがまさかの……

1個 $1.85

第2位

クリームが入ったパフ $2.25

レナーズのマラサダ

マラサダでは敵なし

ライバルすら出てくることを許さないマラサダ界の絶対的センター。今回はドーナツブームのあおりを受けつつも貫禄の順位。

Leonard's
言わずと知れたマラサダの超有名店。

カパフル通り [MAP] P.121-B3
📍933 Kapahulu Ave.
☎808-737-5591 🕐5:30 〜 19:00
🈚無休 [CARD] A J M V
🌐 leonardshawaii.com

第3位

リリハベーカリーの ポイモチドーナツ

ココパフに次ぐ人気ドーナツ

タロイモの球茎からできたハワイ伝統グルメのポイを使用したドーナツ。モチモチ食感で中の紫色もかわいいと評判。

1個 $2.69

6個購入で $14.50 とお得に

Liliha Bakery → P.42

第5位

ワイキキマーケット のマラサダ

四角くて甘さ控えめ

ワイキキで人気急上昇のマラサダはオリジナルにリリコイ、リーヒンムイ、季節限定パウダーがありユニーク。注目度はNo.1。

Waikiki Market → P.30

1個 $1.89

油っこくないので食べやすい

第4位

パーヴェ・ドーナツストップ のドーナツ

気分が一気に上がる起爆剤

カロリー高めでもキュートなビジュアルに負けてしまうツウ多数。揚げたてでサーブされるドーナツは、見た目に反して優しい味わい。

1個 $3.25

6個以上で割引あり

Purvé Donut Stop
作り置き一切なしの新鮮ドーナツ店。

アラモアナ [MAP] P.124-C4 📍1234 Kona St.
🕐6:00 〜 14:00（金〜日 〜 17:00）🈚無休 [CARD]
A J M V 🌐 www.purvehawaii.com 🚶カハラ

& MORE 話題のニューヨークロールも！

一見ドーナツ風のまん丸なスイーツ、実はクロワッサン。ハワイでもじわじわ広まっているので、試してみて。
ピスタチオやラズベリー、チョコレートなど

Halekulani Bakery ハレクラニベーカリー → P.42

★マラサダとポイモチドーナツ、どちらも食べたいときにおすすめなのがカリヒにあるカメハメハベーカリーのポイグレーズド。ポイ生地のマラサダで、深夜開店にもかかわらずいつも行列。

バナナのまったり感と
風味がしっかり

1個 $4.50

GOURMET 🍴 RANKING

まったりおいしい

カフェ
ランキング
BEST 5

ワイキキのど真ん中から
ロコタウン、夜カフェまで
個性際立つ至極の5軒

第1位

ロイヤル ハワイアン ベーカリー

**創業90周年を記念して
オープン**

宿泊者へのもてなしのひとつとして提供していたバナナブレッドが気軽に味わえるようになり、ピンクパレスファンご満悦のカフェ。

Royal Hawaiian Bakery

ホテル同様ピンクが基調のオープンエアカフェ。

ワイキキ MAP P.123-C2 ♀ 2259 Kalakaua Ave.
ロイヤルハワイアンラグジュアリーコレクションリゾート内 ☎ 808-923-7311 ◷ 6:00〜12:00 🈺 無休
CARD A D J M V ⊕ www.royal-hawaiian.jp

Recommend
ココナッツグローブに面したワイキキのオアシス。バナナブレッドマフィン、クロワッサン、クロナッツが定番（編集 K）ほか

素朴だけどおしゃれな店内。エスプレッソ $3.75〜、ワッフル $16〜

Recommend
きめ細かくなめらかなフォームミルクが特徴のフラットホワイトを注文。ワイキキ店はサーフジャック内に（ライター M）ほか

フラットホワイト $4.50とリコッタトースト $12

第3位

アルヴォ

フォトジェニック No.1

ワイキキ店がオープンしても、ツウはフードメニューが充実しているカカアコ店をプッシュ。ラテやフードの写真映えも健在。

ARVO

ハワイでは珍しいオージースタイル。

カカアコ MAP P.125-C2 ♀ 324 Coral
St. ソルトアットアワーカカアコ 1F
☎ 808-312-3979 ◷ 8:00〜14:00 🈺 無休
CARD A J M V ⊙ a_r_v_o ⌂ ワイキキ

第2位

サーファーズ コーヒー

モダンレトロな快適空間

ノースショアへ続く道沿いの街、ワヒアワの活性化を目的に NPO が運営。コーヒーは地元サーファーのボランティアなどがサーブ。

Surfers Coffee

地元密着型で、ライブ演奏も開催。

ワヒアワ MAP P.117 ♀ 63 S.Kamehameha Hwy.Wahiawa
☎ 808-439-3644 ◷ 7:00〜15:00 🈺 無休 CARD A J M V
⊙ surferscoffee

第5位

Recommend
パンとピザの間くらいのアロハブレッドがおいしい。キノコ好きなのでマッシュルーム＆オリーブがいち押し（宮澤 拓さん）ほか

アロハブレッドは常時約6種類。$10〜

アロハ・ベイク ハウス＆カフェ

カフェ激戦区でロコの御用達

ファーマーズマーケットからスタートしたブレッド自慢のカフェ。現在は3店舗展開で、知る人ぞ知るツウのお気に入り。

Aloha Bakehouse & Cafe

自家製ピーナッツバターも有名。

カイムキ MAP P.120-A4
♀ 3398 Waialae Ave. ◷ 7:00〜16:00（土 8:00〜、日 8:00〜14:00）🈺 無休 CARD A J M V
⊙ alohabakehouseandcafe
⌂ カカアコ、ダウンタウン

第4位

ザ・ギャラリー・ ワイキキ

ムーディな夜カフェ

イタリアンローストで人気のハワイアンアロマカフェの新スタイルカフェ。平日は20時、週末は17時からライブを開催！

The Gallery Waikiki

1日中お酒も楽しめるカフェ＆バー。

ワイキキ MAP P.123-B3 ♀ 2300
Kalakaua Ave. アウトリガー・ワイキキ・ビーチコマー・ホテル内
☎ 808-256-2602 ◷ 7:00〜24:00
🈺 無休 CARD A D J M V
⊙ the_gallery_waikiki

Recommend
朝からやっているので終日利用できるけれど、ライブが始まり雰囲気が一変する夕方以降が特におすすめ（編集 T）ほか

店内には購入できるアートを展示

★ ロイヤル ハワイアン ベーカリーのバナナブレッドは公式 SNS でレシピを公開中。ピンクパレスパンケーキ・ミックスも販売しているので、おうちでハワイアンカフェを再現！

フィレのテンダー
カット約310g **$68〜**

第1位 ルーズ・クリス・ステーキハウス

肉は米国農務省のお墨付き

ライバル店が上陸しても「記念日はここ」というロコが多い。表面は香ばしく中はやわらかくジューシーなステーキは独自製法の賜物。

Ruth's Chris Steak House

1965年にスタートした老舗。

ワイキキ MAP P.123-C2 ⚲226
Lewers St. ワイキキ・ビーチ・ウォーク2F
☎ 808-440-7910 ⏱ 16:00〜22:00(金・土〜22:30、日〜21:00) ハッピーアワー
16:00〜19:00 休 無休 料 $80〜
CARD A D J M V ※予約が望ましい
🌐 jp.ruthschrishawaii.com
🏠 ウォーターフロントプラザ

GOURMET 🍴 RANKING

肉汁ジュワッとあふれる

ミート
ランキング
BEST 5

アメリカの名だたるステーキハウスにロコシェフの名店が大健闘！

Recommend
16〜18時はコースメニューが$59〜とお得。デザートのブレッドプリンまで大満足！
（編集 T）ほか

Enjoy Ribeye!

Recommend
リブアイにはポテトグラタンとマッシュルームメドレーの2品のサイドが付いているので、かなり食べ応えあり（編集 S）ほか

第3位 MW レストラン

見落としがちなステーキに注目

繊細な美食が並ぶなか、ツウが口を揃えて絶賛するのがリブアイ。実は肉質にもとことんこだわったシェフ渾身のメニュー。

リブアイ約450g **$79**

MW Restaurant

ハレアイナアワード常連の有名店。

ワード MAP P.125-C3 ⚲888 Kapiolani Blvd.2F
☎ 808-955-6505 ⏱ 17:00〜21:00 休 日
料 $80〜 CARD A D J M V ※予約が望ましい
🌐 mwrestaurant.com

第2位 ストリップ ステーキ ワイキキ

ミシュラン2つ星シェフのトマホーク

肉好きのアメリカ人なら知らない人はいないレストラン。赤ワインとエシャロットバター仕立てなど、味つけでもツウを魅了。

トマホーク・リブアイ
約960g **$195**

Stripsteak Waikiki → P.51

Recommend
赤身と脂のバランスが程よいリブアイを骨付きでカットしたトマホークが絶品。サイドディッシュもぜひ（ライター M）ほか

第4位 サイドストリート イン

日本のテレビ番組でも紹介

『オモウマい店』にも登場した大皿料理がウリで、シグネチャーはカルビとポークチョップ。ビールが止まらなくなるおいしさ。

Side Street Inn

地元シェフが腕を振るう豪快ロコフード店。

カパフル通り MAP P.121-C3
⚲614 Kapahulu Ave. ☎ 808-739-3939
⏱ 16:00〜21:00（土・日 11:00〜）
休 無休 料 $30〜 CARD A D J M V
🌐 sidestreetinn.com 🏠 アラモアナ

看板メニューの骨付きカルビ 時価

Recommend
ハワイ好きなレストラン。ミート以外ではオイスターソースで味つけしたフライドライスかヤキソバがマストメニュー（編集 K）ほか

第5位 ウルフギャング・ステーキハウス

厚切りでもとろけるやわらかさ

日本にも支店が多いため票は伸びなかったけれど、ひと口食べただけで肉質のよさがわかる極上ステーキは、世界が認める逸品。

プライムステーキ
2人前〜 **$208.95〜**

Wolfgang's Steakhouse → P.46

Recommend
朝食、ランチ、ハッピーアワーと気軽に利用できる時間帯と自分へのご褒美として訪れたいディナーを上手に使い分け（ライター N）ほか

グルメ｜ランキング

 トルコ＆オスマン料理

第1位

イスタンブール・ハワイ

世界3大料理のひとつ

2020年のオープン以来、ロコや旅行者に新しい食の楽しみを提供。スパイスのきいた料理と中東のインテリアにココロがはずむ。

Istanbul Hawaii → P.41

> **Recommend**
> メザプラッターが看板メニューだけれど、肉もうまい。特にラムチョップが最高です（伊澤慶一さん）ほか

GOURMET 🍴 RANKING

ハワイで本場の味

エスニック料理ランキング
BEST 5

移民シェフが腕を振るう故郷の味の競演！選ばれたのはこの5ヵ国

第3位

 中国料理

デュードロップイン

台湾・中国の多彩な料理

一見町中華風の店構えだけれど、100種以上揃うメニューには本格中国料理の逸品もあり、有名シェフも足しげく通うほど。

 Dew Drop Inn
台湾出身シェフが中国各地の料理を揃える。

ベレタニア通り MAP P.125-B3

📍 1088 S.Beretania St.
☎ 808-526-9522　🕐 16:00 ～ 21:00
🈺 月・木　🈷 $20～　CARD A J M V
🌐 dewdropinnhawaii.com

> **Recommend**
> 必ず注文するのはスパイシーソースワンタンとパンフライドヌードル。皮も麺もモチモチ（編集 K）ほか

第2位

 ベトナム料理

ザ・ピッグ＆ザ・レディ

ベトナムとフレンチの融合

フランス料理店出身のベトナム系2世のシェフが、母の味をベースに新感覚のベトナミーズを確立。ワクワクするメニュー揃い。

 The Pig & The Lady
東京にも支店を構えるモダンベトナム料理店。

ダウンタウン MAP P.125-B1

📍 83 N.King St.　☎ 808-585-8255　🕐 11:30 ～ 14:30、17:30 ～ 20:45（最終着席）　🈺 日・月
🈷 $20 ～　CARD A D J M V
🌐 thepigandthelady.com

> **Recommend**
> 他店では味わえないフォーの独特なスープがクセになります。フライドチキンウイングもおすすめ（宮澤 拓さん）ほか

第5位

  シンガポール料理

ストレイツ

おしゃれして出かけたい新スポット

2023年11月オープンの新店がTOP5入り。シンガポール育ちのオーナーとハワイ出身シェフの共演に期待する票も反映。

 Straits
カリフォルニア発のダイニング＆バー。

ワード MAP P.125-C3　📍 1060 Auahi St. ワード・エンターテインメントセンター 1F　☎ 808-888-0683　🕐 16:00 ～ 22:00（金・土 ～ 24:00）　🈺 無休
🈷 $50 ～　CARD A M V　🌐 www.straitshawaii.com

> **Recommend**
> 週末はライブ DJ が入る空間で、定番シンガポール料理のアレンジやハワイ限定メニューが楽しめます（ライター M）ほか

第4位

  韓国料理

オーキムズ・コリアン・キッチン

ヘルシーな新感覚コリアン

オーナーシェフのキムさんが作る料理は、若い世代の韓国人が今まさに好むフュージョンコリアン。ヴィーガン票も多数。

 O'Kims Korean Kitchen
Yelp の US レストラン TOP 100 に選出。

ダウンタウン MAP P.125-B1

📍 1028 Nuuanu Ave.　☎ 808-537-3787
🕐 11:00 ～ 15:00、17:00 ～ 21:00
🈺 日　🈷 $20 ～　CARD A D J M V
🌐 www.okimshawaii.com

> **Recommend**
> ハワイの食材などを使用した韓国料理は、洗練された優しい味わい。少し攻めた感じの月替わりメニューも楽しみ（ライター N）ほか

第1位

ラモーナズ・チージーブレッド $21。モチモチ食感とトリュフの香りにハマる

ザ・レイスタンド

クールでキュートな隠れ家バー

入口はレイスタンド、奥はスピークイージー（隠れ家バー）、スタイリッシュなカウンターに陽光差し込むテラスなど奇想天外さで断トツ首位。

The Lei Stand

何もかもフォトジェニックな大人空間。

 チャイナタウン MAP P.125-B1 ♀ 1115 Bethel St. ☎ 808-900-0237 ⏰ 17:00 ～ 21:00 （木～ 23:00、金・土～ 24:00） 休 日・月 料 $40 ～ CARD A D J M V ⊕ www.getleid.co

GOURMET 🍴 RANKING

スタイル多彩

バーランキング BEST 5

ブームのスピークイージーを首位に多種多様なバーがイン！

🍴

グルメ｜ランキング

 4種お試しサイズのビアフライト

第2位 **マイタイバー**

ビーチバーの圧倒的エース

ハワイにいる幸せを実感できるとツウのほとんどが回答。新しいバーができても、オンザビーチのピンクパレスのバーの人気は永遠に不動。

Mai Tai Bar

マイタイで有名なピンクパレスのバー。

 ワイキキ MAP P.123-C2 ♀ 2259 Kalakaua Ave. ロイヤル ハワイアン ラグジュアリーコレクション リゾート ワイキキ内 ☎ 808-931-8641 ⏰ 11:00 ～ 23:00 休 無休 料 $20 ～ CARD A D J M V ⊕ www.maitaibarwaikiki.com/jp/

第3位 **マウイブリューイングカンパニー**

ファミリー層の支持もあつい

自社ブランドから独立系醸造所の限定まで40種近いビールが楽しめるうえ、家族連れでも安心と幅広い層に大人気。

Maui Brewing Co.

マウイ島のビール会社の直営店。

ワイキキ MAP P.123-B3 ♀ 2300 Kalakaua Ave. アウトリガー・ワイキキ・ビーチコマー・ホテル内 ☎ 808-843-2739 ⏰ 11:00 ～ 23:00 ハッピーアワー 月～金 15:30 ～ 16:30、日～木 21:30 ～ 22:30 休 無休 料 $20 ～ CARD A J M V ⊕ www.mbcrestaurants.com/waikiki ⚓ カイルア

第4位 **ポドモア**

昼とは違うワクワクに出会える

ブレックファストで紹介したポドモアは、夕方からは21歳以上限定（日曜以外）のスタイリッシュなバーに変身。

Podmore ➡ P.43

©Olivier Koning

第5位 **エタァル**

スーパーの一角でチアーズ！

フードランド系スーパー内にあり、カハラ住人の憩いの場所。バーカウンターの背もたれのレイのイラストに、ひとめ惚れしたツウ多数。

et al.
（カハラマーケット内）➡ P.31

ハワイの新鮮食材を使用したカクテルや料理はスーパーならでは

焼き魚は鮭、鯖など

\ まだまだある！/

追い推しグルメ！

惜しくもランクインは逃してしまったけれど
スペシャリストと編集室が愛してやまない推しグルメを追い放出。

Hatsuhana

ハワイ産の魚介類を使った寿司と和食を提供。

ワイキキ MAP P.124-C6 ♀ 2005 Kalia Rd. ヒルトン・ハワイアン・ビレッジ レインボー・バザール内 ☎ 808-946-8287 ⏰ 7:00 〜 14:30（ビュッフェ〜10:30）、17:00 〜 21:30 休 水のビュッフェ 料 ビュッフェ大人 $34、4〜11歳 $17 CARD A D J M V 🌐 www.hatsuhanausa.com

---

Recommend
from: 塙 麻衣子さん
—
初花

本格的な和朝食ビュッフェが食べられる貴重な店。日本人シェフが作る煮物や焼き魚、カレーなど日本食が恋しくなったときはぜひ！

Recommend
from: 伊澤慶一さん
—
ワイキキ マーケット

スーパーの新鮮食材を使って、その場で炒めてくれるチャーハンはお得感あり！テラスで食べてもテイクアウトしても OK

Waikiki Market → P.30

ライスと具材、ソースなどを選んで $10.99 〜

Earl

サブマリンサンドの人気専門店。

カピオラニ通り MAP P.121-B3 ♀ 2919 Kapiolani Blvd. マーケット シティ・ショッピングセンター 1F ☎ 808-200-4354 ⏰ 10:00 〜 21:00 休 無休 CARD A D J M V 🌐 earlhawaii.com 🏠 カカアコ

Recommend
from: ライター M
—
アール

焼き目をつけたハード系パンに、一品料理さながらのメインやトッピングがどっさり。サクサクギュ食感も一度食べたらやみつき！

チキンボーイ $16 など。ワッフルフライもマストオーダー

コースは前菜、メイン、デザートの3品

Threadfin Bistro

地産地消中心のカジュアルビストロ。

カパフル通り MAP P.121-B3 ♀ 1016 Kapahulu Ave. ☎ 808-692-2562 ⏰ 17:30 〜 20:00 休 日〜水 料 $68 〜 CARD A D J M V 🌐 www.threadfinbistro.com

---

Recommend
from: ショーン・モリスさん
—
スレッドフィン・ビストロ

僕がハワイで最も好きなシェフがオープン。現在は $68 のコースのみですが、世界各国のグルメを知り尽くした彼の料理はどれもワインに合い、かなりの高コスパです

Forty Niner Hawaii

アイエアのロコダイナーがワイキキ進出。

ワイキキ MAP P.123-A2 ♀ 445 Seaside Ave. アイランドコロニー 1F ☎ 808-923-2053 ⏰ 7:00 〜15:00 休 無休 料 $10 〜 CARD A D J M V 🌐 www.fortyninerhawaii.com 🏠 アイエア

ブレックファスト $9.95 とウベワッフル $12.95

Recommend
from: 編集 S
—
フォーティナイナー

気軽に立ち寄れ、イートインスペースがあるので取材中リピート。素朴な味わいは本店と変わらず、ハワイ伝統料理や $10 以下のメニューも揃います

買い物途中のバー利用も◎。ブランチビュッフェはウェブで予約を

人気のブレックファスト$14.95～。メイン、卵、ポテト、チーズをトルティーヤでラップ

Recommend
from 編集 H
イレブン
—

スーパー内のバーとして有名ですが、週末限定のブランチビュッフェがおすすめ。$35 でフレンチトーストからサーロインロースト、シーフード、デザートまでと満足必至

Eleven
老舗スーパーのミクソロジストやシェフの技が集結。
フードランドファームズ
→ P.30
☎ 808-949-2990
🕐 17:00 ～ 23:00（金・土 16:30 ～ 24:00）、ブランチ土・日 8:30 ～ 最終着席 13:30
休 月・火　₪ $30 ～
CARD A D J M V
🌐 www.elevenhnl.com

Waioli Kitchen & Bake Shop
歴史的建造物指定のブランチレストラン。
マノア　MAP P.119-C2　📍 2950 Manoa Rd.　☎ 808-744-1619
🕐 8:00 ～ 13:00　休 日・月　₪ $15 ～　CARD A D J M V
🌐 waiolikitchen.com
巨大なモンキーポッドが目印　ショートリブロコモコ $17.75

Recommend
from 編集 K
ワイオリ・キッチン＆ベイクショップ
—

マノアの閑静な住宅地にあり、ココロ落ち着く空間。奇をてらったメニューはないけれど、どれもていねいで優しい味わい

Recommend
from ライター G
コノズ
—

ハワイ伝統料理のカルアピッグが自慢で、12 時間低温でじっくりロースト。ブリトーで気軽に食べられ、テイクアウトならクヒオ通りのワイキキ店でも 20 時まで可能

Kono's
ノースショア発のカルアピッグ専門店。
カパフル通り　MAP P.121-B3　📍 945 Kapahulu Ave.
☎ 808-892-1088　🕐 7:00 ～ 18:30　ハッピーアワー 15:00 ～ 18:00
休 無休　₪ $15 ～　CARD A J M V
🌐 www.konosnorthshore.com

Recommend
from ライター N
ザ・ファームカフェ @ カフクファーム
—

おみやげに人気のスプレッドで知られるカフクファームでは、アメリカ初のアサイ収穫に成功。新鮮で濃厚なのはもちろん、自家製リリコイバターがのったアサイボウルは絶品

アサイボウル $13 ～

The Farm Cafe
東京ドーム約 12 個分の敷地を誇る農園のカフェ。
カフク　MAP P.117　📍 56-800 Kamehameha Hwy. Kahuku　☎ 808-628-0639
🕐 11:00 ～ 16:00　休 火・水
CARD A J M V　kahukufarms.com

ドリップ $3 ～。ユニークなティーラテも

Recommend
from 編集 M
ザ・カーブ・カイムキ
—

週替わりで異なるロースターの豆を使い、注文が入ってからグラインド。ハワイにいながらオリンピア、オニキス、ハートなど人気ロースターの味に出会えます

The Curb Kaimuki
トラックからスタートしたマルチロースターカフェ。
カイムキ　MAP P.120-A4　📍 3408 Waialae Ave.　☎ 808-367-0757　🕐 6:30 ～ 14:00（土・日 7:00 ～ 15:00）、土・日 14:00 ～ 20:00 はワインバー　休 無休　CARD A D J M V
🌐 thecurbkaimuki.com

お買い物天国で欲しいモノを賢く手に入れるテクを伝授

SHOPPING
ショッピング

魅力的なアイテムだらけでアレもコレも欲しいハワイショッピング。セール、クーポン、穴場情報など利用すればするほど差がつくスマートなお買い物情報満載♡

119 年に数回の一大チャンス！
ショッピングスポットのビッグセールを狙え！

最近日本でも開催されている「ブラックフライデイ」はアメリカでいちばん大きなセール。日本からのフライト料金が比較的お得な時期なので、この日を狙ってハワイ旅行を計画する強者も。お買い物好きならハワイのセール時期をチェック！

不定期のセールも開催される

開催日	セールイベント	内容
1月1日	福袋	日本と同じく初売りとして多くのショップで開催
1月	ニューイヤーセール	年末に売り切れなかった商品が大きく値下げされる
2月第3月曜を含む連休	プレジデントデイセール	3連休に開催。冬物がラストセールされる
3月下旬or4月上旬	イースターセール	タックスリターンの時期を狙って開催される
5月最終月曜を含む連休	メモリアルデイセール	3連休に開催。夏物がひと足早くお得になる
7月4日を含む数日間	独立記念日セール	お祭りムードに包まれた高額商品も値引きされる
8月中旬〜	バックトゥスクールセール	9月からの新学期に向け、学生の必需品がセール対象に
9月第1月曜を含む連休	レイバーデイセール	夏物の在庫一掃セールとして大幅値引きが期待できる
10月第2月曜を含む連休	コロンバスデイセール	ワイケレ・プレミアム・アウトレットで大々的に開催
11月第4木曜の翌日	ブラックフライデイセール	前日の夜から行列ができることもある大規模セール
12月クリスマス前最後の土曜	スーパーサタデイ	クリスマスギフトのための最後の滑り込みセール
12月26日〜	アフタークリスマスセール	在庫一斉処分のために破格の割引率で開催される

121 円決済は損!?
クレカ払いはドル選択がおすすめ！

免税店や一部のホテルなどでは、クレジットカードの支払時に決済通貨をドルか日本円で選択できる場合がある。ドル決済の場合はカード会社で処理された日の為替相場が適用され、日本円決済だと店が独自に決めたレートが適用される。たいていの場合、店の換算率のほうが悪いので、クレカ決済はドルを選択しよう。

ほとんどはドル払いで設定している

120 不定期開催のお得情報も！
最新情報はSNSでオンタイムゲット！

多くのショップが公式のSNSを通じて最新情報を発信中。不定期開催のセール情報をはじめ、ショッピングモール内で一定金額以上の買い物をすると特別ギフトがもらえたり、モール内で使えるクーポン券を発行するなどお得情報の宝庫！

125 買ったけどイマイチ……
そんなときは
気軽に返品＆交換

アメリカでは購入後の返品＆交換は通常のこと。レシートと商品を店に持っていけば簡単に返品＆交換可能で嫌な顔をされることもほとんどない。期限や条件はレシート裏の Return Policy で確認を。

126 自分に合うのは？
日米サイズ比較表で
正しいサイズを Check!

ブランドやデザインにより異なることも多いけれど、目安として覚えておこう。

●レディス衣類

日本	5 (XS)	7 (S)	9 (M)	11 (L)	13 (2L)	15 (3L)
アメリカ	0-2	4	6	8	10	12

●メンズ衣類

日本	S	M	L	2L	3L
アメリカ	34	36	38	40	42

●幼児 ※Mは月齢（Months）の意味

日本	50-60	60-70	70	80	80-90	90
アメリカ	3M	6M	9M	12M	18M	24M

●キッズ ※Tは幼児（Toddler）の意味

日本	95	100	110	110	110-120	110-120	120-130
アメリカ	2T	3T	4T	5	6	7	8

●レディスシューズ

日本	22	22.5	23	23.5	24	24.5	25
アメリカ	5	5.5	6	6.5	7	7.5	8

●メンズシューズ

日本	24.5	25	25.5	26	26.5	27	27.5
アメリカ	6.5	7	7.5	8	8.5	9	9.5

127 実際に着てみよう
ジャストフィットを探して
遠慮せずに試着！

サイズの目安はあっても、やっぱり着てみるのが最も確実。豪華なフィッティングルームを用意しているショップもあって快適。ヴィクトリアズ・シークレットはブラのサイズを測ってくれる専門スタッフが常駐している。

122 使った人だけ得をする！
特定のクレジット
カードで
クーポン＆割引ゲット

各クレジットカード会社では旅行者向けにさまざまな特典を用意。特に、JCB や Visa は特定のショップと提携して割引優待を頻繁に行っている。さらに、JCB や楽天カードなどでは会員向けにお得なクーポンを発行。特典内容は随時変更されるので事前にチェックしてガッツリ得しよう！

123 貯める＆使える
円安の今こそ断然お得！
ハワイでもポイ活

dポイント、Ponta、Vポイントはハワイでもポイントサービスを実施中。提携店で提示すると1ドルごとに1ポイント貯まり、1ポイントを1セントとして支払いにも使える。ポイントで支払う場合、日本では100ポイント＝100円、ハワイでは100ポイント＝1ドル（約153円）となり、円安の今こそポイント払いがかなりお得になる！

124 購入後に値下げ!?
レシートを提示すれば
差額が戻ってくる！

購入した商品が後日突然のセールで値下げされていたらショック！でもアメリカには「プライスアジャストメント」という制度があり、これを導入している店では決められた期間内なら差額を返金してくれる。条件はレシート裏に記載されているので要チェック！

128

全商品定価以下！
お買い物好きの味方
オフプライスストア＆アウトレット

格安お買い物スポットならここ！オフプライスストアはメーカーやデパートなどがシーズン途中に在庫処分した商品をバイヤーが安く買いつけるため、旬のアイテムを低価格で販売する形態。アウトレットは日本同様、売れ残りやサンプル品、キズ物などを販売する形態。それぞれの強みをおさえて賢くショッピング！

オフプライスストア

T.J. Maxx T.J. マックス
ワード MAP P.124-C4 ワードビレッジ内 ☎ 808-593-1820 🕘 9:00〜21:30 休 日 CARD A J M V tjmaxx.tjx.com アイエア、パールシティ、カポレイ

デパート価格に比べて最大70%オフ。毎週1万点以上が入荷。ハイブランドを集めた「ザ・ランウェイ」コーナーに注目！

Ross Dress For Less ロスドレスフォーレス
ワイキキ MAP P.123-B2 333 Seaside Ave. ☎ 808-922-2984 🕘 8:00〜23:00（金〜日〜22:00）休 無 CARD A J M V www.rossstores.com アラモアナセンター、カハラモール、ダウンタウンほか

アパレルから生活雑貨、コスメまで網羅し、ほとんどが半額以下。レディス人気ブランドが充実で週2〜3回新商品が入荷

Marshalls マーシャルズ
アラモアナ MAP P.124-C4 アラモアナセンター1F エヴァウイング山側 ☎ 808-955-1488 🕘 9:00〜21:30 休 日 CARD A J M V marshalls.com カポレイ

T.J. マックスの姉妹チェーン。カジュアルファッション、キッチン用品などを扱う。特にコスメやボディケア商品が狙い目！

アウトレット

Nordstrom Rack ノードストローム・ラック
ワイキキ MAP P.123-B2 2255 Kuhio Ave. ☎ 808-275-2555 🕘 10:00〜21:00 休 日 CARD A J M V nordstromrack.com ワードビレッジ

シアトルに本店をもつ高級デパートのアウトレット。商品の回転率がよく新作の入荷ペースが早い。特に靴の品揃えが秀逸！

Saks Fifth Avenue Off 5th サックス・フィフス・アベニュー・オフ・フィフス
アラモアナ MAP P.124-C4 アラモアナセンター1F マウカウイング ☎ 808-450-3785 🕘 10:00〜20:00（日〜19:00）休 無休 CARD A J M V saksoff5th.com ワイケレ

NY発高級デパートのアウトレット。ハイブランドが最大70%オフと驚きの割引率！商品がゆったり陳列されているのも特徴

サックス・フィフス・アベニュー・オフ・フィフス
Saint Laurent のサングラス
$350 ➡ $149.99

T.J. マックス
Stella McCartney のトート
$1375 ➡ $899.99

ロスドレスフォーレス
CALVIN KLEIN のドレス
$119 ➡ $34.99

ノードストローム・ラック
Vince Camuto のローファー
$99 ➡ $49.97

131
見逃さないで！
マーシャルズの
進化する商品タグ

全商品が定価以下のマーシャルズで白い商品タグは通常の割引価格。赤いシールのタグはさらに割引されたクリアランス価格、黄色いシールのタグはさらにさらに割引されたファイナル価格。宝探し気分で商品タグをチェックして！

132
諦めるのはまだ早い
支店や曜日を変えて
お目当てハント

ワードビレッジにあるラック

オフプライスストアやアウトレットでせっかくお目当てのアイテムを発見してもサイズがない場合も……。そんなときは上記ショップデータの他店舗へGO！さらに、各店舗とも週に1〜2回新作が入荷しているので、滞在中何度も通ってチェックすると運命の出会いがあるかも！

129
無料登録！
アプリや会員登録で
アウトレット商品がさらにお得！

サックス・フィフス・アベニュー・オフ・フィフスは公式アプリをダウンロードして初めてのショッピング $100 以上で 10% オフの特典。ノードストローム・ラックは Nordyclub 会員に登録すると、会員限定で通常セールより前にセール価格で買い物ができる。

130
ファミリーで一緒に！
ロスドレスフォーレスの
シニアチューズデイ

55歳以上は毎週火曜に 10% 引きで買い物ができる。会計時にパスポートを提示するだけでOK！対象年齢なら堂々と申告しよう！

133

ブランド直営!

郊外型アウトレットモール
ワイケレ・プレミアム・アウトレット

本気のお買い物好きが訪れるハワイ最大のアウトレット。約50の人気ブランドが集結し、常時65～25%オフ。1日かけても足りないほどお得な宝庫。まずは出店ブランドをチェック!

Waikele Premium Outlets ワイケレ・プレミアム・アウトレット

ワイケレ MAP P.117 📍 94-790 Lumiaina St. Waipahu ☎ 808-676-5656
🕐 10:00～19:00（金・土曜～20:00、日曜 11:00～18:00） 無休 🌐 premiumoutlets.com/outlet/waikele

アディダス	ケイト・スペード ニューヨーク	トゥミ	ボルコム
アメリカンイーグル・アウトフィッターズ	ゲス	トミー ヒルフィガー	ポロ ラルフローレン
アルマーニ	コーチ	トミー ヒルフィガー・キッズ	マーク ジェイコブス
アルマーニ エクスチェンジ	コーチ メンズ	トミーバハマ	マイケル・コース
ヴァンズ	コール ハーン	トリー バーチ	ラコステ
ヴェラ・ブラッドリー	ザ・コスメティックス カンパニー ストア	パフューマニア	リーバイス
ウォッチ ステーション インターナショナル	サックス・オフ・フィフス	フェイマス・フットウェア	リッズ
エコー	サムソナイト	フルラ	リップカール
オシュコシュ・ビーゴシュ	ザレス	フレグランス・アウトレット	ローカル・フィーバー
カーターズ	サングラス・ハット		
カルバン・クライン	ズーミーズ		
キプリング	スケッチャーズ		
クラークス	スワロフスキー		
クラランス	ダイヤモンドヘッド・チョコレートカンパニー		
クロックス	タンス		

134
ワイキキから西へ27km
ワイケレ・プレミアム・アウトレット
最もお得なアクセスは?

圧倒的に安いのはザ・バス。ただし、時間帯によってはバスを3本乗り継ぐ場合もあるから、しっかり調べて利用したい。便利で料金が安いシャトルバスは右記の3社。帰りは12時30分、14時、16時30分などから選べる。複数人で利用するなら、時間の自由度が高いUberやLyftもおすすめ。

交通手段	アクセス方法	料金	片道の所要時間
ザ・バス	ルート E（CountryExpress! Ewa Beach 行き）で約55分、Paiwa St + Hiapo St 下車。道路向かい側のバス停へ移動して 433番（Waikele-Waipio 行き）に乗り換えて約5分、Lumiaina St + Waikele Center 下車。徒歩約12分	片道 $3 往復 $7.50	1時間15分～ 1時間45分
シャトルバス	メモリーシャトル&ツアーズ（要予約） memorytourshawaii.square.site	片道 $15 往復 $20	50分～ 1時間15分
	ワイケレエクスプレスシャトル（要予約） waikelexpressshuttle.com	往復 $20	50分～ 1時間15分
	アロハワイ（要予約） alohawaiitour.jp	往復 $20	50分～ 1時間15分
Uber	アプリで呼ぶ	片道 $50 + チップ	約30分
定額タクシー	チャーリーズタクシー（要予約） charleystaxi.com	片道 $79 + チップ	約30分

136
ランチも楽しみ♡
アウトレットの
絶品グルメ

ワイケレ・プレミアム・アウトレットにはフードコートやフードトラックが出店している。どの店もボリューミーで絶品と評判。ショッピングだけでなくグルメも楽しまなきゃ損!

135
さらに値引き!
ワイケレ・プレミアム・アウトレットの
クーポンとセール情報をゲット

無料登録できる VIP クラブのメンバーになると季節限定のセール情報などが届く。さらに注目は、メンバー限定のウェブクーポン。ショップで提示するとアウトレット価格からさらに割引される! また、ワイケレ・プレミアム・アウトレット内のインフォメーションデスクでは、Destination Passport というクーポンブックを販売。値引率は大きいものの、$10 で販売されているので、お目当てがなかった場合はお得ではないので要注意。

ショッピング｜テクニック

Shopping Center

ショッピング センター

ハワイショッピングの中枢ショッピングセンターを制覇して買い物の達人を目指そう！

137

世界最大級

アラモアナセンターの構造を把握して効率よく巡ろう！

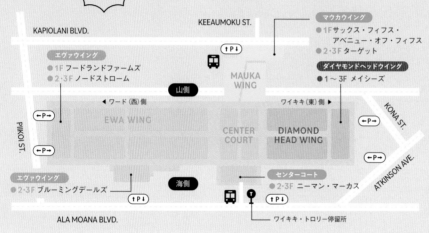

エヴァウイング
- 1F フードランドファームズ
- 2・3F ノードストローム

マウカウイング
- 1F サックス・フィフス・アベニュー・オブ・フィフス
- 2・3F ターゲット

ダイヤモンドヘッドウイング
- 1〜3F メイシーズ

エヴァウイング
- 2・3F ブルーミングデールズ

センターコート
- 2・3F ニーマン・マーカス

KAPIOLANI BLVD.　KEEAUMOKU ST.
山側
◀ワード（西）側　ワイキキ（東）側▶
EWA WING　MAUKA WING　CENTER COURT　DIAMOND HEAD WING
KONA ST.　ATKINSON AVE.　PIIKOI ST.
海側
ALA MOANA BLVD.

ワイキキ・トロリー停留所

4つのデパート、約100のグルメスポットを含む350以上の店舗が集結。1日では遊び尽くせないメガスポットは、海側、山側、各ウイング端に位置する大型店を目安にするとわかりやすい。行きたいショップをチェックして効率よく巡るルートを作ろう！

Ala Moana Center
アラモアナセンター

アラモアナ　MAP P.124-C4
📍 1450 Ala Moana Blvd.　☎ 808-955-9517　🕙 10:00〜20:00（店舗により多少異なる）　🈳 無休
📶　🌐 www.alamoanacenter.jp

[アラモアナセンター]

Ala Moana Center

139　ディスカウントいっぱい！

ツーリストだけの特権！
プレミアムパスポート

アラモアナセンターでは海外からの旅行者向けにショップのディスカウント付きプレミアムパスポートを発行している。入手するには1階センターコートのステージ裏にあるゲストサービスへ。身分証を提示して、スマートフォンで専用サイトへアクセスすれば、デジタルプレミアムパスポートがゲットできる。

140　特典をチェック！

ギフトカードがもらえる
不定期開催イベント

アラモアナセンターで開催されるお得なイベントのなかでも注目したいのが Shop Local イベント。期間内に参加ショップやレストランで一定金額以上利用すると、センター内で使えるギフトカードがゲットできる。開催は SNS や公式サイトでアナウンスされるのでこまめにチェック！

138

無料メルマガ「eVIP」で
最新情報と無料 Wi-Fi
をゲット

アラモアナセンターの公式サイトで eVIP クラブに会員登録すると、センター内の無料 Wi-Fi に接続できる。利用は「AlaMoanaCenter.Free」に接続。メールマガジンで最新情報もゲットしよう。

ハワイへ出発する前に登録しておいて、お買い物計画に役立てよう

143 ここでしか買えない！ アラモアナセンター 限定アイテム

日本でもよく知られたブランドやショップでもハワイ限定アイテムを用意。レアアイテムをゲット！

1F センターコート山側 **Lupicia** ルピシア ⊕ lupicia.co.jp	お茶の専門店。ハワイ限定ブレンド7種はバケもハワイらしさ満点
1F センターコート **Moomin Shop Hawaii** ムーミンショップ・ハワイ ⊕ moominshophawaii.com	日本でも大人気のムーミン公式ショップ。ハワイらしいデザインはファンの憧れ
2・3F エヴァウイング海側 **Uniqlo** ユニクロ ⊕ www.uniqlo.com	ハワイのロコアーティストや地元企業との地域限定コラボ UT を扱う

144 限定＆特典満載！ デパートはここを Check！

アラモアナセンター内にはデパートが4つあり、それぞれに注目すべき特徴やサービスがある。

1F センターコート **Bloomingdale's** ブルーミングデールズ ⊕ www.bloomingdales.com ⊙ 11:00 ～ 20:00 ㊡ 日	NY 発の老舗。オリジナルのトートが人気でハワイ限定デザインもある
1F センターコート **Neiman Marcus** ニーマン・マーカス jp.neimanmarcushawaii.com ⊙ 11:00 ～ 19:00（日～ 18:00）	セレブ御用達。海外向け無料会員登録で購入金額に応じギフトがもらえる
エヴァウイング西端 **Nordstrom** ノードストローム ⊕ www.nordstrom.com ⊙ 10:00 ～ 21:00（日～ 20:00）	もともと靴専門店で、今も靴売り場の充実度がダントツ
ダイヤモンドヘッドウイング東端 **Macy's** メイシーズ ⊕ www.macys.com ⊙ 9:30 ～ 20:00 ㊡ 日	庶民派デパート。海外からのツーリストは 10% オフになる割引パスを発行

145 記念すべき 100 店舗目 ハワイでここだけ イッツシュガーに潜入！

アメリカで大人気のキャンディ専門店がハワイに上陸。広い店内にカラフルなお菓子がずらりと並び、キャラクターのフォトスポットもいっぱい。限定メニューもあるオレオカフェも併設。

It'Sugar イッツシュガー
3F マウカウイング ⊕ itsugar.com

141 ハワイで買うなら 入手困難な 日本未上陸ブランド

せっかくなら日本に直営店がなく入手困難なアイテムをゲットしたほうがお得！ アラモアナセンターでチェック！

3F センターコート山側 **Anthropologie** アンソロポロジー ⊕ anthropologie.com	大人の女性がターゲット。アパレルや生活雑貨が揃う。ワイキキ店（P.67）もある
2F エヴァウイング海側 **Aritzia** アリツィア ⊕ www.aritzia.com	カナダ発レディスブランド。働く女性に支持されている
2F ダイヤモンドヘッドウイング山側 **Bath & Body Works** バス＆ボディ・ワークス ⊕ www.bathandbodyworks.com	ヴィクトリアズ・シークレットの姉妹ブランドでバス用品やボディケアの専門店。まとめ買いでお得になる
3F センターコート海側 **J.Crew** ジェイクルー ⊕ www.jcrew.com	トラッドだけどカジュアルなファッションを展開する
1F エヴァウイング山側 **Jeans Warehouse** ジーンズウエアハウス ⊕ www.johnnywas.com	ハワイ発カジュアルブランド。低価格でハワイのティーンのワードローブ的存在
2F エヴァウイング山側 **Johnny Was** ジョニーワズ ⊕ www.johnnywas.com	民族調ファッションと都会的なセンスがミックスした BOHO シックブランド
2F エヴァウイング海側 **Madewell** メイドウェル ⊕ www.madewell.com	ジェイクルーの妹ブランド。カジュアルで着心地のよいデニムに定評がある
1F エヴァウイング海側 **Old Navy** オールドネイビー ⊕ oldnavy.gap.com	GAP の姉妹ブランドで低価格ファッションを展開。日本からは 2016 年に撤退
2F エヴァウイング山側 **Sephora** セフォラ ⊕ www.sephora.com	パリ発コスメショップ。ワイキキ店（P.71）もある
2F エヴァウイング山側 **Victoria's Secret** ヴィクトリアズ・シークレット ⊕ www.victoriassecret.com	ランジェリー専門店。会員登録するとポイントが貯まり、バースデイギフトがもらえる。ワイキキ店もある

142 買い忘れ厳禁 アラモアナセンターで買える ハワイメイドのおみやげ

アラモアナセンター限定のハワイメイドのアイテムをチェック。日本へのおみやげに◎

1F センターコート **Big Island Candies** ビッグアイランド・キャンディーズ ⊕ www.bigislandcandies.com	ハワイ島で創業したクッキー店。オアフ島ではアラモアナセンターが唯一の直営店
センターコート海側ニーマン・マーカス 3F **Epicure** エピキュア ⊕ jp.neimanmarcushawaii.com	ニーマン・マーカスのギフトショップ。地元企業とコラボした限定グルメギフトが人気
3F エヴァウイング山側 **Malie Organics** マリエオーガニクス ⊕ www.malie.com	カウアイ島発オーガニックコスメ。オアフ島の直営店はワイキキとここだけ

146 ワイキキ最大！

ロイヤル・ハワイアン・センター
買・食・遊 300％使いこなし術

カラカウア通りの3ブロックにわたるワイキキのランドマーク的スポット。ショップやグルメスポットはもちろん、フラショー、フラレッスン、レイメイキングクラスなど、さまざまな無料イベントを開催。しかも、どれも無料なので、ひとつでも多く参加したほうがお得！無料イベントの詳細はP.92をチェック！

Royal Hawaiian Center
ロイヤル・ハワイアン・センター

ワイキキ [MAP] P.123-C2
📍 2201,2233,2301 Kalakaua Ave.
☎ 808-922-2299 🕐 11:00 ～ 20:00（※店舗により多少異なる）
🚫 無休 📶 なし
🌐 jp.royalhawaiiancenter.com

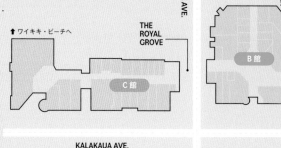

［ ロイヤル・ハワイアン・センター ］
Royal Hawaiian Center

---

149 SNSをチェック

キャンペーンでギフトをゲット！

ロイヤル・ハワイアン・センターではプレゼントキャンペーンを実施。センター内で利用したレシートを1階のヘルモアハレ・ゲストサービスで提示してギフトをもらおう。詳細は公式サイトやSNSでチェックしよう。

147 1日2時間

ロイヤル・ハワイアン・センターの無料Wi-Fi

無料Wi-Fiを利用するのに会員登録などは不要。利用は「RoyalHawaiianCenter」に接続して利用規約に同意するだけ。利用可能時間は毎日午前6時～深夜0時で、1日2時間まで無料。1～3階でアクセスできる。

---

150 セレブを虜にした

カハラのプレミアムチョコ
がワイキキで買える！

世界のVIPに愛されるカハラホテルのオリジナルギフトショップがロイヤル・ハワイアン・センターに出店。これまではホテルでしか買えなかったプレミアムアイテムがワイキキでも購入できるようになった。人気のマカチョコは定番のほか限定フレーバーも登場！

Signature by The Kahala Hotel & Resort
シグネチャー・バイ・ザ・カハラ・ホテル＆リゾート

C館1F 🕐 10:00 ～ 21:00 📷 signaturebythekahala

148 ゲットするには？

ディーン＆デルーカの
限定トート

ディーン＆デルーカのロイヤル・ハワイアン・センター店で以前から大人気だった店舗限定トート。現在も個数限定で販売しており、販売開始は7時だけれど、朝4時半頃から購入希望者の列ができ始めている。人気デザインはひとり1点のみ。絶対にゲットしたいなら早起きするしかなさそう……。

Dean & Deluca ディーン＆デルーカ
B館1F 🕐 7:00 ～ 21:00
🌐 www.deandeluca-hawaii.com

International Market Place

152 共用エリアで利用OK
インターナショナルマーケットプレイスの無料Wi-Fi

無料Wi-Fiを利用するのに会員登録などは不要。利用は「.FREE_mallwifi」に接続するだけ。モール内には充電スポットやチェアが豊富に配置されているので、ワイキキでもトップクラスの通信スポットとして利用できる。

151 新店が待ち遠しい
ワイキキのオアシス
インターナショナル マーケットプレイス

樹齢160年のバニヤンツリーを中心に緑あふれる憩いのスポットで、バラエティ豊かなショップやハワイを代表するレストランが並んでいる。2024年夏にはディスカウントスーパーのターゲットもオープン予定で注目度がさらにアップ！

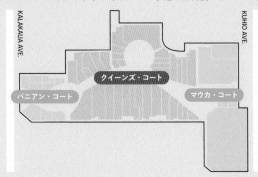

KALAKAUA AVE.　KUHIO AVE.

クイーンズ・コート
バニアン・コート　マウカ・コート

International Market Place
インターナショナル
マーケットプレイス
ワイキキ　MAP P.123-B3
📍2330 Kalakaua Ave.
☎808-921-0537
🕙10:00〜21:00（※店舗により多少異なる）休無休　📶○　ja.shopinternationalmarketplace.com

154 おしゃれセレブ御用達
チェックしたい
日本未上陸ブランド

インターナショナル マーケットプレイスでチェックしておきたい日本未上陸ブランドはこちら！

2F クイーンズ・コート **Anthropologie** アンソロポロジー www.anthropologie.com	アパレルのほか生活雑貨も揃う人気ブランド。アラモアナセンター店（P.65）もある
2F バニヤン・コート **Free People** フリーピープル www.freepeople.com	アンソロポロジー系列ブランド。リーズナブルで幅広い世代から人気。ハワイでは唯一の店舗

153 割引や無料ギフトも！
ショッピングパスポート

インターナショナル マーケットプレイスでは、モール内の対象店舗で割引や特典が受けられるショッピングパスポートを配布。対象はハワイ州在住者以外。クヒオ通り側1階のカスタマーサービスでゲットできるから、買い物前に訪れよう！

Ward Village

155 開発著しいエリア
ショッピングコンプレックス
ワードビレッジ攻略法

アラモアナセンターの西側にある商業施設の総称。複数の建物があり、映画館、アウトレット、スーパー、レストランがある。アラモアナセンターから徒歩圏内で、bikiスポットも多いのでアクセスも抜群。

Ward Village ワードビレッジ
ワード　MAP P.124-C4〜125-C3　☎808-591-8411　🕙店舗により異なる　休無休
www.wardvillage.com

POHUKAINA ST.
HALEKAUWILA ST.
ILANIWAI ST.
WARD AVE.
KAMANI ST.
AUAHI ST.
ALA MOANA BLVD.
QUEEN ST.
QUEEN ST.

ウエスト・ビレッジ
アアリイ・ショップス
アエオ・ショップス
コウラ・ショップス
ワード・エンターテインメント
イースト・ビレッジ
サウスショア・マーケット
ワイエア・ショップス
アナハ・ショップス
ワード・センター

SOUTH SHORE MARKET

ショッピングテクニック

158 現地調達でOK
キレイめコーデが揃う
ブティック&セレクトショップ

ホテルのダイニングや高級レストランへ行くときはドレスコードに気をつけたい。ワイキキなら以下のショップでリゾートカジュアルファッションが揃う。服装の詳細はP.26を参照にして。

Angels by the Sea エンジェルズ・バイザシー ワイキキ MAP P.123-C2 ♦ シェラトン・ワイキキ内 ☎ 808-926-2100 ⏰ 9:00～21:00 ㊡ 無休 CARD A J M V ⊕ angelsbytheseahawaii.com ♠ シェラトン・プリンセス・カイウラニ	ハワイ発リゾートウエアブランド。レディス、メンズ、キッズのお揃いもできる
Jams World ジャムズワールド ワイキキ MAP P.123-B3 ♦ インターナショナル マーケットプレイス 1F バニヤン・コート ☎ 808-427-5808 ⏰ 11:00～20:00 ㊡ 無休 CARD A J M V ⊕ www.jamsworld.com ♠ アラモアナセンター	ハワイ発アロハウエアブランド。カラフルプリントのアロハやドレスが人気
Kahala カハラ ワイキキ MAP P.123-C2 ♦ ワイキキ・ビーチ・ウォーク 1F ☎ 808-922-0066 ⏰ 9:00～22:00 ㊡ 無休 CARD A J M V ⊕ kahala.com ♠ シェラトン・ワイキキ、アラモアナセンターほか	1936年創業。高品質でカラーバリエ豊富。ロコにとっても憧れのブランド
Reyn Spooner レインスプーナー ワイキキ MAP P.124-C6 ♦ ヒルトン・ハワイアン・ビレッジ・ワイキキ・ビーチ・リゾート内 ☎ 808-275-4222 ⏰ 9:00～21:00 ㊡ 無休 CARD A J M V ⊕ www.reynspooner.com ♠ アラモアナセンター、カハラモールほか	アロハの老舗。トラディショナルからモダンなデザインまで多彩に揃う
Tori Richard トリ・リチャード ワイキキ MAP P.123-C3 ♦ アウトリガー・ワイキキ・ビーチ・リゾート内 ☎ 808-924-1811 ⏰ 9:00～22:00 ㊡ 無休 CARD A J M V ⊕ toririchard.com ♠ ロイヤル ハワイアン ラグジュアリー コレクション リゾート、アラモアナセンターほか	アロハとリゾートウエアの老舗。上品とポップなデザインのバランスが絶妙
Turquois ターコイズ ワイキキ MAP P.123-B2 ♦ 333 Seaside Ave. ☎ 808-922-5893 ⏰ 10:30～19:00（土～19:30）㊡ 不定休 CARD A J M V ⊕ turquisehawaii	カリフォルニア発セレクトショップ。日本でも活躍しそうなアイテムが揃う
Urban Outfitters アーバンアウトフィッターズ ワイキキ MAP P.122-B4 ♦ プアレイラニ・アトリウム・ショップス 1・2F ☎ 808-922-7970 ⏰ 10:00～20:00（金・土～21:00）㊡ 無休 CARD A J M V ⊕ urbanoutfitters.com	フリーピープル、アンソロポロジー（P.65,67）系列。レディスワンピが充実

159 買うよりお得
家族でレンタルして
ハワイウエディングに参列

ハワイで結婚式に参列する際のドレスコードは、男性はアロハ+スラックス+革靴、女性はムームー+きれいめサンダルが基本。服装選びに悩んだらレンタルという手段も。大人用からキッズ&ベビー用、アクセサリーやバッグ、シューズまでトータルで揃う。

Muumuu Rainbow ムームーレインボー ⊕ muumuurainbow.com

156 最旬スタイルをゲット！
運命の1着が見つかる
スイムウエア専門店

冬の日本では品薄になるスイムウエアもハワイなら1年中豊富に揃う。専門店ならデザインやサイズも充実している。ビキニは上下別売りが基本。ただし、ハワイではインナーショーツの扱いは少ないので日本から用意していこう。

Loco Boutique ロコブティック ワイキキ MAP P.123-B2 ♦ ワイキキマリア内 ☎ 808-200-4117 ⏰ 9:00～21:00 ㊡ 無休 CARD A J M V ⊕ locoboutique.com	ハワイで誕生。体形カバーデザインやラッシュガードも充実
O'neill オニール ワイキキ MAP P.123-B3 ♦ シェラトン・プリンセス・カイウラニ内 ☎ 808-926-4742 ⏰ 9:00～22:00 ㊡ 無休 CARD A J M V ⊕ us.oneill.com	世界的ブランド。サーフィンにも適した機能性豊かな水着が揃う
Pualani Hawaii プアラニ・ハワイ モンサラット通り MAP P.120-C4 ♦ 3118 Monsarrat Ave. ☎ 808-200-5282 ⏰ 9:00～16:00（土～15:00）㊡ 日 CARD A J M V ⊕ pualanibeachwearus.com	ハワイ在住の女性サーファーがデザインするレディスブランド
San Lorenzo Bikinis サン・ロレンゾ・ビキニ ワイキキ MAP P.123-C3 ♦ モアナサーフライダー ウェスティン リゾート&スパ内 ☎ 808-237-2591 ㊡ 無休 CARD A J M V ⊕ www.sanlorenzohawaii.com ♠ アラモアナセンター、カイルアほか	ペルー出身のデザイナーによるブランド。大胆なカットが特徴
Vilebrequin ヴィルブレキン ワイキキ MAP P.123-B3 ♦ インターナショナル マーケットプレイス 1F バニヤン・コート ☎ 808-377-6477 ⏰ 10:00～21:00（日～火 11:00～19:00）㊡ 無休 CARD A J M V ⊕ www.vilebrequin.com	南仏生まれの高級ブランド。レディス、メンズ、キッズを扱う

157 こちらも必需品
ハワイブランドを扱う
ビーサン専門店

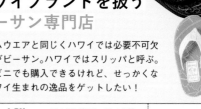

スイムウエアと同じくハワイでは必要不可欠なのがビーサン。ハワイではスリッパと呼ぶ。コンビニでも購入できるけれど、せっかくならハワイ生まれの逸品をゲットしたい！

Island Slipper アイランドスリッパ →P.87 ワイキキ MAP P.123-C2 ♦ ロイヤル・ハワイアン・センター A館 2F ☎ 808-923-2222 ⏰ 10:00～21:00 ㊡ 無休 CARD A J M V ♠ アラモアナセンター ⊕ shop.islandslipper.com	日系移民の家族が1946年にハワイで創業。全工程ハンドメイドで高い耐久性を誇る
OluKai オルカイ ワイキキ MAP P.123-C2 ♦ シェラトン・ワイキキ内 ☎ 808-892-1277 ⏰ 9:00～21:00 ㊡ 無休 CARD A J M V ⊕ olukai.com	ハワイ出身デザイナーが設立。生体工学に基づいた究極の履き心地

162 日本でもハワイ気分♪
自分用にもおみやげにも 最適ハワイ仕様の
インテリア雑貨

ハワイの楽園インテリアを日本にお持ち帰りできたら最高！ それを実現できるショップがソーハリビング。海辺のライフスタイルがテーマの雑貨店でロコにも旅行者にも大人気。お部屋づくりのヒント満載の激推し店。

Soha Living ソーハリビング
ワイキキ MAP P.123-C2 ワイキキ・ビーチ・ウォーク1F ☎ 808-240-5040 ◷ 10:00 〜 21:00 休 無休 CARD A J M V www.sohaliving.com
🏬 カハラモール、カイルアほか

163 無料のネーム入れも！
1年中いつでも買える
クリスマスオーナメント

ワイキキ・クリスマスストアはクリスマスオーナメントの専門店。海パン姿のサンタやフラダンサーなどユニークな商品がいっぱい。購入商品には無料でネーム入れのサービスも行う。

Waikiki Christmas Store ワイキキ・クリスマスストア
ワイキキ MAP P.123-C3 モアナ サーフライダー ウェスティン リゾート＆スパ内 ☎ 808-923-1225 ◷ 9:00 〜 21:00 休 無休 CARD A J M V santaspen.com 🏬 ワイキキ

164 ファン必見！
キャラクター×
ハワイが かわいすぎる

アラモアナセンターのムーミンショップ・ハワイ（P.65）、ABCストア（P.75）のドラえもんやハローキティとのコラボが話題。カパフル通りにはスヌーピーの専門店もあり、日本ではゲットできないハワイ限定商品が入手できる。

Snoopy's Surf Shop スヌーピーズサーフショップ
カパフル通り MAP P.120-C4 3302 Campbell Ave. ☎ 808-734-3011 ◷ 10:00 〜 16:00 休 無休 CARD A J M V snoopysurf.com 🏬 ハレイワ

160 ALOHA たっぷりの逸品揃い
メイドインハワイの セレクトショップに注目！

ハワイに拠点を置くメーカーや職人の製品のみを販売。雇用の拡大や持続可能な観光の維持、経済の発展を目指している。ハワイらしいおみやげ探しにぴったり！

House of Mana Up ハウス・オブ・マナアップ
ワイキキ MAP P.123-C2 ロイヤル・ハワイアン・センター A館 1F ☎ 808-425-4028 ◷ 10:00 〜 21:00 休 無休 CARD A J M V houseofmanaup.com

161 絶対欲しい！
ディーン＆デルーカの 限定トート取扱店舗

ハワイ好きに人気のディーン＆デルーカのトート。各店舗で販売されているデザインが異なるのでチェックしておこう。

ロイヤル・ハワイアン・センター店（P.66）

ハイビスカス 3ウエイトート
ブルー／イエロー／グレー
ワンサイズ $65

ハワイアントート
大 $75、小 $38

キャンバストート
ブルー／ブラック／ホワイト
大 $36、小 $29

折りたたみ ショッピングバッグ
ハイビスカスブルー／ハイビスカスブラック／グレー／ブルー／ブラック
ワンサイズ $25

ミニトート
グレー
ワンサイズ $12

ザ・リッツカールトン・レジデンスワイキキビーチ店

ワイキキ MAP P.123-B1
383 Kalaimoku St. ☎ 808-729-9720 ◷ 7:00 〜 17:00 休 無休

レザーハンドルトート
ナチュラル／オリーブグリーン／デニム（小のみ）
大 $75、小 $49

レザーハンドル ショッパー
リバースデニム
ワンサイズ $85

キャンバストート
レッド／ナチュラル／ブラック
ワンサイズ $32

ミニバスケット トート
ナチュラル
ワンサイズ $12

メッシュトート
ブラック（大のみ）／ホワイト（大のみ）／ブルー（特大、小のみ）
特大 $59、大 $34、小 $32

168 ロコも注目
ワイキキで話題の
ハワイ初上陸ショップ

NY発のディランズキャンディバーは2020年、ラスベガス発のネクター・バス・トリートとLA発ブルーム・ストリート・ジェネラルストアは2022年にオープン。ハワイ初出店でもちろん日本には未上陸。

Dylan's Candy Bar ディランズキャンディバー	映画『チャーリーとチョコレート工場』をイメージしたというキャンディショップ
ワイキキ 〔MAP〕 P.122-B4 ♀ プアレイラニ・アトリウム・ショップス1F ☎808-261-1199 ◎9:00～21:00 ㊡無休 〔CARD〕 A J M V ⊕ www.dylanscandybar.com	
Nectar Bath Treats ネクター・バス・トリート	スイーツのようなバスコスメショップ。原料は敏感肌にも安心な植物ベースを使用
ワイキキ 〔MAP〕 P.123-C2 ♀ シェラトン・ワイキキ内 ☎808-752-8499 ◎10:00～21:00 ㊡無休 〔CARD〕 A J M V ⊕ www.nectarlife.com	
Broome Street General Store ブルームストリート・ジェネラルストア	ハリウッド発おしゃれ雑貨店。センスのよいホームグッズやハワイグルメを扱う
ワイキキ 〔MAP〕 P.123-C2 ♀ ロイヤル・ハワイアン・センターB館1F ☎808-752-8499 ◎10:00～21:00 ㊡無休 〔CARD〕 A J M V ⊕ www.broomestgeneral.com	

169 ロコ愛たっぷり
スモールビジネスを
守る街
Keep it Kaimuki

個人経営のショップが多いカイムキ 〔MAP〕 P.120-A・B4 では Keep it Kaimuki を提唱。ブラックフライデイとサイバーマンデイ間のスモールビジネスサタデイには街全体でイベントを開催。当日は無料トロリーが運行し、協賛店で割引や特典が受けられる。

〔URL〕 www.keepitkaimuki.com

Photo:Tommy Shih

カイムキ全体で40軒以上のショップが参加している

170 旅の思い出に欲しい
ハワイアンジュエリーの
起源と特徴

ハワイ王国最後の女王リリウオカラニが着用したゴールドに黒いエナメルで、ハワイ語を彫ったバングルが起源といわれる。現在はリングやペンダント、ピアスなどもあり、ハワイの職人が手彫りしている。

伝統的なハワイアンジュエリーは14Kの金でハワイモチーフを採用

165 コレクションしたい♡
ラグジュアリーホテル
のロゴグッズ

一度は泊まってみたい憧れのラグジュアリーホテル御三家。ホテルのブティックでロゴグッズをゲットしてプチ贅沢気分を味わってみない?

ホテル	ブティック
Halekulani ハレクラニ ワイキキ 〔MAP〕 P.123-D2	**Halekulani Boutique** ハレクラニ ブティック ◎9:00～21:00 ㊡無休
The Royal Hawaiian, a Luxury Collection Resort ロイヤル ハワイアン ラグジュアリー コレクション リゾート ワイキキ 〔MAP〕 P.123-C2	**TRH Inspired** TRH インスパイアード ◎9:00～21:00 ㊡無休 **Accents The Royal Hawaiian** アクセンツ・ロイヤル ハワイアン ◎9:00～21:00 ㊡無休
Moana Surfrider, A Westin Resort & Spa モアナ サーフライダー ウェスティン リゾート&スパ ワイキキ 〔MAP〕 P.123-C3	**Moana by Design** モアナ・バイ・デザイン ◎11:00～19:00 ㊡無休 **Accents Moana Surfrider** アクセンツ・モアナ サーフライダー ◎10:00～21:00 ㊡無休

166 4ホテルのショッピングゾーン
コレクションズ・オブ・ワイキキで
お得にお買い物

コレクションズ・オブ・ワイキキとは、ワイキキの中心にあるロイヤル ハワイアン、シェラトン・ワイキキ、モアナ サーフライダー、プリンセス・カイウラニのショッピングゾーンの総称。センスのよいショップが多いのが特徴。クーポンが掲載されていることもあるので公式ウェブを要チェック!

〔URL〕 collectionsofwaikiki.com

167 セレブタウン
意外な穴場スポット
カハラでショッピング

ホノルルいちの高級住宅地カハラのお買い物スポットがカハラモール。セレブタウンらしい落ち着いた雰囲気だけど、店のラインアップはオフプライスストアや格安デパートと意外と庶民的。ザ・バスやワイキキトロリーでのアクセスが便利。

Kahala Mall カハラモール

ワイキキ 〔MAP〕 P.120-A5 ♀ 4211 Waialae Ave ☎808-732-7736 ◎10:00～21:00 (日～18:00) ※店舗により多少異なる ㊡無休 ⊕ www.kahalamallcenter.com

172 ハワイコスメが買える
ショップリスト

ハワイコスメは、ホールフーズ・マーケットやフードランドファームズ（P.72）などのナチュラル系スーパーが豊富に取り扱っている。新進系のハワイコスメはハウス・オブ・マナアップ（P.69）が充実。マリエオーガニクスは以下の直営店でフルラインが購入できる。

Malie Organics マリエオーガニクス
ワイキキ [MAP] P.123-C2 ♥ロイヤル ハワイアン ラグジュアリー コレクション リゾート内 ☎ 808-922-2216 ⏱ 10:00 ~ 21:00 ㊡無休 CARD A J M V ⊕ www.malie.com ♠ アラモアナセンター

173 お得がいっぱい
セフォラの賢い利用法

無料会員になると誕生月にギフトがもらえ、購入ポイントで特典や割引が受けられる。また、複数アイテムがかなりお得になるバリューセット、$20以下が中心のセフォラオリジナルは要チェック！

Sephora セフォラ
ワイキキ [MAP] P.123-B2 ♥ワイキキ・ショッピング・プラザ1F ☎ 808-923-3301 ⏱ 10:00 ~ 22:00 ㊡無休 CARD A J M V ⊕ www.sephora.com ♠ アラモアナセンター、カハラモールほか

174
超豪華！
デパートの
ビューティイベントがすごい

コスメサンプル6点＋ポーチがもらえることも

メイシーズなどのデパートでは、ホリデイシーズンに一定額以上のコスメを購入するとギフトがもらえるイベントを開催。また、外国人旅行者は 10％割引になる Visitor Saving Pass も発行している。

Macy's メイシーズ
ワイキキ [MAP] P.123-B3 ♥アウトリガー・ワイキキ・ビーチコマー・ホテル内 ☎ 808-926-5217 ⏱ 10:00 ~ 21:00 ㊡無休 CARD A J M V ⊕ www.macys.com ♠ アラモアナセンター、カハラモールほか

175 旅行者の特権！
2023 年にリオープン
DFS ワイキキ店を使いこなす

世界的ブランドやハワイみやげが揃う

旅行者はハワイ州税なしで買い物ができる。グローバルプログラム DFS CIRCLE に登録すると、最大4％のポイントを獲得でき、特典や優待が増えるサービスも。

DFS Waikiki DFS ワイキキ店 → P.86
ワイキキ [MAP] P.123-B2 ♥ 330 Royal Hawaiian Ave. ☎ 808-931-2700 ⏱ 10:00 ~ 22:00 ㊡無休 CARD A J M V ⊕ www.dfs.com/jp/hawaii

171 コスメオタクも注目！
ハワイメイドのコスメブランド

実はハワイはコスメブランド天国。自然の恵みたっぷりのナチュラルコスメが次々と誕生。おさえておきたい人気ブランドはこちら！

Alii Kula Lavender アリイクララベンダー ⊕ www.aliikulalavender.com マウイ島ハレアカラ山の麓のラベンダー畑で作られるボディケア	**Aloha Aina** アロハアイナ ⊕ www.mauibath.com マウイソープカンパニーのスキンケアシリーズ
Forever Florals フォーエバーフローラルズ ⊕ beautifulhawaiigifts.com 30年以上続くホノルル発スキンケア。ハワイの花々が主原料	**Hanalei** ハナレイ ⊕ jp.hanaleibeauty.com 栄養価の高いハワイ産の植物が主原料
Hawaiian Bath & Body ハワイアンバス＆ボディ ⊕ hawaiianbathbody.com オアフ島ワイアルアに工房をもつ。オールハンドメイドの自然派	**Honey Girl Organics** ハニーガールオーガニクス ⊕ honeygirlorganics.jp オアフ島ノースショア発。自社の養蜂場でとれたハニーを使用
Island Soap & Candle Works アイランドソープ＆キャンドルワークス ⊕ www.islandsoap.com カウアイ島発。手作りソープとキャンドルの老舗のスキンケア	**Kapa Nui** カパヌイ ⊕ www.kapanuinails.com ハワイ島発。有害な化学物質を排除した無害無臭のネイルを展開
Kona Skin Care コナスキンケア ⊕ konaskincare.com ハワイ島発。創業者が自身の皮膚がんを機に開発したスキンケア	**Lanikai Bath and Body** ラニカイバス＆ボディ ⊕ lanikaibathandbody.com オアフ島カイルア発。天然素材を使ったボディケアアイテム
Little Hands Hawaii リトルハンズハワイ ⊕ littlehandshawaii.com ハワイ島に住む女性が考案したオーガニックのサンケア	**Malie Organics** マリエオーガニクス ⊕ www.malie.com カウアイ島発。ハワイの花や果実が原料で自然治癒力を高める
Maui Excellent マウイエクセレント ⊕ www.mauiexcellent.com マウイ島発。セラピストが鎮静と若返りを焦点に開発	**Maui Moisture** マウイモイスチャー ⊕ mauimoisture.com マウイ島でとれるアロエベラが主原料のビーガンヘアケア
Moea Hawaii モエアハワイ ⊕ www.moeahawaii.com 有名なクムフラがプロデュース。皮膚科医と薬剤師も開発に協力	**O'o Hawaii** オオハワイ ⊕ www.oohawaii.com オアフ島ノースショア発。皮膚科医や植物研究家と共同開発
Oils of Aloha オイルズオブアロハ ⊕ oilsofaloha.com ハワイ諸島で栽培された植物から搾油した天然オイルが主原料	**Ola Tropical Apothecary** オーラトロピカルアポセカリ ⊕ hawaiianbodyproducts.com ハワイにルーツをもつ家族が経営。伝統の植物療法を継承
Puna Noni Naturals プナノニ・ナチュラルズ ⊕ www.punanoni.com オアフ島ノースショア発。奇跡の植物ノニを使ったアイテム	**Ua Body** ウアボディ ⊕ uabody.jp ハワイ発スキンケア。母の製法を娘が引き継いでいる

Supermarket

スーパーマーケット

ハワイで最もお得でホットなお買い物スポット。賢く使いこなすワザを一挙ご紹介！

176 PBにも注目！
特徴を知って使い分けたい
人気スーパーリスト

ありとあらゆる商品が揃うスーパーだけど、それぞれの強みは微妙に異なっている。企業独自のPB（プライベートブランド）にも注目したい。日本人旅行者の人気トップ2は、フードランドファームズとホールフーズ・マーケット。

Down to Earth ダウントゥアース カカアコ MAP P.125-C2 ♥ 500 Keawe St. ☎ 808-465-2512 ⏰ 7:00 ～ 22:00（デリ ～ 21:00）㊡無休 CARD A J M V ♠ モイリイリ、カイルアほか ⊕ www.downtoearth.org	マウイ島発ベジタリアンスーパー。PBのDown to Earthの高コスパのサプリが人気。併設のデリはヘルスフード賞を受賞
Foodland Farms フードランドファームズ アラモアナ MAP P.124-C4 ♥ アラモアナセンター 1F エヴァウイング西端 ☎ 808-949-5044 ⏰ 6:00 ～ 22:00 ㊡無休 CARD A J M V ♠ アイナハイナほか ⊕ jp.foodland.com	1948年にホノルルで創業。PBのMaikaiがあり、会員はマイカイ価格適用。アラモアナセンター店は旅行者向けにハワイみやげが充実
Kahala Mkt. カハラマーケット ワイキキ MAP P.120-A5 ♥ 4210 Waialae Ave. ☎ 808-732-2440 ⏰ 6:00 ～ 21:00 ㊡無休 CARD A J M V ⊕ jp.foodland.com	2020年オープン。フードランドファームズ系列でPBのMaikaiがあり、会員はマイカイ価格適用。店舗限定エコバッグがある
Longs Drugs ロングスドラッグス モンサラット通り MAP P.123-B1 ♥ 2155 Kalakaua Ave. ☎ 808-922-8790 ⏰ 24時間 ㊡無休 CARD A J M V ♠ アラモアナセンター、ワードほか	プチプラコスメや医薬品などが充実。会員はエクストラケア価格適用。クーポンも多く、ハワイみやげがセール価格になることが多い
Safeway セーフウェイ カパフル通り MAP P.121-B3 ♥ 888 Kapahulu Ave. ☎ 808-733-2600 ⏰ 24時間 ㊡無休 CARD A J M V ♠ ベレタニア通り、マノアほか ⊕ local.safeway.com	100年以上の歴史があるスーパーマーケットチェーン。PBのOorganicsがあり、セーフウェイクラブ適用。アメリカらしい食品が充実
Target ターゲット アラモアナ MAP P.124-C4 ♥ アラモアナセンター 2・3F マウカウイング ☎ 808-206-7162 ⏰ 8:00 ～ 22:00 ㊡無休 CARD A J M V ♠ カイルアほか ⊕ www.target.com	食品、衣料品、生活雑貨のディスカウントスーパー。PBはfavorite dayやGood & Gatherなど40以上。ブランドとのコラボも多数
Waikiki Market ワイキキマーケット ワイキキ MAP P.123-B3 ♥ 2380 Kuhio Ave. ☎ 808-923-2022 ⏰ 6:00 ～ 22:00 ㊡無休 CARD A J M V ⊕ jp.foodland.com	2023年オープン。フードランドファームズ系列でPBのMaikaiがあり、会員はマイカイ価格適用。値段設定は少し高め。デリが充実
Walmart ウォルマート アラモアナ MAP P.124-B4 ♥ 700 Keeaumoku St. ☎ 808-955-8441 ⏰ 6:00 ～ 23:00 ㊡無休 CARD A J M V ♠ パールシティほか ⊕ www.walmart.com	世界最大のディスカウントスーパー。PBのGreat Valueは食品から雑貨まで多岐にわたり格安。箱売りのハワイみやげにも注目
Whole Foods Market ホールフーズ・マーケット ワード MAP P.125-C3 ♥ 388 Kamakee St. ☎ 808-379-1800 ⏰ 7:00 ～ 22:00 ㊡無休 CARD A J M V ♠ カハラ、カイルア ⊕ www.wholefoodsmarket.com	食品、衣料品、生活雑貨のディスカウントスーパー。PBはfavorite dayやGood & Gatherなど40以上。ブランドとのコラボも多数

177 旅行者もOK！
お得に買い物できる
メンバーになろう

ハワイにあるスーパーマーケットで会員プログラムを採用しているのは右記の3種類。登録料も年会費も不要で、即日発行ですぐに使える。

スーパー	会員プログラム	特典
フードランドファームズ／カハラマーケット／ワイキキマーケット	**Maikai**（マイカイ） 公式サイトでメールアドレスと電話番号（最初の0を除く）を登録。カードは発行されず、会計時に電話番号をキーパッドに入力	❶ 会員価格で買い物ができる ❷ $1ごとに1ポイント貯まり、100ポイントから商品や割引、ハワイアン航空のマイルと交換できる ❸ メールで特別割引や特典が届く ❹ バースデイギフトがもらえる
ロングスドラッグス	**Extra Care**（エクストラケア） レジでスタッフに氏名、メールアドレス、電話番号を登録してもらうと2枚組の赤いカードが発行される。会計時にカードを提示する	❶ 会員価格で買い物ができる ❷ メールでクーポンが届く ❸ 会計時のレシートにクーポンが付いてくる ❹ 店内のクーポンセンター（P.73）が利用できる
セーフウェイ	**Safeway Club**（セーフウェイクラブ） 店頭で氏名、住所、メールアドレス、電話番号などを登録すると赤いカードが発行される。会計時にカードを提示する	❶ 会員価格で買い物ができる

181
捨てるの待った！
レシートはお宝だらけ

実はスーパーのレシートにはクーポンが付いていることが多い。同店で次回の買い物で使えるもの、近隣のレストランやショップで利用できるものまで。購入後にレシートをもらったらしっかりチェックしよう！

182
日本の商品も
アジア系スーパーを
チェックしよう

移民の多いハワイには日系や韓国系のスーパーもある。お得ポイントもしっかりチェックしておこう。

Don Quijote ドン・キホーテ アラモアナ MAP P.124-B5 ♀ 801 Kaheka St. ☎ 808-973-4800 ⏰ 24時間 休 無休 CARD A J M V ⊕ www.donquijotehawaii.com ♠ パールシティほか	日本でおなじみのディスカウントストア。日本食材が充実で、ハワイみやげも安い。60歳以上は火曜10%オフ
H Mart Hマート カカアコ MAP P.125-C2 ♀ 458 Keawe St. ☎ 808-219-0924 ⏰ 8:00〜22:00 休 無休 CARD A J M V ⊕ www.hmart.com ♠ パールシティ	全米展開の韓国系スーパー。韓国食材やスナックが充実している。2階の人気グルメを集めたフードコートも人気
Mitsuwa Marketplace ミツワマーケットプレイス ワイキキ MAP P.123-B3 ♀ インターナショナルマーケットプレイス2F クヒオ通り側 ☎ 808-489-9020 ⏰ 10:00〜21:00 休 無休 CARD A J M V	アメリカ最大の日系。値段設定は高めだけど日本の食材やコスメ、生活雑貨が揃っている
Nijiya Market ニジヤマーケット アラモアナ MAP P.124-C4 ♀ アラモアナセンター1F エヴァウイング海側 ☎ 808-589-1121 ⏰ 10:00〜21:00 休 無休 CARD A J M V ⊕ www.nijiya.com ♠ ユニバーシティ	カリフォルニア発日系。お寿司や日本食のお弁当がおいしい。PBの調味料がリーズナブルでおいしいと評判
Palama Supermarket パラマスーパーマーケット アラモアナ MAP P.124-B5 ♀ 1670 Makaloa St. ☎ 808-447-7777 ⏰ 8:00〜21:00 休 無休 CARD A J M V ⊕ palamamarket.com ♠ キング通りほか	ドンキ隣にある韓国系スーパー。総菜やキムチが安くておいしい。Palama Expressというコンビニも展開

178
あるとないでは
大違い！
割引クーポンを
ゲットする方法

会員になればメールでクーポンが届くこともあるが、最近はアプリ内でデジタルクーポンを発行しているところが多い。ただし、アプリをダウンロードして登録するにはアメリカの電話番号や住所が必要な場合が多いので、ゲットするのは困難。それでもクーポンをゲットできる方法がある！ ホテルの部屋に新聞が届くなら、折り込みチラシをチェック。特に日曜版が充実している。また、スーパーの店頭でクーポンが配布されていることも多いので要チェック。ロングスドラッグスでは会員専用のクーポンセンターを利用しよう。

当日使えるクーポンをゲット！

179
$5セール開催！
金曜は
セーフウェイへ *Go!*

セーフウェイでは毎週金曜に限定の$5セールを開催している。チラシには写真付きで$5商品が掲載されているので要チェック！

180
何曜日に行く？
フードランドファームズの
お得な曜日をチェック！

エコバッグも人気のフードランドファームズ。ゲットしておきたいのが Aloha Friday と書かれたバッグ（$1.19 → マイカイ価格$1）。このバッグを持って金曜に買い物をするとマイカイポイントが2倍に。さらに金曜は限定のローカルフードが登場し、通常よりも価格がお得になる。そして、$100以上購入で$5割引など金曜はお得がいっぱい。また、60歳以上なら木曜は食料品が5%割引で購入できる。

ショッピング｜テクニック

187
欲しいぶんだけ 量り売りに トライ！

スーパーの量り売りは Bulk（バルク）と呼ばれる。ナッツやスナック、コーヒーなどの食品のほか、バーソープやバスソルトなど欲しい量だけ買えるので、大容量パッケージよりお得で便利。ハワイのスーパーには自分で撹拌するナッツバター機がある。味も香りもフレッシュで格別！

188
日本とはちょっと違う お酒の買い方に注意

スーパーでもコンビニでもアルコールを購入するときは ID の提示を求められることが多いのでパスポートは必携。また、日本では法律上 20 歳から飲酒可能だけど、ハワイでは満 21 歳以上と定められている。20 歳は購入も不可。さらに、24 時間営業の店であっても、深夜 0 時～ 6 時の間は販売が禁止されている。

ID の提示がない場合はアルコールを販売してもらえない

189
大量の硬貨が余っている コインスターに おかませ！

大量のドル硬貨が余ってしまったら、日本でポケットチェンジ（P.19）を利用する以外にハワイでもお助けの技がある。それが、スーパーなどに設置されているコインスターと呼ばれる機械。硬貨を入れると自動計算して、レストランやショップで使える e ギフトカードに手数料なしで交換できる。ちなみに紙幣に両替する場合は手数料がかかる。

183
日本の会員証で OK ハワイのコストコ

ハワイでは「コスコ」と呼ばれる会員制スーパー。会員証は世界共通なのでメンバーならショッピング OK。クレジットカードは Visa のみ使用可能。

Costco コストコ

ハワイカイ MAP P.118-D5 ♀ 333A Keahole St. ☎ 808-396-5538 ⏰ 10:00 ～ 20:30（土 9:30 ～ 18:00、日 10:00 ～ 18:00）休 無休 CARD V ⊕ www.costco.com ♠ カポレイほか

184
使い捨て禁止！ エコバッグ持参で お買い物

ハワイではビニール製レジ袋の配布も販売も禁止されている。買い物の際は有料の紙袋を購入するか自分で持参しよう。各店ではしっかりとしたトート以外に、日本のスーパーでも活躍する $2 ～ 3 の安価なエコバッグもある。

185
お得のサイン 覚えておきたい店内POPと単位

目立つように表示されている POP はお得のサイン。まとめ買いや特売情報、量り売りの単位をチェック！

Buy 2 Get One FREE
2 個買うともう 1 個無料

2/5.00
2 個で $5（Reg. 3.99= 通常 1 個 $3.99）

$16.99/LB
1LB（1 ボンドは約 454g）で $16.99

$1.79 PER OZ
1OZ（1 オンスは約 28g）で $1.79

186
商品選びの参考に 注目したい3つの安心マーク

ヘルシー志向の高まりから、アメリカ政府や信頼できる専門機関が認証したアイテムにはマークが付けられている。

USDA オーガニック

アメリカ農務省（USDA）の認証マーク。農薬や化学肥料、化学的な添加物などを使用せずに生産された商品の証

グルテンフリー認証

アメリカ認証団体（GFCO）の認証マーク。小麦などに含まれるタンパク質の一種・グルテンを使用していない食品の証

NON GMO

アメリカ国立科学財団（NSF）の認可を受けた非営利団体（NON GMO Project）の認証マーク。遺伝子組み換えをしていない商品の証

Convenience Store

コンビニエンス
ストア

便利なコンビニは、滞在中何度もお世話になるからこそお得ポイントをおさえておこう！

ショッピング｜テクニック

193 おすすめ店舗はここ！
デリを備えた 38 号店

ホノルルだけで約 40 店舗あるなかでも一番人気は38号店。店内が広く品揃えが充実なうえ、本格的なデリを備えている。ショーケースの中から選んで作ってくれるポケボウル、オーダーを受けてから調理してくれる本格的なロコモコやガーリックシュリンプにステーキまで！イートインコーナーもある。

ABC Store #38 ABC ストア 38 号店

ワイキキ MAP P.123-C2 📍 205 Lewers St. ☎ 808-926-1811 ⏰ 6:30 ～ 23:00 ※デリは 6:30 ～ 20:00（木～土～ 21:00） 休 無休 CARD A J M V 🌐 abcstores.com ⚓ アラモアナセンター、カハラモールほか

194 実は ABC ストア系列
本格レストランも併設
デュークスレーン・
マーケット＆イータリー

ワンランク上のおしゃれコンビニ。ABC ストアと同じ商品でも、ディスプレイやパッケージにこだわりがうかがえる。ハワイ産ワインやラムなどのラインアップも秀逸！

Dukes Lane Market & Eatery
デュークスレーン・マーケット＆イータリー

ワイキキ MAP P.123-B2 📍 ハイアット セントリック ワイキキ ビーチ内 ☎ 808-923-5692 ⏰ 7:00～23:00 休 無休 CARD A J M V 🌐 www.dukeslanehawaii.com

195 ここも
ABC ストア系列
中・長期滞在者御用達
アイランド・カントリー・マーケット

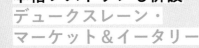

野菜やフルーツなどの生鮮食品から調味料など、中・長期滞在者に便利なアイテムが揃っている。デリやコーヒーバーもある。

Island Country Markets
アイランド・カントリー・マーケット

ワイキキ MAP P.123-B1 📍 ザ・リッツ・カールトン・レジデンス ワイキキビーチ内 ☎ 808-466-4022 ⏰ 6:30 ～ 23:00 ※デリは～ 20:00（金・土～ 21:00） 休 無休 CARD A J M V 🌐 islandcountrymarkets.com ⚓ ワイキキ、コオリナ

190 なくてはならい存在！
ABC ストア が
最強すぎる

ハワイのコンビニ ABC ストアは 24 時間営業ではないものの、早朝から深夜までオープン。1 ブロックに1店舗の割合で店舗数も多い。

URL abcstores.com

☑ **ビーチアイテム**
ゴザや浮輪などビーチの必需品。ハワイのサンゴに安全な日焼け止め。水着やビキニ、ビーサン、Tシャツ、カバーアップなどの衣類も豊富

☑ **フード＆ドリンク**
お菓子、パン、カットフルーツ、サラダ、お弁当、ホットスナック、おつまみと日本のコンビニ並み。ソフトドリンクやアルコールも扱う

☑ **ハワイおみやげ**
コーヒー、マカチョコ、クッキー、スプレッド類などハワイを代表するグルメなおみやげを網羅。ばらまき用のパック売りも高コスパ

☑ **コスメ**
ハワイメイドから高機能まで幅広い。日焼けや肌荒れ対策も豊富に揃えている。ABC ストア限定コスメのアイランドガールはおみやげに◎

☑ **お助けアイテム**
風邪薬、鎮痛剤、胃腸薬、絆創膏などの市販薬。生理用品、使い切り洗濯洗剤や柔軟剤など、いざというときのアイテム充実

191 ABC ストアでもらえる
ゴールドカード って何？

ABC ストアでは購入金額に応じてギフトがもらえる。条件はレシート発行から 14 日以内で、ハワイの ABC ストアならどの店舗のものでも、複数枚の合算でも OK。$100 以上で、エコバッグ、コーヒーマグ、カレンダーからひとつ選べる。$300 以上だとギフトの選択肢も増え、$500 以上は 2 個、$700 以上は 3 個もらえる。

192 エコバッグを忘れたら
リユーザブルバッグ
を購入しよう

ビニール製レジ袋が禁止されたハワイ。ABC ストアでは不織布製のバッグを販売。2 サイズあり、小 45¢、大 60¢。しっかりとした作りで繰り返し使える。

199 定番以外も！
ビッグアイランド・キャンディーズの
ハルミズ・コナコーヒークッキー

人気料理研究家の栗原はるみさんとのコラボが話題。2019 年発売の第 1 弾・ハワイアンソルトクッキーはサクサク食感と程よい塩気が特徴。2023 年発売の第 2 弾のコナコーヒークッキーは発売直後からすごい人気ですぐに売り切れてしまうほど人気。

第 3 弾もコラボしたいです

● ビッグアイランド・キャンディーズ ➡ P.65,81

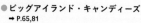

200 メンバーはポイント獲得も！
宝石のような高級チョコ
をよりお得にゲット

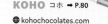

コホはハワイアンホーストの新ブランド。メンバー登録すると、購入 $1 ごとに 1 ポイント、誕生日や記念日に 25 〜 100 ポイント、SNS のフォローやレビューなどで 5 〜 30 ポイントもらえる。貯まったポイントは 100 で $10 オフになる。2024 年 5 月現在直営店はないけれど、ダニエル・K・ホノルル国際空港とワイキキの DFS（P.71）、ブルーミングデールズ、ニーマン・マーカス（P.65）で購入できる。

KOHO コホ ➡ P.80
🌐 kohochocolates.com

201 人とかぶりたくないなら
職人が手作りする
レアなクラフトチョコ

ショコレアは知る人ぞ知るハワイのグルメなチョコレート。ローカルタウン・マノアの工房で職人がひと粒ずつ手作りしているため、量販店などに出回ることはない。ありきたりじゃない特別なおみやげを探している人はぜひ足を延ばしてみよう。

Chocole'a ショコレア

マノア MAP P.119-C3 📍 2909 Lowrey Ave. ☎ 808-371-2234 🕙 10:00 〜 17:00 🈺 日・月 CARD A J M V 🌐 www.chocolea.com

196 おみやげの定番
クッキー店のスタンプを貯めよう

おみやげに大人気のホノルル・クッキー・カンパニーとビッグアイランド・キャンディーズではスタンプカードを発行している。どちらも $5 購入ごとに 1 スタンプ獲得。貯まったポイントに応じてギフトがもらえたり、次の買い物で値引きが受けられる。まとめ買いで得しよう！

① Honolulu Cookie Company
ホノルル・クッキー・カンパニー ➡ P.81

ワイキキ MAP P.123-C2 📍 ロイヤル・ハワイアン・センター B 館 1F ☎ 808-931-3330 🕙 10:00 〜 21:00 🈺 無休 CARD A J M V 🌐 www.honolulucookie.com 🏢 アラモアナセンター、インターナショナル マーケットプレイスほか

② Big Island Candies
ビッグアイランド・キャンディーズ ➡ P.65,81

197 プレミア感たっぷり♡
コレクターも注目する
季節限定パケ

日本で大流行中のクッキー缶。ハワイのおしゃれクッキー缶にも注目が集まっている。クリスマスやバレンタインなど特別パッケージはとってもキュート！ ホノルル・クッキー・カンパニーのパイナップルやサーフボード形、バレンタインのハート形は特に人気。

198 自宅用は超お得に！
アラカルトボックスに
好きなフレーバーだけ詰めよう！

ホノルル・クッキー・カンパニーのパッケージはどれもかわいくて贈り物にピッタリ。でも、自宅用ならパケよりコスパ！ という人にはバラ売りコーナーで、自分の好きなフレーバーだけ詰められるアラカルトボックスがおすすめ。ボックスのサイズにより 5 個 $5.95、10 個 $10.95、20 個 $19.95、30 個 $28.95。クッキーは 1 個 $1.20 なので、30 個入りなら $7 以上もお得！

試食しながら自分の好みのクッキーだけを選んで詰められる

204 日本人テイストに開発

地元企業と日本人スタッフがタッグ
ハワイセレクション

メイドインハワイのグルメシリーズ。地元企業と日本人スタッフが共同で開発。日本人の好みに合うテイスト、日本に持ち帰りやすい、ばらまきに最適などこまやかな視点で商品作りされている。スーパーやコンビニなどで販売している。

205 ハイレベルの再現率

ロコフードの調味料が優秀すぎる

ハワイで食べたローカルフードの味をイチから再現するのはちょっと難しい。でも、調味料をゲットすれば、食材と合わせるだけでグッと本場の味に近づくことができる。コンパクトで値段もリーズナブルだからいろいろゲットしてロコフードパーティしよう！

206 ばらまき用に！

箱売り＆パック売りでおみやげ代節約

ばらまき用のグルメみやげならまとめ買いが断然お得！ 小分けできる箱売りやパック売りで単価を抑えよう。ABC ストアやロングスドラッグス、ウォルマートが特に種類豊富。

202 一目置かれる

憧れのホテルグルメをおみやげに

ロイヤル ハワイアンのベーカリーで販売されているのはピンク尽くしのアイテム。ロイヤル・ハワイアン・センターでも買えるようになったカハラのマカチョコやコーヒー、モアナの外観が描かれた紅茶缶、名門ハレクラニのブレンドコーヒーなど厳選されたそのラインアップは誰に贈っても喜ばれること間違いなし！

- ●ロイヤル ハワイアン ベーカリー ➡P.54
- ●シグネチャー・バイ・ザ・カハラ・ホテル＆リゾート ➡P.66
- ●ハレクラニ ブティック ➡P.70
- ●モアナ・バイ・デザイン ➡P.70

203 人気店の味とビジュアル

ハワイのパンケーキを自宅で再現

ピンクのパンケーキ、優雅なシンパンケーキ、真っ黒なパンケーキ、行列のできるパンケーキなどハワイで食べたキャッチーなパンケーキに感動！ 各店ではパンケーキミックスをプロデュースしている。水や牛乳を加えて焼くだけで本家の味を再現できるかも？

① ② ③ ④ ⑤

パンケーキミックス	提供レストラン	パンケーキミックス販売店
① ロイヤル ハワイアン ピンクパレス パンケーキミックス	サーフラナイ ➡P.44	ロイヤル ハワイアン ベーカリー ➡P.54
② ザ・カハラ シン＆デリケート パンケーキミックス	プルメリア ビーチハウス ➡P.33,43	シグネチャー・バイ・ザ・カハラ・ホテル＆リゾート ➡P.66
③ バサルト チャコール パンケーキミックス	バサルト ➡P.44	ABC ストア ➡P.75 デュークスレーン・マーケット＆イータリー アイランド・カントリー・マーケット
④ ブーツ＆キモズ パンケーキミックス	ブーツ＆キモズ ➡P.44	
⑤ エッグスンシングス バターミルク パンケーキミックス	Eggs'n Things エッグスンシングス ワイキキ MAP P.123-C1 ♦ 339 Saratoga Rd. ☎808-923-3447 ⊕7:00～14:00 休 無休 CARD A J M V ♦ワイキキ、アラモアナほか ⊕eggsnthings.com	

生地のほとんどが肌触りのよいジャージーブレンド

LOVE HAWAII♥

Specialist PICKS!

#1 テン・トゥモロー

オーナーがデザイナーで、日常におしゃれを取り入れることがコンセプト。ブティック内にはほかの女性デザイナーのアクセサリーなどもあり、私も行くと必ずディフューザーや雑貨を購入しています。

Ten Tomorrow
メイドインハワイのリゾートファッション・ブティック。
カイムキ MAP P.120-B4 ♥ 1114 11th Ave. ☎ 808-591-6219
🕙 10:00 〜 18:00 🈲 日 CARD A J M V 🌐 www.tentomorrow.com

ハワイ産のブラウンシュガーやククイナッツを配合

KUKUI BODY LOTION

hanalei

#2 ハナレイ

基礎化粧品を継続して愛用しています。使用感がすごくよかったので私のプロジェクト「サポートハワイ」でもたびたび紹介しています。

Hanalei
カウアイ島発のスキンケアブランド。ハワイの植物の美容成分をベースに保存料や合成界面活性剤などの化学物質は不使用。オンライン、ハウス・オブ・マナアップ（P.69）などで購入可。
🌐 jp.hanaleibeauty.com

#5 デブ

ユブ（いなり寿司）とロール（キムパ）は彩りがきれいで美味＆高コスパ。日本と韓国、ハワイが融合した食のアイデアが最高です。

Debu
2023年にオープンした韓国風いなり寿司とキムパの店。
アラモアナ MAP P.124-B4
♥ 641 Keeaumoku St. ☎ 808-200-0902
🕙 11:00 〜 19:00 🈲 無休 💲 $12 〜
CARD A J M V 🌐 debuhawaii.com

キムパ $11.89 〜、ユブ4個入り $11.76 〜。ユブは自分で容器に詰めるスタイル

サーシャさんのとっておきはほかにも！

- ウルフギャング・ステーキハウス（P.46）
- ストリップステーキ・ワイキキ（P.55）
- デュークスワイキキ（P.43）
- マグロブラザーズ・ハワイ（P.49）
- マウイブリューイングカンパニー（P.57）
- ホノルル美術館（P.109）　マカプウポイント（P.107）

マルチタレントのロコガール
サーシャさんの

とっておきハワイ ⑤

SPECIALIST: **SASHA**

日本のテレビ番組などでもおなじみのサーシャさん。ハワイ在住の彼女が日常、またはリポーターなどの仕事で出会ったとっておきのハワイへナビゲート！

#3 ビッグアイランド・キャンディーズ

私も家族もここのショートブレッドとチョコレートが大好き。ハワイ島で手作りしているので、オアフ島ではちょっとレア。

Big Island Candies
1977年にハワイ島で創業したハワイクッキー界の大御所。
アラモアナ MAP P.124-C4 ♥ 1450 Ala Moana Blvd. アラモアナセンター 1F ☎ 808-946-9213 🕙 10:00 〜 20:00
🈲 無休 CARD A D J M V 🌐 www.bigislandcandies.com

マカダミアナッツを生地に練り込んだショートブレッド

©Olivier Koning

野菜やフルーツのボールにピムスNo.1を注いだチュンチョウ $30

#4 ポドモア

創作カクテルのクオリティが高くておしゃれ。おすすめはカラフルなチュンチョウです。イギリス人シェフのアイデアが独創的で楽しい！

Podmore
創作料理店セニアのシェフが手がける英国風ブランチ＆バー。
ダウンタウン MAP P.125-B1
♥ 202 Merchant St. ☎ 808-521-7367
🕙 9:00 〜 13:30、16:30 〜 23:00（土 17:00 〜、日 17:00 〜 22:00） 🈲 月・火
CARD A J M V 🌐 www.barpodmore.com

ロコアーティスト・ジャナ・ラムさんの

メイドインハワイ ⑤

SPECIALIST: JANA LAM

ハワイの自然をモチーフにしたテキスタイルが大人気のジャナ・ラム・ハワイ。オーナー兼デザイナーのジャナさんがアーティスト視点で選んだメイドインハワイ5ブランドをチェック！

#1 ジャナ・ラム・アンダーグラウンド

一つひとつ手作りしているので、すべて一点物。アロハスピリットがたっぷりこもったカラフルで楽しいブランドです。

Jana Lam Underground
プリントから縫製まですべてハンドメイド。

ワード 〔MAP〕P.125-C3 📍331 Kamani St. Suite E ☎808-888-5044 🕐11:00〜17:00 休月・火・土・日 〔CARD〕A D J M V 🌐janalam.com

ポーチもクッションもすべてビタミンカラー

#3 ローレンロス・アート

彼女のアートワークは、常に私をハッピーにしてくれます。カラフルで遊び心があって大好き。

Lauren Roth Art
ハワイに移住したローレンのギャラリーストア。

カイルア 〔MAP〕P.101 📍131 Hekili St.Kailua ☎808-439-1993 🕐10:00〜17:00（日〜16:00）休無休 〔CARD〕A D J M V 🌐www.mynameislauren.com

ローレンのキャリアはホールフーズからスタート

#5 アーリーグラス

ガラスでできた繊細なアクセサリーはとてもきれいでどれもラブリー。特にフラワーレイは秀逸です。

Arlie Glass
ハワイの自然とレイを贈る風習、アロハスピリットなどにインスパイアされたアーティスト・アーリーが、ノースショアのスタジオで制作。オンライン、ポルギャラリーなどで購入可。

🌐www.arlie-glass.com
🌐www.polugallery.com

2023年10月にハレカウウィラ通りに移転

#2 パイコ

美しいハワイの植物が揃う癒やしの空間。メイドインハワイのプランターなどセンスのいい雑貨も置いています。

Paiko
ハワイ各地の植物とアレンジがおしゃれなお花屋さん。

カカアコ 〔MAP〕P.125-C2 📍547 Halekauwila St. ☎808-988-2165 🕐11:00〜18:00 休日 〔CARD〕A J M V 🌐paikobotanicals.com

70〜1000ピースで $25〜

レイもピアスも2万円前後から

#4 サーフシャックパズル

パズルを楽しみながらすばらしいアートが完成。アイデアに脱帽です。初心者は70ピースから揃うのでトライしてみてください。

Surf Shack Puzzles
コロナ禍のライフスタイルを危惧しハワイ在住のマヒナさんが2020年に立ち上げたジグソーパズルブランド。無害でエコな素材を使用。オンライン、ハウス・オブ・マナアップ（P.69）などで購入可。

🌐www.surfshackpuzzles.com

SHOPPING 🛒 RANKING

プレミアムな味わい

チョコレート
ランキング
BEST 5

アメリカ唯一のカカオ
生産地で作られる
最高級グルメチョコを選抜！

第1位

マノア
チョコレートの
チョコレートバー

カイルア発ビーントゥバー

ハワイグルメチョコの草分け
的存在が1位をキープ。食べ
比べができるカイルアの工房
ツアーも好評。ギフトショッ
プやスーパーでも購入できる。

$10〜

$5〜

Manoa Chocolate Factory

カイルア出身のオーナーが仲間と創業。目標は世界一おいしいチョコ。

カイルア MAP P.101 📍333 Uluniu St. Kailua ☎808-263-6292
🕐10:00〜21:00（日〜火〜17:00）㊡無休 CARD A J M V
🌐manoachocolate.com

House of Mana Up ➡ P.69　　**Supermarket ➡ P.72**

> **Recommend**
> 農園や発酵度の違いで味が異なり、
> ワインのような深みを感じられます。
> カイルアのアーティスト・バンキーアロハ
> のバケもすてき！（編集S）ほか

> **Recommend**
> 食べるのがもったいないくらいの芸術的な
> ビジュアルに驚き。口に入れたときの素材の
> 調和はまるで料理のよう。大切な人への
> 贈り物に◎（編集R）ほか

各 $6.99〜

第3位

ハワイアンホーストの
チョコレートバー

マカチョコの老舗が
新作発表

2022年に発表した新コレクショ
ンもランクイン。多彩なトッピン
グが特徴。パッケージはロコアー
ティストのキム・シエルベック。

Supermarket ➡ P.72

> **Recommend**
> ドライマンゴー、ココナッツ、
> マシュマロ、プレッツェル、
> コーヒーと味と食感のアクセント
> が好み。スーパーで全種購入
> （編集K）ほか

コホの
ボンボンショコラ

宝石のような
ひと粒にメロメロ

ハワイアンホーストの高級
ラインとして誕生。ハワイ
各島の厳選素材で作った美
しすぎるボンボンが急上
昇！2024年5月現在、直
営店はなく、アラモアナセ
ンターのデパートや免税店
で購入可能。

$34

第2位

Koho
Bloomingdale's ➡ P.65　**Neiman Marcus ➡ P.65**
DFS Waikiki ➡ P.71

第5位

タイニーアイルの
チョコレートトリュフ

カウアイ島発ソフトチョコ

スプレッドなどを製造するベン
ダーのチョコを発掘。カカオバ
ターに生アガベ、カウアイバニラ、
コナシーソルトなどをブレンド。

Supermarket ➡ P.72

各 $3.49〜

> **Recommend**
> ベジタリアンスーパーで出会った衝撃の
> チョコ。なめらかな舌触りと濃厚な
> カカオ風味はスプレッドとチョコの中間
> くらいの感覚（ライターG）ほか

第4位

ロノハナエステートの
チョコレートバー

知る人ぞ知る最高級品質

ノースショアの自家農園でカカオを栽培、小ロッ
トずつ自社工場で製造。研究を重ねた製法で世界
レベルの味を目指す姿勢が評価された。カカアコ
の直営店でしか買えないレア度もポイント。

Lonohana Estate

カカオの木を育てるところからスタート。

カカアコ MAP P.125-C2
📍324 Coral St. ソルトアットア
ワーカカアコ1F ☎808-260-
1151 🕐10:00〜17:00（金・土
〜18:30）㊡無休 CARD A J M
V 🌐www.lonohana.com

$16

> **Recommend**
> カカアコの直営店でテイスティング
> して力強くて深い味わいに感動して
> 購入。甘さ控えめでお酒とも合い
> そうな大人向けのチョコ
> （ライターN）ほか

Recommend
コナコーヒーの粒と少量の塩が入ったモカ風味。コラボクッキーは、ビッグアイランド・キャンディーズと栗原はるみさんの友情の賜物（ショーン・モリスさん）

見つけたら即買いがお約束の人気クッキー！一度食べたらクセになります（小笠原リサさん）ほか

$24.50

第1位 ビッグアイランド・キャンディーズの ハルミズ・コナコーヒー

人気すぎるコラボクッキー

人気料理研究家の栗原はるみさん監修の第2弾。2023年11月の発売開始から2週間で完売。定番商品として再販が決まった話題のクッキー。

Big Island Candies
アラモアナセンター店はオアフ島唯一の店舗。

アラモアナ MAP P.124-C4 📍1450 Ala Moana Blvd. アラモアナセンター 1F センターコート ☎808-946-9213 🕙10:00 ～ 20:00 無休 CARD A J M V 🌐 www.bigislandcandies.com

---

独自のレシピに注目

クッキー ランキング BEST 5

ニューフレーバーも登場
進化し続ける
クッキー専門店が上位を独占

& MORE 人気フレーバーがひとつに

最近のお気に入りはトゥーインワンショートブレッド。チョコマカナッツ生地をオリジナルマカナッツ生地で挟んで焼き上げ、ひと口でふたつの味が楽しめます（伊澤慶一さん）

21個入り $17

1個約 $2 ～

$35

Recommend
素朴な味のしっとり系クッキーで、ハイビスカス柄の赤缶もノスタルジック。ひと口で食べられるバイトサイズもおすすめ（編集K）ほか

第3位 ザ・クッキー・コーナーの オリジナルサイズクッキー

ロコが愛する無骨なクッキー

1981年にオアフ島ダウンタウンで誕生。焼きたてを店頭で量り売りしているので、ロコにとってはなじみ深いおやつ。

The Cookie Corner
店からは焼きたての甘い香りが漂う。

ワイキキ MAP P.123-C2 📍2255 Kalakaua Ave. シェラトン・ワイキキ内 ☎808-926-8100 🕙10:00 ～ 21:00 無休 CARD A J M V 🌐 www.cookiecorner.com ⤴ アラモアナセンター、カハラモールほか

第2位 ホノルル・クッキー・カンパニーの パイナップルシェイプクッキー

ハワイのクッキーといえばコレ！

ハワイ旅行でほぼ全員が購入するパイナップル形のかわいいクッキー。ハワイらしさ満点で"はずさない"おみやげとして君臨。

Recommend
バターの香りとサイズ感も好み。期間限定フレーバーも必ずチェックします。自宅用はバラで、おみやげには新パケを選んでいます（編集T）ほか

1個 $1.20

Honolulu Cokie Company
オアフ島に10店舗あり購入も便利。

ワイキキ MAP P.123-C2 📍2233 Kalakaua Ave. ロイヤル・ハワイアン・センター B館 1F ☎808-931-3330 🕙10:00 ～ 21:00 無休 CARD A J M V 🌐 www.honolulucookie.com ⤴ アラモアナセンター、インターナショナルマーケットプレイスほか

第4位 ダイヤモンドベーカリーの ショートブレッド

ハワイアン フレーバーが揃う

日系移民が1921年に創業したハワイ初のベーカリー。リリコイやグァバなど10種類以上のフレーバーをリリースしている。

$6.29 ～

Supermarket → P.72

ABC Stores → P.75

Recommend
スーパーやABCストアで買えて値段も手頃。トロピカルフルーツの風味がさわやかで甘すぎない。次は新発売のタロとウベを食べ比べたい！（編集S）ほか

Recommend
甘酸っぱさとしっとり食感が相性抜群で、バケ買いでも後悔しないおいしさ。パイナップル形の箱の中の個包装袋もかわいい（ライターG）ほか

第5位 ピアカの パイナップルショートケーキ

パッケージも味も超個性的

ドール・プランテーション（P.96）のパイナップルを使ったフィリング入りソフトクッキー。ハワイのあちこちで見かける売れ筋商品。

Supermarket → P.72　**ABC Stores** → P.75

$6.29 ～

★ ビッグアイランド・キャンディーズは、2024年の母の日に合わせ、ロコブランドのファイティング・イールとコラボ。デザインパケクッキーとスカーフを販売して話題を集めている。

第1位 ライオンコーヒーの バニラマカダミア

ハワイを代表する ライオン印はハズせない

定番コーヒーが首位をキープ！日本未発売のフレーバーや産地、ローストの違いなど20種類以上あり、コンプリート欲もかき立てられる。直営工場ならいろんな種類を飲み比べて購入できる。

Lion Cafe & General Store

ライオンの直営工場では全種類購入できる。

カリヒ MAP P.119-C1 📍1555 Kalani St
☎808-843-4294 🕕6:30 ～ 15:00 ㊡日
CARD A M V 🌐hawaiicoffeecompany.co.jp

Supermarket ➡ P.72
ABC Stores ➡ P.75

Recommend
実家愛飲のフレーバーはこれ。ロングスドラッグスでは月1くらいでセールになるので、帰国前にタイミングをみて購入します（墹麻衣子さん）ほか

$7.99 ～

LION VANILLA MACADAMIA COFFEE NET WT 10 OZ (283g)

コーヒー ランキング BEST 5

おすすめが多すぎて悩んだ末に選者が行きついた5ブランドはこちら！

第3位 ディーン＆デルーカの シングルオリジンコーヒー

ハワイ3島を飲み比べ

ディーン＆デルーカプロデュースのコーヒーも根強い人気。世界的に有名なコナ、繊細なアロマのカウ、ほんのり甘くスパイシーなマウイモカの3種を大小のパケで販売。

各 $10

Dean & Deluca

ハワイグルメのセレクションが秀逸。

ワイキキ MAP P.123-C2 📍2233 Kalakaua Ave. ロイヤル・ハワイアン・センター B館1F ☎808-492-1015 🕕7:00 ～ 21:00 ㊡無休 CARD A J M V 🌐www.deandeluca-hawaii.com ➡ ワイキキ（ザ・リッツカールトン・レジデンスワイキキビーチ）

Recommend
味の特徴がわかりやすい単一農園で飲み比べできるこの値段は破格。家族にはマウイモカが評判なので次回は大きいパックを購入予定（編集S）ほか

第2位 ビーンアバウトタウンの コーヒーチューブ

履歴書付きのハワイ産コーヒー

フランス出身のカフェオーナーがプロデュースしている。カフェの店頭のほか、フードランドファームズなどのスーパーで販売され注目度UP！

各 $34.99 ～

Bean About Town

カイムキのおしゃれカフェはワイキキにも進出。

カイムキ MAP P.120-A4 📍3538 Waialae Ave. ☎808-673-8300 🕕7:00 ～ 14:00（日～13:30）㊡無休 CARD A J M V 🌐www.beanabouttown.com ➡ DFS ワイキキ内

Recommend
フレーバーホールによる風味の特徴、農園名、収穫期、土壌などの詳細情報付き。おしゃれな筒形で持ち帰りやすい。真のコーヒー好きも大満足（編集K）ほか

Supermarket ➡ P.72

第5位 ホノルル・コーヒー・カンパニーの 100％ピーベリー

一度は飲んでみたい幻のコーヒー

通常のフラットビーンに対し丸豆がピーベリーと呼ばれる。栄養価も風味も高く、コーヒー通としては試す価値あり。

Honolulu Coffee Company

カフェに併設のおみやげコーナーが充実。リーズナブルなものから最高級まで揃う。

ワイキキ MAP P.123-C3 📍2365 Kalakaua Ave. モアナサーフライダー ウェスティン リゾート＆スパ内 ☎808-926-6162 🕕5:30 ～ 20:00 ㊡無休 CARD A J M V 🌐www.honolulucoffee.com ➡ ワイキキ、アラモアナセンターほか

$69.95

Recommend
ファームツアーで説明を聞いて興味津々。ホノルル・コーヒー・カンパニーで思いきって購入。雑味がないぶん、甘味を強く感じられて驚き（プロデューサーR）ほか

第5位 アイランド・ヴィンテージ・コーヒーの 100％コナコーヒー・エクストラファンシー

高品質クラスでは満場一致

同店のコーヒー豆で一番の人気商品。エクストラファンシーはコナコーヒーのなかでも、希少価値の高い最上級グレード。

Island Vintage Coffee

100％コナコーヒーの取り扱い充実。

ワイキキ MAP P.123-C2 📍2301 Kalakaua Ave. ロイヤル・ハワイアン・センター C館2F ☎808-926-5662 🕕6:00 ～ 22:00 ㊡無休 CARD A J M V 🌐www.islandvintagecoffee.com ➡ アラモアナセンター、ハレイワ、カポレイ

$36

Recommend
甘味とうま味のバランスがよく、南国フルーツの芳醇な香りも漂う。世界的にも希少なコナコーヒーでもさらに希少！（ライターN）ほか

& MORE 普通のコーヒーもハワイフレーバーに

ポノポーションズはハワイの自然素材で作られたシロップ。いつものコーヒーにスプーン1杯入れるだけでフレーバーコーヒーの完成。人工甘味料、着色料、保存料不使用。

House of Mana Up ➡ P.69　Supermarket ➡ P.72

$16 ～

⭐ ハワイ島カウ地区で生産されるカウコーヒーは、オバマ元大統領の就任祝賀パーティで提供されたコーヒー。オアフ島では一部のスーパーとファーマーズマーケットで購入できる。

$13.99 〜

第1位

ビッグアイランドビーズの
オーガニック
ハワイアンハニー
オヒアレフアブロッサム

マウナロア山麓のオーガニックハニー

クラフトフード生産者や農家を対象としたコンペのハニー部門で全米1位を獲得。ハワイ島で生産される結晶化したハチミツ。

Farmers Market ➡ P.32
Supermarket ➡ P.72
ABC Stores ➡ P.75

Recommend
ハワイにしか咲かない花オヒアレフアからとれるハチミツはそれだけで特別。関税がかからないので日本で買うよりとってもお得です！（小川苗さん）ほか

SHOPPING 🛒 RANKING

満足度の高い逸品揃い

スプレッド
＆ハニー
ランキング
BEST 5

料理人のいち押しハニーから
農園のスプレッドまで
甲乙つけ難いラインアップ

第2位

マノアハニーカンパニーの
100%ピュア
ハワイアンハニー

ベアボトルのかわいいハニー

オアフ島マノアバレーの養蜂場からスタート。ベア形ボトル入りのハニーはハワイみやげの定番として長年愛されている。

Farmers Market ➡ P.32
Supermarket ➡ P.72

Recommend
マノアハニーはとても香り豊か。ハチミツから作る珍しい酒ミードのリリコイフレーバーも友人に贈ったら喜ばれました（宮澤拓さん）ほか

$4.25 〜

第2位

カフクファームの
リリコイバター

パウチでフレッシュ長持ち

オアフ島ノースショアで100年以上続くカフクファームの製品。パッケージがリニューアルし絶賛再ブレイク中。

🏠 **Kahuku Farms**
農園のショップで販売されている。
カフク 〔MAP〕P.117 📍 56-800 Kamehameha Hwy. Kahuku
☎ 808-628-0639 ⏰ 11:00 〜 16:00 休 火・水 〔CARD〕Ａ Ｊ Ｍ Ｖ 🌐 kahukufarms.com

House of Mana Up ➡ P.69
Supermarket ➡ P.72

Recommend
瓶からパウチになって持ち帰りやすさが格段に UP！直接塗れるのも便利。万人受けするさわやかな味わいも健在で鮮度が落ちないのもいい（編集 S）ほか

$10 〜

$9.99 〜

第5位

レアハワイアンの
キアベハニー

幻の白いハチミツ人気は健在

『ナショナルジオグラフィック』誌が"最高ランクハニー"と称賛し一大ブームに。ハワイ島の単一森林のキアベの花からとれる。

Supermarket ➡ P.72
ABC Stores ➡ P.75

Recommend
初めて食べたときのおいしさは衝撃！大量生産が難しいぶん少し高価ですが、最近は小さいボトルも登場して買いやすい（編集 K）ほか

第4位

Recommend
ココナッツ、マカダミアナッツ、バナナ、ワイアルアコーヒーなど珍しいフレーバー入り。アサイボウルにトッピングするとハワイ感がアップ（ライター N）ほか

$10.49 〜

アロハベイクハウスの
ココナッツ
ピーナッツバター

フレーバー入りピーナッツバター

ワードの隠れ家的カフェが製造。長年ABC ストアで販売されているので認知度も高く、選者の多くが一度は購入。

ABC Stores ➡ P.75

★ ハワイのスーパーではその場で撹拌するナッツバターが購入できる。フレッシュな味わいが売りだけど、賞味期限が短いのでおみやげには不向き。自宅用として購入するのがおすすめ。

ショッピング｜ランキング

名シェフへの近道！
シーズニング ランキング BEST 5

ハワイグルメの陰の主役
スペシャリストたちの
愛用シーズニングを公開

第1位

シーソルトオブハワイの
ノースショアシーソルトセット

**正真正銘の
ハワイ産ソルト**

ファーマーズマーケット
で人気に火がついたシー
ソルトが圧倒的人気。ハ
ワイ島コナの水深675m
の海洋深層水から採取さ
れている。

House of Mana Up
➡ P.69

Supermarket ➡ P.72
ABC Stores ➡ P.75

$24〜

> *Recommend*
> ポケ、ガーリックシュリンプ、BBQ と
> 3種のシーズニングがセットになった
> 新商品が超優秀。調味料はこれだけで
> 本場の味に（編集 K）ほか

第2位

S&Bの
エダマメチリガーリック
シーズニングミックスセット

ハワイ流エダマメの素

意外な B 級グルメがラン
クイン。ハワイのバーの定
番おつまみが再現できる。
エスビー食品のアメリカ向
け商品で日本未発売。

Supermarket ➡ P.72

$2.99〜

> *Recommend*
> ハワイでしか食べられないと思って
> いたので見つけたときは感動！日本でも
> 販売してほしい。ハマりすぎて普通の
> 枝豆に戻れない（編集 S）ほか

第3位

ミナトの
ハワイアンスタイル
シュリンプマリネード

**手軽においしい
ミナトの商品**

レストラン用に開発したドレッシ
ングを20年ほど前から一般販売。
今では日本人観光客への認知度も
高いおみやげに成長。

Supermarket ➡ P.72
ABC Stores ➡ P.75

 $7〜

> *Recommend*
> BBQ でマリネしたエビを焼いて
> 食べたら友人たちから高評価！
> それ以来、取材の際に
> 依頼されるリピみやげです
> （ライター G）ほか

> *Recommend*
> 色味もよくさまざまな食感が
> 楽しい。ミナトのウェブで紹介していた
> 卵スープレシピも絶対試したほうが
> いいですよ（ライター N）

第4位

ミナトの
ハワイアンポケ
シーフード
シーズニング

豊富な素材がミックス

タマネギ、白ゴマ、ワカメ、
ニンニク、ココナッツ、赤
唐辛子、ネギなど、ポケ用
シーズニングのなかでも原
材料が多いのが特徴。

Supermarket ➡ P.72
ABC Stores ➡ P.75

 $7〜

第5位

ノーフーズの
ハワイアン
カルアシーズニングソルト

**ルアウで提供されるような
深みを引き出す**

60年以上前にホノルル初の韓
国料理店としてオープンした「ア
リラン」が開発。クセの少ない
ヒッコリースモークが決め手！

Supermarket ➡ P.72

$10.20〜

> *Recommend*
> かけて焼くだけで伝統料理が
> 仕上がる優れもの！焼肉のたれや
> マヨネーズにプラスすれば
> 燻製調味料に味変できます
> （編集 T）ほか

★日系人が持ち込んだふりかけはハワイの人も大好き。プレートランチのご飯はもちろん、ポップコーン、マッシュポテト、ソテー、刺身にも！Furikake の汎用性の高さは日本以上。

$15.99

ワイキキ
マーケットの
レイトートセット

新スーパーの店舗限定アイテム

ワイキキに誕生した新スーパーの限定トートの人気が爆上がり中。上品でハワイらしいデザインだから長く愛用できそう。

Waikiki Market
店舗限定アイテムが充実している。

🗺 P.123-B3 📍2380 Kuhio Ave. ☎808-923-2022 🕐6:00〜22:00 ㊡無休 CARD Ⓐ Ⓙ Ⓜ Ⓥ 🌐jp.foodland.com

> *Recommend*
> レイのデザインがかわいい！大容量なので機内持ち込み用として使っています。値段がリーズナブルなのも魅力（塙麻衣子さん）ほか

SHOPPING 🛒 RANKING

おしゃれにエコ活動

トートバッグ
ランキング
BEST 5

限定アイテムの注目株は
ニューカマー登場で
上位ランクに変動あり

> *Recommend*
> 再利用できるエコ素材にプリントされたハワイカイのヤシの木の写真がエモい。内側は魚のイラストでリバーシブルで使える（編集S）ほか

第2位

シタディンの
タイベックバッグ

防護服にも
使われた新素材

セレクトショップ、ラ・ミューズの新ブランドバッグが急上昇。超軽量なのに、強度、耐水性、透湿性に優れたタイベック素材を使用。

$55

La Muse
コロナ禍で新ブランドをローンチ。

ワード 🗺 P.124-C4 📍1170 Auahi St. サウスショア・マーケット1F ☎808-589-0818 🕐11:00〜17:00 ㊡無休 CARD Ⓐ Ⓙ Ⓜ Ⓥ 🌐citadinedesigns.com

> *Recommend*
> 手持ちバッグ、ショルダーバッグ、ストラップレスポーチ、クリアバッグと4通りの使い分けOK。ポーチはランチバッグにも◎（プロデューサーR）ほか

第3位

ディーン＆デルーカの
ハイビスカス3ウエイ
トートバッグ

各 $65

2023年発売開始の
新ライン

ハワイ限定のトートブームを牽引するディーン＆デルーカの新作がランクイン。ロイヤル・ハワイアン・センター店限定。

Dean & Deluca ➡ P.82

> *Recommend*
> 店舗によってカラーが異なりカイルア店はさわやかなターコイズブルー。カイルア店とワードのクイーン店で取り扱っている（ライターN）ほか

第5位

ホールフーズ・
マーケットの
カイルアロゴトート

コレクター垂涎のアイテム

根強い人気のホールフーズ・マーケットのトートは限定に注目。ホールフーズ・マーケットのスタッフいち押しサイズはこちら。

$10〜

Whole Foods Market
カイルアに行ったら絶対ゲットしたい！

カイルア 🗺 P.101 📍629 Kailua Rd. Kailua ☎808-263-6800 🕐7:00〜22:00 ㊡無休 CARD Ⓐ Ⓙ Ⓜ Ⓥ ⚓ワード、カハラ

> *Recommend*
> カハラマーケットのためにノース在住アーティストが制作したダイヤモンドヘッドがクール。使うほど愛着がわきます（編集K）ほか

第4位

カハラマーケットの
キーンアートトート

ロコアーティストとコラボ

カハラマーケットの店舗限定トートもスペシャリスト推薦のアイテム。ロコアーティストの版画デザインはユニセックスで使える。

$10〜

Kahala Mkt.
ダイヤモンドヘッドは店内の壁にも。

カハラ 🗺 P.120-A5 📍210 Waialae Ave. ☎808-732-2440 🕐6:00〜21:00 ㊡無休 CARD Ⓐ Ⓙ Ⓜ Ⓥ 🌐jp.foodland.com

& MORE　紙製なのに手洗いOK！

フードランドファームズ、ワイキキマーケット、カハラマーケットで販売されているエコバッグ。丈夫で汚れても洗える超優秀素材！

$6.99

$20

$25

 Recommend
使い続けると驚くほど潤って
カラーのノリが変わってきます。
トリートメントはバッグに入れて
持ち歩いています
（ライターN）ほか

第1位

ハナレイの
シュガースクラブ＆
リップトリートメント

乾燥知らずのうる艶リップ

スペシャリストのサーシャさん（P.78）
いち押しのコスメ。品薄になるほど人
気のリップケアアイテムは絶対買い！

DFS Waikiki
ハワイのおみやげも扱う
免税店。

ワイキキ　MAP P.123-B2　♀ 330 Royal Ha
waiian Ave. ☎ 808-931-2700 ⏰ 10:00
～ 22:00　㊡ 無休　CARD A J M V
🌐 www.dfs.com/jp/hawaii

House of Mana Up
➡ **P.69**

SHOPPING 🛒 RANKING

ナチュラル素材

コスメ
ランキング
BEST 5

髪から爪の先まで
自信をもって推薦できる
オーガニックコスメ最前線

第3位

マリエオーガニクスの
ボディクリーム

自然の恵みと優雅な香りをまとう

カウアイ島発ブランド。日本でもハワイの
オーガニックコスメとして高い認知度を
誇っており、おみやげとしても安定の人気。

Malie Organics
ハワイの花や果実を
原料としている。

ワイキキ　MAP P.123-C2
♀ 2259 Kalakaua Ave. ロイ
ヤル ハワイアン ラグジュ
アリー コレクション リ
ゾート内　☎ 808-922-
2216　⏰ 10:00 ～ 21:00
㊡ 無休　CARD A J M V
🌐 www.malie.com　🏠 ア
ラモアナセンター

各 **$9.99** ～

Recommend
ロイヤルハワイアンホテルのア
メニティにも使われていて、友人
へのおみやげにするととても喜ば
れます。プルメリアの香りが好
み（ライターG）ほか

各 **$9.99** ～

第2位

カパヌイの
ネイルポリッシュ

無害無臭のネイルカラー誕生

ハワイ島生まれ。妊娠中や闘病中の患者
でも安心して使えるという画期的なネイ
ルとして医学会やコスメ界が注目。

House of Mana Up ➡ **P.69**
Supermarket ➡ **P.72**

Recommend
マニキュア特有の刺激臭がない！100％
無害をうたっているだけあって落とした
あとも爪が変色することがなく誰でも
安心して使える（編集T）ほか

各 **$15** ～

第5位

アオオーガニクス
ハワイのシャンプー＆
コンディショナー

ネイティブハワイアンが開発

ハワイ島発ブランド。環境と人に優し
いコスメ商品をリリースしている。バー
タイプのシャンプー＆コンディショ
ナーは特に口コミからの関心が高い。

House of Mana Up ➡ **P.69**

Recommend
天然成分だけで作ったと思えないほど
すっきり洗えて髪もサラサラに。自然な
香りもいい。1個で約80回使える
高コスパ（編集K）ほか

第4位

ウアボディの
ローラーパフューム
オイル

癒やされるフレグランスコスメ

ハワイ島で誕生したスキンケアブラン
ド。母の製法を娘が引き継ぎ、すべて
手作りで生産。日本へのプロモーショ
ンもスタートさせ注目度 UP！

House of Mana Up ➡ **P.69**

Recommend
植物原料だけで調合された香り
がとてもよくて、ハワイにいる
気分に。保湿オイルとしても使え
一石二鳥（編集S）ほか

第1位

メリラップの ビーワックス フードラップ

繰り返し使えて
環境に優しい

ハワイ雑貨のショップで
も今いち押しのエコアイ
テム。食品用ラップで、
原料はオーガニックコッ
トン、蜜蝋、樹脂など。

House of Mana Up
→ P.69
Supermarket → P.72

Recommend
食器だけでなく食品を直接包
めるのがいい。柄もハワイらし
くてかわいい。ワイキキマーケット
とのコラボをゲットしました
（編集 K）ほか

SHOPPING 🛒 RANKING

自分用にゲット！

ハワイ雑貨 ランキング BEST 5

スペシャリストたちが
普段使いでハワイを感じる
買ってよかった愛用雑貨

各 $129.95

第3位

アイランド スリッパの ビーサン

ハワイ発ちょっといい
ビーサン

日本から移民としてハワイに
渡ったファミリーが 1946 年に
創業。ハワイ通の間では長い間
愛用されているロングセラー。

Recommend
全工程ハンドメイドで作られる
プレミアムなビーサン。おしゃれな
デザインで、何より履き心地がいい
（伊澤慶一さん）ほか

Island Slipper
一度履いたら手放せ
なくなるビーサン

ワイキキ MAP P.123-C2 📍 2201
Kalakaua Ave. ロイヤル・ハワイア
ン・センター A 館 2F ☎ 808-923-
2222 🕙 10:00 ～ 21:00 休 無休
CARD A J M V ⊕ shop.islandslip
per.com 🚃 アラモアナセンター

Recommend
サーファーとしてビーチで使える
アイテムはうれしい！代表作の
トラベルプリントがいっぱいで気分
も上がります（ライター G）ほか

各 $48

第2位

ニック・カッチャーの サーファータオル

アートが
ビッグタオルに

カイルアを拠点に活動する
アーティスト、ニック・カッ
チャーのアイテムは根強い人
気。飾るだけでなく使えると
いうのがポイント。

Nick Kuchar Art & Design Co.

カイルアにオープンしたギャラ
リーストア。

カイルア MAP P.101 📍 629
Kailua Rd. Kailua ☎ 808-744-
0777 🕙 10:00 ～ 18:00（日～
17:00）休 無休 CARD A J M
V ⊕ nickkuchar.com

Recommend
シアトル発の高機能ボトル
ブランドとのおしゃれなコラボ。
スマートなデザインとネオンカラー
の WAIKIKI の文字がインパクト大
（ライター N）ほか

各 $50

ロンハーマン ワイキキの ウォーターボトル

ワイキキ店限定プロダクト

カリフォルニア発セレクトショッ
プのハワイ 1 号店。限定アイテム
が話題で特にミアー（MiiR）との
コラボボトルが人気。

第5位

Ron Herman Waikiki

2023 年オープン。限定品をチェック。

ワイキキ MAP P.123-C3 📍 2365 Kala
kaua Ave. モアナ サーフライダー ウェス
ティン リゾート＆スパ内 ☎ 808-237-
2592 🕙 10:00 ～ 21:30 休 無休 CARD
A J M V ⊕ www.ronherman.com

Recommend
旅先の記憶を呼び起こすのに
最適な香り。お気に入りは
ピカケ＆プカシェルで、レイの
ようなさわやかで上品な印象。
（編集 S）ほか

第4位

$56.80

ソーハリビングの ルーム ディフューザー

ハワイの香りに包まれる

ソーハリビングの人気商品。17
種類ものハワイらしい香りがあ
る。おしゃれなポーチ付きでプ
レゼントにもぴったり。

Soha Living
おしゃれなインテリ
ア雑貨が充実。

ワイキキ MAP P.123-C2 📍 226
Lewers St. ワイキキ・ビーチ・ウォー
ク 1F ☎ 808-240-5040 🕙 10:00
～ 21:00 休 無休 CARD A J M
V ⊕ www.sohaliving.com 🚃 カ
ハラモール、カイルアほか

★ ソーハリビングの隠れた人気アイテムがウッドサイン。ロコアーティストの作品やハワイ語などデザインもおしゃれで豊富。$10 以下で手に入るのでお部屋のデコレーションに◎

\ まだまだある！ /

指名買いアイテム！

ランキングの得票数は限定的だったけれど
スペシャリストと編集室がリアル買いしたご指名アイテムを公開！

Recommend
from: 編集 K
—
トニーズチョコロンリー

数年前に見つけたときはバケ買い。種類も豊富で味も好み。オランダのフェアトレードブランドと知り、チョコ好きとしては見逃せません

ホールフーズ・マーケットで各 $6.29

Supermarket ➡ P.72

Recommend
from: 編集 M
—
リリハサイミンとハレイワドライミン

ハワイ生まれのヌードル、サイミンとドライミンのインスタントセット。スパムやナルトをトッピングしてハワイで食べた B 級グルメを完全再現できます

Supermarket ➡ P.72

3食入り。フードランドファームズで各 $14.99

Recommend
from: ライター N
—
TRH インスパイアードのボディローション

ピンクパレスで感じたエキゾチックだけど上品な香りがボディローションに！植物由来成分で高保湿。塗って寝るとハワイの夢が見られます（笑）

TRH Inspired
ホテルの公式アイテムがゲットできる。

ワイキキ MAP P.123-C2 ♀ 2259 Kalakaua Ave.
ロイヤル ハワイアン ラグジュアリーコレクションリゾート ワイキキ内 ☎ 808-926-7680
🕐 9:00 ～ 21:00 休 無休 CARD A D J M V
🌐 www.royal-hawaiian.jp

ホワイトガーデニアの香り。$19

Recommend
from: ライター G
—
リトルハンズハワイのサンスクリーン

もうずっと愛用している日焼け止め。新登場のスティックタイプは持ち運びが便利なだけじゃなく、紙製バケに大豆プリントでさらに環境に優しい

Supermarket ➡ P.72
House of Mana Up ➡ P.69

敏感肌にも安心。$28 ～

ポップなカラー。$98

Recommend
from: 伊澤慶一さん
—
ロベルタオークスのパイナップルネクタイ

レトロモダンなオリジナルアロハが大人気のブランド。ネクタイなら日本でも活躍の機会が多く、ハワイ関連のイベントの際に着けています

Roberta Oaks
おしゃれ雑貨も扱うローカルブランド。

ダウンタウン MAP P.125-B1
♀ 1152 Nuuanu Ave. ☎ 808-526-1111
🕐 11:00 ～ 18:00 休 日曜 CARD A
D J M V 🌐 robertaoaks.com

ザ・レイスタンド
のTシャツ

Recommend
from: 編集 S

人気バーのロゴTは文字のデザインがかわいくて衝動買い。日本でもヘビロテしています。実はカラーが決められず3枚まとめ買いしちゃいました

さりげないハワイ感がちょうどいい。$ 25

The Lei Stand
バーエントランスで販売。
ダウンタウン MAP P.125-B1 📍1115 Bethel St. ☎ 808-900-0237 🕐 17:00～21:00（木～23:00、金・土～24:00）休 日・月
CARD A D J M V 🌐 www.getleid.co

持ち歩きにもうれしいサイズ♡

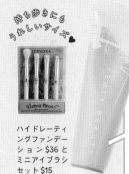

ハイドレーティングファンデーション $36 とミニアイブラシセット $15

Recommend
from: 編集 S

セフォラの
リキッドファンデ＆
アイブラシセット

セフォラオリジナルは毎回チェック。カバー力はあるのに厚塗り感がなく高保湿と話題のファンデとヴィーガン毛のミニアイブラシは買って大正解！

Sephora
日本未上陸コスメに心躍る。
ワイキキ MAP P.123-B2 📍2250 Kalakaua Ave. ワイキキ・ショッピング・プラザ1F ☎ 808-923-3301 🕐 10:00～22:00 休 無休 CARD A J M V 🌐 www.sephora.com 🚃 アラモアナセンター、カハラモールほか

Recommend
from: ライター G

ディーン＆デルーカの
タロパンケーキミックス

毎回タロブランドを購入していたけれど、食べ比べたくて購入。タロブランドより紫色が濃いめでもちもち感も大満足。パケもおしゃれで再購入決定！

Dean & Deluca → P.82

おみやげに最適な巾着袋入り。$ 15

Recommend
from: 編集 M

ビッグアイランドコーヒー
ロースターズの
エスプレッソバイツ

板チョコのようなバータイプのコーヒー。そのままかじっても、お湯で溶いて飲んでもOK。100%ハワイ産コーヒーとオーガニックシュガー入り

Supermarket → P.72
**House of Mana Up
→ P.69**
ちょっと珍しいおみやげに。各 $9

熱烈なファンが多い人気アイテム。10袋入り $ 26

Recommend
from: 編集 R

ハレクラニの
ランドリーソープ

ラグジュアリーホテルで漂う上品なリネンの香りを自宅でも楽しめるアイテム。なくなるとハワイに買いに行きたくなっちゃいます

Halekulani Boutique
ホテルの公式アイテムがゲットできる。
チャイナタウン MAP P.123-D2 📍2199 Kalia Rd. ハレクラニ内
☎ 808-923-2311 🕐 9:00～21:00 休 無休 CARD A D J M V
🌐 www.halekulani.jp

Recommend
from: 編集 M

トリロカの
アロマスティック

有害物質を含まず天然成分だけで作られています。ナチュラルな香りに惹かれて購入。クロゼットに入れて1年以上たってもまだいい香りが継続中

Supermarket → P.72
ハワイらしい南国の香りも。各 $6.99

知って得する楽園グルメの最新情報と攻略法を大公開！

PLAY & REFRESH

プレイ & リフレッシュ

さまざまなアクティビティが満載のハワイ。自分に合ったものを選んで
お得に楽しむにはちょっとしたコツが必要。裏ワザを駆使して満足度大幅アップさせよう！

207 世界一有名なリゾート
ワイキキ・ビーチを知ろう

上／弧を描くワイキキ・ビーチ　下左／クイーンズ・ビーチ　下中／クヒオ・ビーチ　下右／ロイヤル・ハワイアン・ビーチ

ハワイ語で wai は「水」、kiki は「湧き出る」を意味し、かつてはタロイモ畑が広がる湿地帯だった。1901 年にモアナホテル（現モアナ サーフライダー ウェスティン リゾート & スパ）が開業。アラワイ運河 MAP P.122・123-A1 〜 6 を掘った土とノースショアやカリフォルニアの白砂で埋め立てビーチが完成。ワイキキ・ビーチは約 3km にわたって弧を描くように続くビーチの総称で、エリアごとに呼び名が異なっている。東端のダイヤモンドヘッドに最も近いアウトリガー・カヌー・クラブ・ビーチ MAP P.120-D4、カピオラニ公園前のカイマナ・ビーチ MAP P.120-D4、ホノルル動物園前のクイーンズ・ビーチ MAP P.122-D6、ワイキキ中心部で最も人が多いクヒオ・ビーチ MAP P.122-C5、ピンクのパラソルが並ぶロイヤル・ハワイアン・ビーチ MAP P.123-C3、ハレクラニ前のグレイズ・ビーチ MAP P.123-D2、フォート・デ・ルッシ公園前のフォート・デ・ルッシ・ビーチ MAP P.124-C6、西端のヒルトン前がカハナモク・ビーチ MAP P.124-C6。

---

209 サンスクリーン法って？
日焼け止めについて

ハワイでは環境保全のため、サンスクリーン法という法律が制定されている。これはサンゴに影響を与える「オキシベンゾン」と「オクチノキサート」を含む日焼け止めの流通と販売を禁止するもの。現時点で日本からの持ち込みや使用は規制の対象外だが、ハワイの海を守るためにも日焼け止めはハワイで購入するのがおすすめ。

208 どうする？
ワイキキ・ビーチの
着替えは？ 荷物は？

ワイキキ・ビーチに更衣室はないのでホテルで着替えていこう。ただし、ホテルのロビーを水着だけで通るのはマナー違反。水着の上に T シャツや短パン、カバーアップを着用しよう。シャワーとトイレは設置されていて無料で使用 OK。設置計画はあるものの、ワイキキ・ビーチにロッカーは設けられていない。荷物は最小限にして貴重品は持たない。海に入る際の荷物番も必須。ホテルのカードキーやスマホは防水ケースに入れ、海に入るときも手元から離さないように。

213 ビーチが混雑!?
ワイキキ・ビーチの
穴場スポット

最も混雑するのは中心部のクヒオ・ビーチ [MAP] P.122-C5。混雑が少ない穴場はカイマナ・ビーチ [MAP] P.120-D4、クイーンズ・ビーチ [MAP] P.122-D6、フォート・デ・ルッシ・ビーチ [MAP] P.124-C6、カハナモク・ビーチ [MAP] P.124-C6。ツーリストは少なめでロコ率が高い。

214 アクティビティ
だけじゃない
ワイキキ・ビーチの名所巡り

デューク・カハナモク像 [MAP] P.122-C4 は、ハワイアン初のオリンピック金メダリストでサーフィンの神様。近くにはカフナ（祈祷師）が癒やしのパワーを授けたとされる聖なる4つの魔法石 [MAP] P.122-C4 がある。ハレクラニ前の海はカヴェヘヴェヘ [MAP] P.123-D2 とよばれ、淡水と海水が混ざり、古代ハワイアンが病気やけがを癒やしたとされるパワースポット。クヒオ・ビーチ東側には準州時代にハワイアン初の下院議員となったプリンス・クヒオ像 [MAP] P.122-C5 も。

215 本誌カメラマン推薦！
ワイキキ・ビーチの
ベスト撮影スポット

ダイヤモンドヘッドをバックに弧を描くワイキキ・ビーチを撮るなら中心より西側がおすすめ。東側の防波堤、ワイキキ・ウォール [MAP] P.122-C5 の先端からはワイキキ・ビーチと海岸線に並ぶホテル群が撮影できる。また、冬はワイキキ・ビーチで海に沈む太陽が撮影できる。特に11～2月は太陽が真正面に沈むベストシーズン。

プレイ＆リフレッシュ｜テクニック

210 何して遊ぶ？
ワイキキ・ビーチは
アクティビティ天国

複数のビーチサービスがあり、道具のレンタルやレッスン、ツアーなどを提供。おもなアクティビティの料金目安は以下のとおり。ビーチサービスはウオークインでも申し込めるが、オンラインで予約＆クレジットカード決済が可能なところも。料金比較のためにも事前に公式サイトをチェックしておこう。

サーフボード
レンタル：1時間 $20 ～
グループレッスン：$90 ～

スタンドアップ
パドル（SUP）
レンタル：1時間 $25 ～
グループレッスン：$90 ～

アウトリガー
カヌーライド
ツアー
$25 ～

カヤック
（1人乗り）30分 $20 ～、
（2人乗り）30分 $40 ～

Waikiki Shore Beach Service ワイキキ・ショア・ビーチサービス	[MAP] P.123-D2 ⏰ 8:00 ～ 17:00 🌐 wsbservice.com
Aloha Beach Services アロハ・ビーチサービス	[MAP] P.123-C3 ⏰ 8:00 ～ 16:00 🌐 www.alohabeachservices.com
Waikiki Beach Services ワイキキ・ビーチサービス	[MAP] P.123-D2 ⏰ 8:00 ～ 17:00 🌐 www.waikikibeachservices.com
Dive Oahu ダイブオアフ	[MAP] P.123-D1 ⏰ 6:00 ～ 18:00 🌐 www.diveoahu.com

211 ワイキキ・ビーチから乗船
お手軽クルーズの
カタマラン

ワイキキ・ビーチにはいくつかのカタマラン（双胴船）が運航。高価なイメージがあるクルーズだけど、カタマランならリーズナブルに絶景を楽しんだり、イルカやウミガメに遭遇することも。船上ではビールやカクテルを楽しむこともできる。最安はケポイカイⅡのデイセール $35。空きがあれば予約なしでも乗船OK！

Kepoikai Ⅱ ケポイカイⅡ
ワイキキ [MAP] P.123-C3
🌐 www.kepoikai.com

212 リラックス派はチェック
パラソル＆ビーチチェア
格安レンタル

ワイキキ・ビーチのパラソルやビーチチェアはビーチサービスでレンタルできる。最安はワイキキ・ショア・ビーチサービス（上記）。パラソル＋ビーチチェア2脚で1時間 $22、2時間 $30、半日 $40、1日借りても $60！

開催場所	開催日時	演目
アラモアナセンター →P.64 1F センターステージ ワイキキ MAP P.124-C4	毎日 17:00 ～ 17:20	アラモアナ・フラショー
	日 13:00 ～ 13:20	ケイキ・フラショー
ロイヤル・ハワイアン・センター →P.66 1F ロイヤルグローブ ワイキキ MAP P.123-C2	火 17:30 ～ 18:30	カヴィカ・トラスク・トリオ
	水 17:30 ～ 18:30	プウホネアトリオ
	木 17:30 ～ 18:30	ホーレイトリオ
	金 17:30 ～ 18:30	マルヌイ・プロダクションズ
	土 17:30 ～ 18:30	フラ・カヒコ
インターナショナル マーケットプレイス →P.67 1F クイーンズ・コート ワイキキ MAP P.123-B3	月・水・金 18:00 ～ 18:45	オ・ナ・ラニ・サンセット・ ストーリーズ・フラショー
ワイキキ・ビーチ・ウォーク 1F プラザステージ ワイキキ MAP P.123-C2	火 16:30 ～ 18:00	ク・ハアヘオ ⏵ jp.waikikibeachwalk.com
イオラニ宮殿 (P.99) 庭園 ダウンタウン MAP P.125-B2	金 12:00 ～ 13:00	ロイヤル・ハワイアン・バンド ⏵ www.rhb-music.com ※ホノルル各所でも不定期で演奏
カピオラニ公園 (下記) ワイキキ・シェル ワイキキ MAP P.120-C4	日～木 9:30 ～ 10:30	キロハナ・フラショー ⏵ experiencekilohana.com
クヒオ・ビーチ →P.90 ワイキキ MAP P.122-C4	火・土 18:00 ～ 19:30	クヒオ・ビーチ・フラショー ⏵ kbhulashow.wixsite.com/official

216 全部タダ！

毎日どこかで無料ハワイアンショー！

ショッピングセンターなどではフラやライブショーが開催されている。本格的なのに観覧はなんと無料！滞在中ひとつでも多く巡りたい！

218

お散歩気分で行ける ワイキキの 無料観光コース

カラカウア通り沿いにある以下のスポットは無料で見学できるスポット。お散歩気分で巡ってみよう！

1	**Kapiolani Regional Park** カピオラニ公園 ワイキキ MAP P.122-C6 ⏰ 5:00 ～ 24:00	カラカウア王の妻の名前が付けられ、王妃の銅像もある。ダイヤモンドヘッドが正面に見えるベンチはフォトスポットとして有名
2	**St. Augustine Church** セント・オーガスティン教会 ワイキキ MAP P.122-C5 ⏵ staugustinebythesea.com	1854年設立。ヤシの木やハイビスカスをデザインしたステンドグラスがある。ミサ (月～金 7:00、土 7:00、17:00、 日 6:00、8:00、10:00、17:00) の1時間前から開門
3	**Moana Surfrider, A Westin Resort & Spa** モアナ サーフライダー ウェスティン リゾート＆スパ ワイキキ MAP P.123-C3	ワイキキ最古のホテル。フォトジェニックなロッキングチェアや中央階段は必見。2階にはホテルやハワイの歴史を伝える無料のミュージアムがあり、ゲスト以外も見学可能
4	**Royal Hawaiian Center** ロイヤル・ハワイアン・センター ワイキキ MAP P.123-C2	ロイヤル・ハワイアン・センターの中庭ロイヤルグローブにはハワイ固有の植物や池が配され、パウアヒ王女の銅像がある
5	**The Royal Hawaiian, a Luxury Collection Resort** ロイヤル ハワイアン ラグジュアリー コレクション リゾート ワイキキ MAP P.123-C2	カメハメハ1世の邸宅跡地に立つホテル。太平洋のピンクパレスはワイキキの象徴。中庭ココナッツグローブ、館内にある古いハワイ諸島の地図、カメハメハ大王の絵画も見逃せない
6	**Fort DeRussy Park** フォート・デ・ルッシ公園 ワイキキ MAP P.124-C6 ⏰ 5:00 ～ 24:00	サンセットの名所。テニスコート、BBQ施設が無料で利用できる。園内のハワイ陸軍博物館も入館無料 ⏰ 火～土 10:00 ～ 17:00 　休 日

217

フラにウクレレにヨガも！ 無料レッスンがすごい！

旅行者が無料で参加できるレッスンも充実。著名な講師が指導してくれるのに無料！

ロイヤル・ハワイアン・センター →P.66　ワイキキ MAP P.123-C2

ウクレレレッスン（※先着12名） ⏰ 月 11:00 ～ 12:00 📍B館 1F ヘルモアハレ ゲストサービス＆ヘリテージルーム	フラレッスン ⏰ 火 11:00 ～ 12:00 📍1F ロイヤル・グローブ
ラウハラ編みレッスン （※ 10歳以上先着24名） ⏰ 水 11:00 ～ 12:00 📍C館 2F	ケイキフラレッスン （※ 5～10歳対象） ⏰ 木 11:00 ～ 1F ロイヤル・グローブ
レイメイキングクラス （※ 10歳以上先着24名） ⏰ 金 11:00 ～ 12:00 📍C館 2F	ズンバクラス ⏰ 金 17:30 ～ 18:30 📍A館 4F カ・レワ・ラナイ

インターナショナル マーケットプレイス →P.67　ワイキキ MAP P.123-B3

フィットネスクラス（ファブレティックス主催） ⏰ 第1＆第3日 9:00 ～ 9:45 📍1F クイーンズ・コート ※要ヨガマット持参。クラス終了後にファブレティックスの特別割引券配布	フィットネスクラス （フリーピープル主催） ⏰ 第4土 9:00 ～ 9:45 📍1F クイーンズ・コート

ワイキキ・ビーチ・ウォーク　ワイキキ MAP P.123-C2

ウクレレ無料体験レッスン （※ 12歳以上先着10名） ⏰ 毎日 16:30 ～ 16:45 📍2F ウクレレストア ⏵ ukulelestorehawaii.com	カ・レイ・フラ（朝のフラレッスン） ⏰ 日 9:00 ～ 10:00 📍1F プラザステージ ⏵ www.eventbrite.com/e/ka-lei-hula-free-weekly-hula-classes-tickets-114776042232 で要事前予約

シェラトン・ワイキキ　ワイキキ MAP P.123-C2

無料ウクレレ体験レッスン（※ 5名限定要予約） ⏰ 毎日 16:00 ～ 16:30 📍ウクレレぷあぷあ ⏵ gcea.com で要事前予約

222　高確率で遭遇
ホヌに会えるビーチ

ハワイでホヌ（海ガメ）は幸運を運ぶ守り神といわれる。出没ビーチは以下のとおり。4〜10月の11〜15時頃が遭遇率高め。ハワイ州の法律ではウミガメに触れると罰金が科せられ、約3m離れて見学することが推奨されている。

Laniakea Beach
ラニアケア・ビーチ
ノースショア 　MAP　P.117

Haleiwa Alii Beach
ハレイワ・アリイ・ビーチ
ハレイワ 　MAP　P.102

Paradise Cove パラダイス・コーブ
コオリナ 　MAP　P.117

223　冬のハワイのお楽しみ
ホエールウオッチングができるスポット

12〜4月頃、繁殖や出産のためにザトウクジラがやってくる。条件が揃えば、以下のポイントから潮を吹いたりジャンプする姿が見られる。

Makapuu Point
マカプウポイント ➡ P.107
ノースショア 　MAP　P.118-C6

Halona Blow Hole
ハロナ潮吹き穴展望台
イーストショア 　MAP　P.118-D5

Diamond Head ダイヤモンドヘッド ➡ P.107
ダイヤモンドヘッド 　MAP　P.120-C5

224　冬のハワイのお楽しみ
サーフィン大会を無料観戦

リーフ・ハワイアン・プロ
会場：ハレイワ・アリィ・ビーチ
　MAP　P.102

ヴァンズ・ワールドカップ
会場：サンセット・ビーチ
　MAP　P.117

ビラボン・パイプ・マスターズ
会場：エフカイ・ビーチ
　MAP　P.117

サーフィン発祥の地ハワイではさまざまな大会が開催されている。11〜12月、ノースショアではトリプルクラウンと呼ばれる3大大会があり、世界のトッププロが集結。観戦は無料で、世界最高峰の技を見ることできる。3大会の会場は左記のとおり。

219　金曜日の風物詩
ワイキキの空を彩るヒルトンの花火

ヒルトン（P.113）では毎週金曜の5分間の花火ショーを開催。ゲストのためのものだけど、ワイキキ各所からも眺めることができる。カハナモク・ビーチ 　MAP　P.124-C6やフォート・デ・ルッシ・ビーチ 　MAP　P.124-C6、マジック・アイランド 　MAP　P.124-D5 からはかなり間近で観賞できる。夏は20時、冬は19時45分スタート。

220　アロハな御利益
ホノルルの神社仏閣

ハワイには日系移民のための神社仏閣がある。お参りすると御利益が2倍になったような気分になれてお得。日本と同じく参拝は無料。お賽銭はドルでお供えしよう。ハワイ仕様のお守りや御朱印も人気。

Hawaii Kotohira Jinsha-Hawaii Dazaifu Tenmangu
ハワイ金刀比羅神社・ハワイ太宰府天満宮
カリヒ 　MAP　P.119-C1 📍1239 Olomea St. ☎808-841-4755 🕐8:30〜16:00 🈺無休 🌐www.e-shrine.org

Izumo Taishakyo Mission of Hawaii ハワイ出雲大社
ダウンタウン 　MAP　P.125-A1 📍215 N.Kukui St. ☎808-538-7778 🕐8:00〜17:00 🈺無休 🌐www.izumotaishahawaii.com

Daijingu Temple of Hawaii ハワイ大神宮
ヌウアヌ 　MAP　P.119-B2 📍61 Puiwa Rd. ☎808-595-3102 🕐7:00〜17:00 🈺無休 🌐daijingutemple.org

221　入場無料の植物園
大地のパワーを感じるヒーリングスポット

火山のクレーターにあるココクレーター・ボタニカルガーデン、コオラウ山脈の麓にあるホオマルヒア・ボタニカルガーデンは癒やしを感じるヒーリングスポットとして有名。どちらも入場無料！

Koko Crater Botanical Garden
ココクレーター・ボタニカルガーデン ➡ P.109
サウスショア 　MAP　P.118-C5 📍7491 Kokonani St. ☎808-768-7135 🕐日の出〜日没 🈺無休 無料 🌐www.honolulu.gov/parks/hbg

Hoomaluhia Botanical Garden
ホオマルヒア・ボタニカルガーデン
カネオヘ 　MAP　P.119-A3 📍45-680 Luluku Rd. Kaneohe ☎808-233-7323 🕐日の出〜日没 🈺無休 無料 🌐www.honolulu.gov/parks/hbg

プレイ＆リフレッシュ｜テクニック

227 気軽に参加できる
無料ランニングクラブ
で走ってみよう

ハワイにはいくつかのランニングクラブがあり、旅行者も参加OK！仲間と一緒に走れば楽しさUP。無料で参加できるおすすめのクラブは以下。

Honolulu Runners ホノルルランナーズ アラモアナ [MAP] P.124-B4　♦1322 Kapiolani Blvd. ランナーズルート前 ⏰火 17:30 ⊕ run808.jp/pages/honolulu-runners	ランニング専門店主催。アラモアナ・ビーチパーク、ダウンタウン、ワイキキなど5〜10kmを走る
Honolulu Marathon Clinic ホノルルマラソンクリニック ワイキキ [MAP] P.120-D4　♦3833 Paki Ave. カピオラニ公園（ロゴバナーあり） ⏰日 7:30（3月第2週からホノルルマラソン前週まで） ⊕ www.honolulumarathonclinic.org	ホノルルマラソン完走を目指す。走るだけでなくマラソンに関するさまざまな知識も学べる
Lanikai Juice Run Club ラニカイジュースランクラブ ワイキキ [MAP] P.123-C2　♦277 Lewers St. ⏰水 17:45　⊕ freelifestylehawaii.com/run-club	ラニカイジュース、ホノルルマラソンと提携するクラブ。カカアコやカハラなどでも週替わりで開催

228 ランナーの祭典
ホノルルマラソンは
アーリーエントリーがお得！

2024年は12月8日に開催予定

12月に開催されるホノルルマラソンはランナーの憧れ。エントリー期間は4月下旬〜5月中旬がアーリー、5月下旬〜10月初旬が1期、10月初旬〜11月中旬が2期となる。2023年の例ではアーリーエントリーの料金は1期より6000円、2期より1万2000円もお得！

[URL] www.honolulumarathon.jp

229 ホノルルマラソン協会主催
初心者が参加しやすい
ハパルア

ハパルアとはハワイ語で半分の意味。4月に開催されるハパルアは、ホノルルマラソンの半分の距離を走るハーフマラソン。日本でのエントリーは10月中旬〜3月中旬。ホノルルでなら大会前日までエントリー可能。[URL] hapalua.honolulumarathon.jp

225 大人気
アクティビティ
トレッキングで絶景ハント

ハワイは海だけじゃなく山も大人気。ダイヤモンドヘッド以外は無料で予約も不要。絶景が堪能できる人気7コースを難易度別にご紹介！

難易度		
初級	**Makapuu Point** マカプウポイント　→P.107 マカプウ [MAP] P.118-C6	勾配が緩く舗装され、お散歩感覚で登れる。冬はホエールウオッチングができる。往復約1.5時間
初級	**Diamond Head** ダイヤモンドヘッド　→P.107 ダイヤモンドヘッド [MAP] P.120-C5 ⊕ gostateparks.hawaii.gov/diamondhead/reservation-details	トレイルが整備されている。往復約1.5時間。オンラインで日時を指定して予約＆料金（登山料$5+手数料$1.15〜）を支払う
中級	**Manoa Falls** マノアフォールズ マノア [MAP] P.119-B3	山ではなく熱帯雨林の森で高低差50mの滝を目指す。ほぼ平坦だけど滑りやすい。往復約1.5時間
中級	**Ehukai Pillbox Trail** エフカイ・ピルボックストレイル ノースショア [MAP] P.117	急斜面は少なく、ほぼ日陰なので涼しい。頂上からノースショアが一望できる。往復約1.5時間
中級	**Kaiwa Ridge** カイヴァリッジ カイルア [MAP] P.101　→P.107	ラニカイの住宅地にある。距離は短いが急斜面や見晴らしのいい尾根筋を登る。往復約1.5時間
上級	**Puu O Hulu** プウオフル ワイアナエ [MAP] P.117	急勾配は少ないが砂利道が多い。3番目のピンクピルボックスが有名。往復約1.5時間
上級	**Koko Head Crater** ココヘッド・クレーター サウスショア [MAP] P.118-D5	一直線の急勾配に心が折れそうになるが、山頂からの眺めはオアフ島随一！往復約2時間

226 潮風が爽快！
ワイキキのおすすめ
ランニングコース

マラソンイベントが多いハワイではランニングが人気。朝の涼しい時間やサンセット前にはローカルランナーも多く走っている。ワイキキ周辺の初心者でも走りやすいコースはこちら！

❶ ワイキキ西コース　約3km（平坦）
❷ アラワイコース　約5.5km（平坦）
❸ カピオラニコース　約3.5km（平坦）
❹ ダイヤモンドヘッドコース　約7.4km（緩やかな坂）

232
自転車好きに
おすすめ
ロードバイク
レンタル

サイクリストにとってハワイでの自転車ツーリングは憧れ。それなら思いきってレンタルしてみよう！ ザ・バスは追加料金なしで自転車も乗せられるので、ロードバイク＋ザ・バスでオアフ周遊も夢じゃない。スポーツに特化したサービスを日本語で提供するスポナビハワイなら1日 $75 〜でレンタル可能。 [URL] www.sponavihawaii.com

プレイ＆リフレッシュ｜テクニック

233
ホノルル市営
激安コースでゴルフ

ハワイにはゴルファー憧れの名門コースも多いけれど、格安でゴルフを楽しむなら市営ゴルフ場がおすすめ。オアフ島には市営ゴルフ場が6ヵ所ある。最安は9ホールのカフク・ゴルフコース [MAP] P.117 でなんと $30 ！ アクセスが最もいいのはワイキキにあるアラワイ・ゴルフコース [MAP] P.121-C3 で、料金はハーフ $43、18ホール $86 と格安。予約は公式サイトまたは電話で、旅行者は3日前から予約可能。アラワイ・ゴルフコースには予約不要のドライビングレンジもあり、ボール40個 $7.50。 [URL] www8.honolulu.gov/des/golf-courses

234
旅行者も Welcome
低価格プログラムを提供する
ワイキキ・コミュニティセンター

コミュニティセンターとは地元住民のためのプログラム施設。フラ、ウクレレ、レイメイキング、ヨガ、英会話、絵画などのレッスンを無料から格安で提供しており、旅行者でも参加OK。特にクムフラのナラニさんによるフラレッスン（中級 $15、上級 $20）は人気。

Waikiki Community Center
ワイキキ・コミュニティセンター
ワイキキ [MAP] P.122-A5 📍 310 Paoakalani Ave. ☎ 808-923-1802
🌐 www.waikikicommunitycenter.org

230
ロケーション
も最高！
体も心もととのう
朝活ヨガ

朝の澄んだ空気のなか、波音や小鳥の声を聴きながらの朝ヨガは最高の贅沢！ ワイキキ・ビーチやカピオラニ公園、ロイヤルハワイアンホテルの中庭で開催される高コスパクラスは以下。

日本人インストラクターがレッスンを行っている

Beach Yoga ビーチヨガ
ワイキキ [MAP] P.122-C5 📍 カピオラニ公園入口のサーファーボーイ像前 🕐 火〜日 6:50 集合 ※所要時間 60分 💴 $15 [CARD] A J M V
🌐 yogawaikiki.com ※予約必要

Park Yoga パークヨガ
ワイキキ [MAP] P.122-C5 📍 カピオラニ公園入口のサーファーボーイ像前 🕐 水・土 8:20 集合 ※所要時間 60分 💴 $15 [CARD] A J M V
🌐 yogawaikiki.com ※予約必要

Morning Yoga
モーニングヨガ
ワイキキ [MAP] P.122-D6 📍 ベアフットビーチカフェ近くの芝生 🕐 火・土 7:45 集合 ※所要時間 60分 💴 $20 [CARD] A J M V 🌐 yogawaikikibeach.com ※予約必要

Garden Morning Yoga
ガーデンモーニングヨガ
ワイキキ [MAP] P.123-C2 📍 ロイヤルハワイアンホテル内のカパリリハワイ前 🕐 毎日 8:00 集合 ※所要時間 45分 💴 $30 〜 [CARD] A J M V 🌐 kapalili.com ※予約必要

231
初めてでも安心
名所巡り+ライドを楽しむ
セグウェイツアー

ガイド付きで観光スポットを巡るセグウェイツアーが人気。ツアー出発前に乗り方の講習があるから安心。徒歩や車で巡るより効率よく広範囲へ行けるのが最大のメリット。料金はコースによって異なり90分 $160 〜。ハワイの心地よい風のなかライドする爽快感は抜群！

カカアコの壁画巡りも楽々〜♪

Segway of Hawaii
セグウェイ・オブ・ハワイ
カカアコ [MAP] P.125-C2
📍 670 Auahi St. ☎ 808-591-2100 🕐 9:00 〜 17:00
休 無休 🌐 jp.segwayofhawaii.com ♠ ワイキキ

235 入場無料も！
ミュージアムをお得に楽しむ

キャピトル・モダンは建物自体が歴史的文化財

キャピトル・モダンはハワイの現代アートを所蔵。ホノルル美術館は印象派の作品から日本の浮世絵など幅広く所蔵する。ビショップ・ミュージアムではハワイ歴代王の装飾品や王室に関する展示などが見られる。入場料がお得になる裏技はこちら！

Capitol Modern キャピトル・モダン
ダウンタウン [MAP] P.125-B2 ♥ 250 S. Hotel St. ☎ 808-586-0900 ⏰ 10:00 ～ 16:00 ㊡ 日曜 ⊕ hisam.hawaii.gov
㊼ 通常いつでも無料

Honolulu Museum of Art
ホノルル美術館 → P.109
ベレタニア通り [MAP] P.125-B3 ♥ 900 S. Beretania St. ☎ 808-532-8700 ⏰ 10:00 ～ 16:00（金・土 ～ 21:00）㊡ 月・火 [CARD] A J M V ⊕ honolulumuseum.org
㊼ 通常 $25、18 歳以下無料
お得1 ハレクラニ、ハレプナ ワイキキ バイ ハレクラニ、プリンスワイキキ、アストン・アクア系列ホテルの宿泊ゲストは入場無料
お得2 JCB で支払うと入場料 50％割引、ミュージアムショップでの買い物 10％割引（2024 年 6 月 30 日まで。たびらばのクーポンを要提示。オンラインチケットを除く）

Bishop Museum
ビショップ・ミュージアム → P.109
カリヒ [MAP] P.119-B1 ♥ 1525 Bernice St. ☎ 808-847-3511 ⏰ 9:00 ～ 17:00 ㊡ 無休 [CARD] A J M V ⊕ www.bishopmuseum.org
㊼ 通常 $33.95、65 歳以上 $30.95、4 ～ 17 歳 $25.95
お得1 ハレクラニ、ハレプナ ワイキキ バイ ハレクラニ、アストン・アクア系列ホテルの宿泊ゲストは入場無料
お得2 オンラインでチケット購入する際にプロモーションコード「BM2024」を入力すると $5 割引（2024 年 12 月 31 日まで）

---

237 非売品のおみやげも！
ライオンコーヒー工場見学ツアー

コーヒーの歴史や 1 杯のコーヒーになるまでの過程を見ることができる。飲み比べやツアー参加者限定のキーホルダー付き。

Lion Cafe & General Store ライオンカフェ＆ジェネラルストア
カリヒ [MAP] P.119-C1 ♥ 1555 Kalani St. ☎ 808-843-4294 ⏰ 6:30 ～ 15:00 ㊡ 日 [CARD] A M V ⊕ hawaiicoffeecompany.co.jp

> ★ライオンコーヒー焙煎工場見学ツアー
> ㊼ $10（※ 12 歳以上参加可能）⏰ 10:00、13:00（日本語：火・木、英語：水・金）※所要時間 45 ～ 60 分 ※ウェブ予約必要

---

238 大人の社会科見学
グルメみやげの原点を見るファームツアー

ハワイを代表するグルメなおみやげの成り立ちを見られる貴重な体験！

21 Degrees Estate 21 ディグリーエステイト
カハルウ P.117 ♥ 47-546 D.Mapele Pl. Kaneohe ☎ 808-778-0308 ⏰ 10:00 ～ 18:00（日 11:00 ～ 17:00）㊡ 無休 [CARD] A J M V ⊕ 21degreeestate.com ♪ ツアー：火・金・土 10:30 ※所要時間約 2 時間半 ㊼ $62、13 ～ 18 歳 $40、3 ～ 12 歳 $20、2 歳以下無料 ※予約必要
マノアチョコレート（P.101）の提携農園。家族経営の農園でカカオの栽培、収穫、加工までを学べる。食べ比べも大興味深い

Kahuku Farm カフクファーム
カフク [MAP] P.117 ♥ 56-800 Kamehameha Hwy. Kahuku ☎ 808-628-0639 ⏰ 11:00 ～ 16:00 ㊡ 火・水 [CARD] A J M V ⊕ kahukufarms.com ♪ ツアー：金・土・日 13:00 ※所要時間 1 時間 ㊼ $50、5 ～ 12 歳 $40、4 歳以下無料 ※予約必要
ワゴン車で行くツアーもあるけれど、農園内は自由散策も OK。カフェやショップも併設されている

KŌHANA Distillers コハナ・ディスティラーズ
クニア [MAP] P.117 ♥ 92-1770 Kunia Rd. Kunia ☎ 808-649-0830 ⏰ 11:00 ～ 17:00 ㊡ 無休 [CARD] A J M V ※予約必要 ⊕ www.kohanarum.com ♪ ファームツアー：火～土 10:00 ※所要時間約 1 時間 ㊼ $50、13 ～ 20 歳 $15、12 歳以下無料 ♪ 蒸留所ツアー：毎日 12:00、14:00、16:00（日本語月～金 11:30、13:30）※所要時間約 1 時間 ㊼ $35（熟成ラムテイスティング +$15）、13 ～ 20 歳 $15、12 歳以下無料 ♪ テイスティング：毎日 11:15 ～ 16:45 の 30 分ごと ㊼ クラシックラム $15、熟成ラム $30、カクテル $15
ラム酒のテイスティング付きなので要パスポート持参。21 歳未満はラム酒の代わりにハワイ産ジェラートを用意してくれる。ツアーやテイスティングに参加するとラム酒の購入が $10 割引になる

---

236 満足度はプライスレス
一度は訪れたいテーマパーク

テーマパークはもちろん有料だけど、ハワイらしい体験満載で満足度は想像以上。早割やお得なクーポン（P.24）もあるのでチェックして。

Waikiki Aquarium ワイキキ水族館
ワイキキ [MAP] P.120-D4 ♥ 2777 Kalakaua Ave. ☎ 808-923-9741 ⏰ 9:00 ～ 16:30（1 月 1 日 11:00 ～、サンクスギビングデイ 9:00 ～最終入館 14:30）㊡ 無休 ㊼ $12、4 ～ 12 歳・65 歳 $5、3 歳以下無料 [CARD] A J M V ⊕ www.waikikiaquarium.org
1904 年に開業した公立水族館。ハワイの海を再現した展示が見られる。ハワイ諸島固有のアザラシ、モンクシールに会える

Honolulu Zoo ホノルル動物園
ワイキキ [MAP] P.122-C6 ♥ 151 Kapahulu Ave. ☎ 808-926-3191 ⏰ 10:00 ～最終入園 15:00 ㊡ 無休 ㊼ $21、3 ～ 12 歳 $13、2 歳以下無料 [CARD] A J M V ⊕ www.honoluluzoo.org
1200 頭以上の動物を飼育。土曜の夕方、閉園後に行われるトワイライトツアー ㊼ $30、3 ～ 12 歳 $25 も人気

Sea Life Park Hawaii
シーライフ・パーク・ハワイ → P.109
ワイマナロ [MAP] P.118-C6 ♥ 41-202 Kalanianaole Hwy. #7 Waimanalo ☎ 808-259-2500 ⏰ 10:00 ～ 16:00 ㊡ 無休 ㊼ 入場料 $47.11 ※（早割 14 キャンペーンで $40.04）、送迎料金 $31.41、3 歳以下無料 [CARD] A J M V ⊕ hawaiisealifepark.jp
イルカやアシカのショー、動物と触れ合う有料プログラムが充実している。クジラとイルカのハーフ、ウォルフィンに会えるのは世界でここだけ！

Kualoa Ranch クアロア・ランチ → P.109
クアロア [MAP] P.117 ♥ 49-560 Kamehameha Hwy. Kaneohe ☎ 808-237-7321 ⏰ 7:30 ～ 18:00（カフェテリア～ 16:30）㊡ 無休 ㊼ エクスペリエンスパッケージ（送迎付き）$189.95、3 ～ 12 歳 $129.95 ほか [CARD] A J M V ⊕ www.kualoa.jp
東京ドーム約 450 個分の広大な敷地にある。乗馬、四輪バギー、ジップラインなど 10 種類以上のアクティビティを組み合わせて遊べる

Polynesian Cultural Center
ポリネシアカルチャーセンター
ライエ [MAP] P.117 ♥ 55-370 Kamehameha Hwy. Laie ☎ 808-293-3333 ⏰ 12:30 ～ 21:00 ㊡ 日・水 ㊼ デイパッケージ $119.95 ～、3 ～ 11 歳 $95.96 ～、送迎料金 $26 ほか ⊕ polynesia.jp
ポリネシアの 6 つの島を再現。古代の遊びやルアウ（宴会）に参加できる。総勢 100 名以上によるイブニングショーは必見！

Dole Plantation ドール・プランテーション
ワヒアワ [MAP] P.117 ♥ 64-1550 Kamehameha Hwy. Wahiawa ☎ 808-621-8408 ⏰ 9:30 ～ 17:30 ㊡ 無休 ㊼ 入場無料 [CARD] A J M V ⊕ doleplantation.com
フルーツ屋台からスタートしたドールのテーマパーク。グルメや買い物が楽しめるほか、有料のアトラクションも

241 タイパ重視！
ショッピング途中に ロミロミ

ワイキキとアラモアナセンターにあるおすすめのロミロミサロン。日本語 OK で料金もリーズナブル！

Luana Waikiki ルアナワイキキ

ワイキキ [MAP] P.123-B2 📍2222 Kalakaua Ave. #716 ワイキキ・ギャラリア・タワー 7F ☎ 808-926-7773 ⏰ 9:00 ～ 18:00（最終予約受付 17:00、週末は完全予約制）休 無休 料 ロミロミ 60 分 $105 ～ [CARD] [A] [M] [V] 🌐 www.luana-waikiki.com ※予約が望ましい

Popoki Massage ポポキマッサージ

アラモアナ [MAP] P.124-C4 📍アラモアナセンター ダイヤモンドヘッドウイング 海側 1F ☎ 808-304-8038 ⏰ 10:00 ～ 20:00（日 ～19:00）休 無休 料 ロミロミ 30 分 $45 ～ [CARD] [A] [J] [M] [V] 🌐 www.popokimassage.com ※予約が望ましい

プレイ＆リフレッシュ｜テクニック

242 もっと格安に！
ロミロミスクール の 生徒が施術

施術を行うのはライセンスを取得したばかりのテラピストや実習生。出費を抑えてロミロミ体験！

ライセンス取得後の新人テラピストが施術

First Step Massage ファーストステップマッサージ

ワイキキ [MAP] P.123-B2 📍334 Seaside Ave. ☎ 808-722-5456 ⏰ 9:00 ～ 17:00 休 日 料 60 分 $70 ～ [CARD] [M] [V] 🌐 firststephawaii.com ※予約必要

ライセンス取得間際の実習生が施術

Hawaii Massage Clinic ハワイ・マッサージクリニック

ワイキキ [MAP] P.123-B2 📍334 Seaside Ave. ☎ 808-551-3973 ⏰ 10:00 ～ 17:00（土はプロフェッショナルマッサージのみ予約可）休 日 料 60 分 $43 ～ [CARD] [M] [V] 🌐 lominoclinic.com ※予約必要

243 プチ留学気分
ロミロミ体験 ワークショップ

3 時間～ 5 日間のコースがあり、修了証も発行してくれる。ペアで参加すると費用がお得になる。

Lomino Hawaii Massage School ロミノハワイマッサージスクール

ワイキキ [MAP] P.123-B2 📍334 Seaside Ave. ☎ 808-469-6266 料 3 時間 $210（ペア参加は $50 割引）[CARD] [M] [V] 🌐 www.lomilomiworkshop.com ※予約必要

244 プロの手できれいに
ドライ・バー でヘアセット

シャンプー、ブロー、ヘアセットのみを行うヘアサロン。ドレスアップしてディナーに出かける前などに利用したい。

Dry Bar ドライ・バー

ワイキキ [MAP] P.123-B3 📍インターナショナル マーケットプレイス 1F マウカ・コート ☎ 808-470-5900 ⏰ 10:00 ～ 21:00 料 $35 ～ 休 無休 [CARD] [A] [J] [M] [V] 🌐 www.drybar.com 🏠 カカアコ、カハラ ※予約が望ましい

239 時間を有効活用
チェックイン前 &
アウト後の スパタイム

ホテルスパは、ホテルのイン＆アウトの待ち時間に利用するのがおすすめ。いずれも事前予約必要。料金は早割や特定のクレジットカードで割引になる場合があるので要チェック！

ホテル	ホテルスパ
ロイヤル ハワイアン ラグジュアリー コレクション リゾート ワイキキ [MAP] P.123-C2	**Abhasa Waikiki Spa** アバサ・ワイキキ・スパ 🌐 abhasa.com
モアナ サーフライダー ウェスティン リゾート＆スパ ワイキキ [MAP] P.123-C3	**Moana Lani Spa** モアナラニ・スパ 🌐 www.moanalanispa.com/jp
ハレクラニ ワイキキ [MAP] P.123-D2	**Spa Halekulani** スパハレクラニ 🌐 www.halekulani.jp/spa
ハイアット リージェンシー ワイキキ ビーチ リゾート＆スパ ワイキキ [MAP] P.122-B4	**Na Hoola Spa** ナホオラスパ 🌐 www.hyatt.com
プリンスワイキキ ワイキキ [MAP] P.124-C5	**Naio Bliss Spa** ナイオブリススパ 🌐 jp.princewaikiki.com
ザ・カハラ ホテル＆リゾート ワイキキ [MAP] P.120-A6	**The Kahala Spa** ザ・カハラ・スパ 🌐 jp.kahalaresort.com

240 お部屋でロミロミ
出張専門サロンの
早割＋タイム割

ロミロミを最もリラックスした状態で受けられるのが出張サービス。ロミノハワイのテラピストはハワイ州公認ライセンスをもつ日本人女性のみで、滞在中の部屋で施術を行ってくれる。料金は早割＋タイム割でかなりお得！

Lomino Hawaii ロミノハワイ

☎ 050-5539-2400（日本）、808-741-3534 ⏰ 9:00 ～ 21:00（スタート時間）休 無休 料 60 分 $85（早割 $80、＋早割タイム割 $75）～ [CARD] [A] [J] [M] [V] ※予約必要 🌐 lominohawaii.com

Local Town

ローカルタウン

ワイキキ以外にも魅力的な街がいっぱい。使えるお得技と一緒に注目タウンへ GO !

Ward-Kakaako-Downtown

［ ワード〜カカアコ〜ダウンタウン ］

245 便利でお得なのは？
アクセス方法を *Check!*

アラモアナセンターの西側にあるワード〜カカアコ〜ダウンタウン。本数が少ないけれど、タートル・トロリーはカカアコまで無料。次に安いのはザ・バス。自由度は断然 biki。

ザ・バス (P.20)	biki (P.22)	タートル・トロリー(P.21)
●ワード・カカアコは 20・42 番で 20 〜 25 分 ●ダウンタウンは E・2・13・20・42 番で約 25 分	ストップ多数	ワイキキ→カカアコ 2 便 カカアコ→ワイキキ 1 便
1 回目の乗車 $3、 1 日最大 $7.50 ※ HOLO カード利用の場合	30 分以内の利用 $4.50、 24 時間以内で 1 回の利用 が 30 分以内 $12	無料

248 無料のアートミュージアム
ワード〜カカアコで
ウオールアート巡り

ワード〜カカアコ地区のいちばんの見どころはウオールアート。街の活性化を目的にハワイ内外のアーティストが建物の外壁などにアートを描いている。作品が最も集中しているのは、Ward Ave. から Keawe St. あたりまでの 500m 四方。歩くには広範囲なので biki で巡ると便利。

246 ウオークイン OK
無料＆予約不要
ウクレレファクトリーツアー

ハワイを代表するウクレレメーカーの工房で、月〜金曜 13 時から無料見学ツアーを開催。木材の選び方から弦張りまでを説明してくれる。

KoAloha Ukulele コアロハウクレレ

アラモアナ [MAP] P.124-C4 📍1234 Kona St. ☎808-847-4911
🕘9:00 〜 16:30 休土・日 料無料 🌐koaloha.com

247 バラマキにも◎
ステーショナリーの
ディスカウントストア

カカアコに文房具好きにおすすめの大型専門店が 2 軒。専門店だけあってその品揃えは圧巻。値段もリーズナブルで、定期的にセールを行っている。

Fisher Hawaii フィッシャーハワイ

カカアコ [MAP] P.125-C2 📍690 Pohukaina St. ☎808-356-1800 🕘8:30 〜 18:00（土〜 17:00、日 10:00 〜 16:00）休無休
[CARD] A J M V 🌐fisherhawaiieducator.net

Office Max オフィスマックス

カカアコ [MAP] P.125-C3 📍770 Ala Moana Blvd. ☎808-545-5177 🕘8:00 〜 21:00（土 9:00 〜 19:00、日 10:00 〜 18:00）休無休
[CARD] A J M V 🌐www.officedepot.com

249 グルメ・ショッピング・イベント
ソルトアットアワーカカアコ探索

随所にアートが施され、40 以上のレストラン、カフェ、ショップがあり、カカアコのトレンド発信地となっている。敷地内のイベントスペースでは定期的にイベントを開催している。

Salt at Our Kakaako ソルトアットアワーカカアコ

カカアコ [MAP] P.125-C2 📍691 Auahi St. ☎808-521-4578 休店舗により異なる 🌐saltatkakaako.com

252 異国情緒たっぷり
ホノルルの
チャイナタウン

政治経済の中枢で歴史地区でもあるダウンタウンのもうひとつの顔がチャイナタウン。アジア系食材の市場や中国系グルメスポットなど、ハワイにいることを忘れてしまいそう。

Maunakea Marketplace マウナケア マーケットプレイス
ダウンタウン MAP P.125-B1 ♀ 1120 Maunakea St. ☎ 808-441-9757
⏰ 7:00 ～ 15:30 無休

Chinatown Cultural Plaza チャイナタウン・カルチュラル・プラザ
ダウンタウン MAP P.125-B1 ♀ 100 N Beretania St. ☎ 808-521-4934
⏰店舗による異なる ⊕ chinatownculturalplaza.com

250 ホノルルの歴史地区
ダウンタウンの
観光スポット

公的機関やビジネスビルが並ぶ政治経済の中枢。一方で州都歴史地区に指定されている見どころ満載のエリア。無料観覧スポットも多い。

King Kamehameha Statue カメハメハ大王像 MAP P.125-B2 ♀ 447 S.King St. 無料	1883 年建立。ハワイ州高等裁判所前に立つ。土台の銅板画にも注目
Hawaii Supreme Court ハワイ州高等裁判所 MAP P.125-B2 ♀ 417 S. King St. ☎ 808-539-4999 ⏰ 8:00 ～ 16:00 土・日 無料 ⊕ www.jhchawaii.net	1874 年建造。1 階は司法歴史博物館として無料で一般公開されている
Iolani Palce イオラニ宮殿 MAP P.125-B2 ♀ 364 S.King St. ☎ 808-522-0832 ⏰ 9:00 ～ 16:00 日・月 火・金・土オーディオツアー（日本語あり）$26.95、ガイドツアー（日本語は水 13:15）$77.95 ほか ⊕ www.iolanipalace.org ※予約必要	1882 年完成。アメリカ合衆国唯一の宮殿。ハワイ王朝の歴史遺産
The Cathedral of St. Andrew セント・アンドリュース大聖堂 MAP P.125-B2 ♀ 229 Queen Emma Square ☎ 808-524-2822 ⏰ 8:00 ～ 16:00（結婚式などのイベントが行われている場合は入場不可） 無休 無料 ⊕ www.cathedralhawaii.org	1861 年設立のハワイ初の英国国教会。大きなステンドグラスが有名
Hawaii Theatre ハワイシアター MAP P.125-B1 ♀ 1130 Bethel St. ⊕ www.hawaiitheatre.com	1922 年完成した州に現存する最古の劇場。フォトスポットとして人気

253 街歩きの休憩スポット
クラフトビール飲み比べ

ワード～カカアコには醸造所を構えるブリュワリーが 3 軒。それぞれの個性を生かしたフレッシュビールがおいしいとロコたちに大人気。サンプラーも用意されているので、ビール好きなら 3 軒とも飲み比べたい。

① Hana Koa Brewing Co.
ハナ・コア・ブリューイング・カンパニー
ワード MAP P.125-C3 ♀ 962 Kawaiahao St.
☎ 808-591-2337 ⏰ 12:00 ～ 22:00（金・土 11:00 ～ 23:00、日 10:00 ～ 21:00） 月
CARD A J M V ⊕ www.hanakoabrewing.com

② Aloha Beer Co. アロハビアカンパニー
ワード MAP P.125-C2 ♀ 700 Queen St.
☎ 808-544-1605 ⏰ 11:00 ～ 22:00（金～ 23:00、土 10:00 ～ 23:00、日 10:00 ～ 22:00） 無休
CARD A M V ⊕ alohabeer.com (他) ワイキキ、ダウンタウン

③ Honolulu Beerworks
ホノルルビアワークス
ワード MAP P.125-C2 ♀ 328 Cooke St.
☎ 808-589-2337 ⏰ 12:00 ～ 23:00（金・土～ 24:00） 日 CARD A J M V
⊕ www.honolulubeerworks.com

251 元祖おしゃれ発信地
ダウンタウンの
おしゃれブティック

ダウンタウンにはおしゃれブティックも点在。巨大ショッピングモールとはちょっと趣の異なるショッピングができる。見逃せないブティックはこちら。

Fighting Eel ファイティングイール MAP P.125-B1 ♀ 1133 Bethel St. ☎ 808-738-9300 ⏰ 10:00 ～ 18:00（日 11:00 ～ 16:00） 無休 CARD A J M V ⊕ fightingeel.com ♠ カハラ、カイルア	ロコガールが立ち上げたハワイ発ブランド。アパレルを中心に生活雑貨も扱う
Roberta Oaks ロベルタオークス ➡ P.88 MAP P.125-B1 ♀ 1152 Nuuanu Ave. ☎ 808-526-1111 ⏰ 11:00 ～ 18:00 日 CARD A J M V ⊕ robertaoaks.com	60 年代ファッションにインスパイアされたレトロモダンなアロハが人気
Sig on Smith シグオンスミス MAP P.125-B1 ♀ 1018 Smith St. ☎ 808-524-0071 ⏰ 10:00 ～ 18:00 土～木 CARD A J M V ⊕ sigzanedesigns.com	ハワイ島ヒロ発のアロハシャツブランド。金曜のみ営業する特異なショップ
Valia Honolulu ヴァリアホノルル MAP P.125-B1 ♀ 1140 Bethel St. ☎ 808-208-8585 ⏰ 11:00 ～ 16:00 日・月 CARD A J M V ⊕ valiahonolulu.com	ロコブランドを中心としたファッションアイテムを扱うセレクトショップ

254 街全体が活気にあふれる
月1回のお楽しみ
ファーストフライデイ

毎月第 1 金曜にダウンタウンで開催されるイベント。ブティックやギャラリーは 21 時頃まで営業し、各所でライブやパフォーマンスなどのイベントも行われる。公式サイトではクーポンが発行されることもあるので要チェック！

路上ライブで盛り上がるダウンタウン。日程と重なったらラッキー♪

URL www.firstfridayhawaii.com

ショッピング｜テクニック

099

258 本人に会えるかも！
カイルアでアートを買う

インスピレーションを刺激する街としてカイルアはアーティストにも人気。世界的に活躍するニック・カッチャーとローレン・ロスはカイルアにギャラリーストアを構えている。アーティスト本人が接客することも多い。

Nick Kuchar Art & Design Co.
ニック・カッチャーアート＆デザインカンパニー

カイルア 〔MAP〕P.101 📍629 Kailua Rd. Kailua ☎808-744-0777
🕐10:00 ～ 18:00（日～ 17:00）🈳無休 〔CARD〕A M V
🌐nickkuchar.com

Lauren Roth Art ローレンロス・アート ➡ P.79

カイルア 〔MAP〕P.101 📍131 Hekili St. Kailua ☎808-439-1993
🕐10:00 ～ 17:00（日～ 16:00）🈳無休 〔CARD〕A D J M V
🌐www.mynameislauren.com

---

259 本店に行きたい
カイルア発をチェック！

ボディケアやアパレルブランド、人気グルメなど、実はカイルア生まれというものが多数。せっかくだから本店を訪れておかなきゃ損！

Boots & Kimo's Homestyle Kitchen ブーツ＆キモズ
〔MAP〕P.118-A4 📍1020 Keolu Dr. エンチャンテッドレイクショッピングセンター内 ☎808-263-7929 🕐8:00 ～ 13:00（土・日～ 14:00）🈳火・水
〔CARD〕A J M V 🌐www.bootsnkimos.com

Cinnamon's シナモンズ
〔MAP〕P.101 📍315 Uluniu St. Kailua ☎808-261-8724 🕐7:00 ～ 14:00
🈳無休 〔CARD〕M V 🌐cinnamons808.com 🏠ワイキキ

Lanikai Bath & Body ラニカイバス＆ボディ
〔MAP〕P.101 📍600 Kailua Rd. Kailua カイルア・ショッピングセンター内 ☎
808-262-3260 🕐10:00 ～ 17:00（土・日～ 16:00）🈳無休
〔CARD〕A J M V 🌐lanikaibathandbody.com

Lanikai Juice ラニカイジュース
〔MAP〕P.101 📍600 Kailua Rd. Kailua カイルア・ショッピングセンター内 ☎
808-262-2383 🕐7:00 ～ 17:00（土・日～ 18:00）🈳無休 〔CARD〕A J M
V 🌐www.lanikaijuice.com 🏠カカアコほか

Moke's モケズ
〔MAP〕P.101 📍27 Hoolai St. Kailua ☎808-261-5565 🕐7:30 ～ 13:00（土
・日 7:00 ～）🈳月・火 〔CARD〕A J M V 🌐www.mokeshawaii.com
🏠カイムキ

Mokulua Surf Co. モクルアサーフカンパニー
〔MAP〕P.101 📍131 Hekili St. Kailua ☎808-744-6583 🕐10:00 ～ 18:00 🈳
無休 〔CARD〕A J M V 🌐mokuluasurf.com 🏠カイルア

---

255 便利でお得なのは？
アクセス方法をCheck!

Kailua 〔カイルア〕

全米 No.1 に選ばれたビーチと洗練された雰囲気が人気のカイルア。オプショナルツアーも多い。最安はザ・バスだけれど、ワイキキから直行はない。自由度の高いレンタカーも複数人で利用するならオプショナルツアーよりお得。

ザ・バス（P.20）	レンタカー（P.23）	オプショナルツアー
ワイキキから E・8・13・20・23・42 番でアラモアナセンターへ。アラモアナセンターで 67 番に乗り換えてカイルアタウンまで約 1 時間 15 分	東海岸沿いを走るルート約 50 分と内陸の Pali Hwy. を走るルート約 35 分。駐車場はほぼ無料	カイルア送迎のみで自由散策 4 ～ 5 時間という内容からビーチアクティビティや食事クーポン付きツアーなど多様
1 回目の乗車 $3 1 日最大 $7.50 ※ HOLO カード利用の場合	30 分以内の利用 $4.50、24 時間以内で 1 回の利用が 30 分以内 $12	送迎プラン $50 ～ 自転車レンタル付き $100 ～

---

256 歩くにはちょっと遠い
タウン～ビーチの移動方法

カイルアタウンからカイルア・ビーチは約 2km、ラニカイ・ビーチは約 3.5km 離れている。ザ・バスは 671 番が約 30 分間隔で運行。レンタサイクルを利用している観光客も多い。

Kailua Bicycle カイルアバイシクル 〔MAP〕	📍18 Kainehe St. Kailua ☎808-492-5782 🕐9:00 ～ 17:00（最終貸出 14:00）🈳無休 ⏱4 時間 $18 ～ 〔CARD〕J M V 🌐kailuabicycle.com
The Bike Shop ザ・バイクショップ 〔MAP〕P.101	📍767 Kailua Rd. Kailua ☎808-261-1553 🕐9:00 ～ 17:00（土・日 10:00 ～）🈳無休 ⏱4 時間 $18 ～ 〔CARD〕A J M V 🌐www.bikeshophawaii.com ※予約必要
Aloha Honolulu e-Bicycle アロハホノルルイーバイシクル 〔MAP〕P.101	📍326 Kuulei Rd. Kailua ☎808-724-0422 🕐9:00 ～ 16:00 🈳無休 ⏱1 時間 $13 ～（電動自転車）〔CARD〕A J M V 🌐honolulu-e-bicycle.com ※予約必要

---

257 スノーケリングにピッタリ！
カイルア・ビーチ＆ラニカイ・ビーチの遊び方

駐車場や更衣室があるのはカイルア・ビーチのみ。ラニカイ・ビーチはカイルア・ビーチから徒歩約 12 分。タウンにある以下のレンタルショップはオンライン予約で 15％オフ！

Kailua Beach Adventures
カイルア・ビーチ・アドベンチャーズ

カイルア 〔MAP〕P.101 📍130 Kailua Rd. Kailua ☎808-262-2555 🕐8:00 ～ 17:00 🈳無休 〔CARD〕A J M V 🌐www.kailuabeachadventures.com

262

センスのいいおみやげ探しに◎
ロコ御用達
セレクトショップ

ショッピングが楽しいカイルアで立ち寄りスポットをご紹介。オーナーのセンスでセレクトされたアパレルから生活雑貨などカイルアらしさを感じられるアイテムの宝庫！

Olive Boutique オリーブブティック
カイルア MAP P.101 ♥ 43 Kihapai St. Kailua ☎ 808-263-9919 ⏱ 10:00 ～ 17:00 休 無休 CARD A M V
🌐 www.oliveandoliverhawaii.com 🛒 オリバー（姉妹店）

Island Bangalow Hawaii
アイランドバンガローハワイ
カイルア MAP P.101 ♥ 131 Hekili St. Kailua ☎ 808-888-2282 ⏱ 10:00 ～ 17:00 休 無休 CARD A J M V
🌐 www.islandbungalowhawaii.com 🛒 カカアコ

Classic Waves Boutique クラシック・ウエイブス・ブティック
カイルア MAP P.101 ♥ 600 Kailua Rd. Kailua カイルア・ショッピングセンター内 ☎ 808-379-0441 ⏱ 10:00 ～ 18:00 休 無休 CARD A J M V
🌐 www.classicwaves.boutique

263

カイルア限定にも注目
全部徒歩で OK！
スーパー巡り

カイルアタウンの中心部には人気スーパーが勢揃い。特に、カイルア限定アイテムのあるホールフーズ・マーケットとダウントゥアースは要チェック！

Whole Foods Market ホールフーズ・マーケット
カイルア MAP P.101 ♥ 629 Kailua Rd. Kailua ☎ 808-263-6800 ⏱ 7:00 ～ 22:00 休 無休 CARD A J M V 🌐 www.wholefoodsmarket.com

Down to Earth ダウントゥアース
カイルア MAP P.101 ♥ 573 Kailua Rd. Kailua ☎ 808-262-3838 ⏱ 7:00 ～ 22:00 休 無休 CARD A J M V 🌐 www.downtoearth.org

フードランド MAP P.101　　ターゲット MAP P.101
ロングスドラッグス MAP P.101　　セーフウェイ MAP P.101

260

Bean to Bar
グルメな
チョコレート工房

マノアチョコレートのカイルア工房では新作を含む全アイテムが購入できる。また、チョコソムリエによるツアー＆テイスティング、ワインとチョコのペアリングプログラムも開催（要予約）。

Manoa Chocolate Factory
マノアチョコレート・ファクトリー
カイルア MAP P.101 ♥ 333 Uluniu St. Kailua ☎ 808-263-6292 ⏱ 10:00 ～ 21:00（日～火～ 17:00）休 無休 CARD A J M V
🌐 manoachocolate.com

チョコレートツアー＆テイスティング・エクスペリエンス		
英語 :	⏱ 毎日 10:30 ～ 11:45、月～木・土 14:00 ～ 15:15	料 $25
日本語 :	⏱ 金 14:00 ～ 15:15	料 $30

シップ＆ペア ワイン＆チョコレート・エクスペリエンス（英語のみ）	
⏱ 木～土 17:30 ～ 18:30	料 $35

ナチュラルワイン＆チョコレート・ペアリングクラス（英語のみ）	
⏱ 水 18:30 ～ 20:00	料 $60

261

ハワイと地球のために
ゼロウェイストストアで
ショッピング

環境意識が高いハワイで「ゼロウェイストストア」が人気。Waste（ゴミ、無駄）をZero（なくす）にする目標を掲げ、リサイクルやアップサイクルの観点でセレクトされたアイテムを扱っている。ここで買い物をすることにより、ハワイと地球環境を守ることにつながるのが最高のお得！

Protea Zero Waste Store
プロテア・ゼロウェイストストア
カイルア MAP P.101 ♥ 35 Kainehe St. Kailua ⏱ 10:00 ～ 15:00（土・日～ 16:00）休 無休 CARD A J M V 🌐 proteazerowaste.com

ショッピング｜テクニック

Haleiwa - North Shore

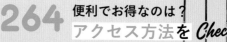

［ ハレイワ〜ノースショア ］

266 本店に行きたい
ハレイワ〜ノースショア発をチェック！

おみやげにスプレッドやソープを購入。シェイブアイス、ハウピアパイも食べて帰りたい！

Aoki's Shave Ice アオキズシェイブアイス
MAP P.102 ♦66-082 Kamehameha Hwy. Haleiwa ☎808-637-6782
🕐11:00 〜 18:30 　㊡月〜水　CARD A J M V 　🌐aokishaveice

Bubble Shack バブルシャック
MAP P.102 ♦66-526 Kamehameha Hwy. Haleiwa ☎808-829-3186
🕐10:00 〜 18:00 　㊡無休 CARD A J M V 　🌐bubbleshackhawaii.com

Matsumoto Shave Ice マツモトシェイブアイス
MAP P.102 ♦66-111 Kamehameha Hwy. Haleiwa ☎808-637-4827
🕐10:00 〜 18:00 　㊡無休 CARD A J M V 　🌐matsumotoshaveice.com

North Shore Goodies ノースショアグッディーズ
MAP P.102 ♦66-520 Kamehameha Hwy. Haleiwa ☎808-744-7117
🕐11:00 〜 17:00 　㊡無休 CARD A J M V 　🌐northshoregoodies.net

Ted's Bakery テッズベーカリー
MAP P.117 ♦59-024 Kamehameha Hwy. Haleiwa ☎808-638-8207 🕐8:00 〜 18:30
㊡無休 CARD A J M V 　🌐www.tedsbakery.com

267 ノースショア名物
フードトラックをはしご

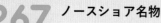

ハレイワの Kamehameha Hwy. 沿いにはたくさんのフードトラックがある。なかでも、週末しかオープンしないフリフリチキンのレイズとガーリックシュリンプのジョバンニズは有名。

Ray's レイズ
ハレイワ MAP P.102 ♦66-190 Kamehameha Hwy. Haleiwa マラマ・マーケット駐車場 🕐土・日 10:00 〜 16:00 CARD 不可

Giovanni's ジョバンニズ
ハレイワ MAP P.102 ♦66-472 Kamehameha Hwy. Haleiwa 🕐10:30 〜 17:00 ㊡無休 CARD 不可 🌐www.giovannisshrimptruck.com 🏠カフク、カカアコ

268 ハレイワの隣町
ノスタルジックなワイアルア

ハレイワからはザ・バス 521番で約 10 分。サトウキビ工場跡にショッピングスポットがある。

❶ North Shore Soap Factory
ノースショア・ソープファクトリー
ワイアルア MAP P.117 ♦67-106 Kealohanui St. Waialua
☎808-637-8400 🕐10:00 〜 16:00（土 8:30 〜、日 11:00 〜）
㊡無休 CARD A J M V 🌐northshoresoapfactory.com

❷ Island X Hawaii アイランド X ハワイ
ワイアルア MAP P.117 ♦67-106 Kealohanui St. Waialua
☎808-637-2624 🕐9:30 〜 17:00 （土 8:30 〜） ㊡無休
CARD A J M V 🌐www.islandxhawaii.com

264 便利でお得なのは？
アクセス方法をCheck!

最安はザ・バス。60 番に乗り換えれば、ノースショア〜東海岸経由でアラモアナセンターまで直通。自由度の高いレンタカーも複数人で利用するならオプショナルツアーよりお得。

ザ・バス (P.20)	レンタカー (P.23)	オプショナルツアー
ワイキキから E・8・13・20・23・42 番でアラモアナセンターへ。アラモアナセンターで 52 番に乗り換えてハレイワタウンまで約 2 時間。ハレイワタウンからノースショアは 60 番	H1 ウエスト〜 H2 〜 Kamehameha Hwy. でカイルアタウンまで約 60 分。駐車場はほぼ無料	ハレイワタウン（ドール・プランテーション立ち寄り）送迎で自由散策 2 〜 3 時間という内容からノースショア周遊、アクティビティ付きまで多様
1 回目の乗車 $3 1 日最大 $7.50 ※ HOLO カード利用の場合	4 人乗りコンパクトカー 24 時間レンタル $60 〜	送迎プラン $56 〜

265 サーファーの聖地
ノースショアビーチホッピング

ウミガメに会えるラニアケア・ビーチ MAP P.117 や夕日がきれいなサンセット・ビーチ MAP P.117 などノースショアには訪れたいビーチがいっぱい。自由にホッピングするならレンタカーが便利だけど、ザ・バス 60 番も約 30 分間隔で運行している。

269 便利でお得なのは？
アクセス方法をCheck！

オアフ島西部にある新興タウン。ハイウエイが整備されていてレンタカーも便利。ザ・バスのルートは複数あるけれど、アラモアナセンター乗り換えがおすすめ。カポレイは2023年に開通したスカイライン乗り換えも利用可能。オプショナルツアーはあまりない。

ザ・バス (P.20)	レンタカー (P.23)	オプショナルツアー
●ワイキキからE・8・13・20・23・42番でアラモアナセンターへ。アラモアナセンターでルートCに乗り換えてカポレイまで約1時間30分、コオリナまで約1時間40分 ●ワイキキからルートEでホオアエアエ（ウエストロック）駅へ。スカイラインに乗り換えてクアラカイ（東カポレイ）駅まで約1時間40分	H1ウエストで40～60分。カポレイ～コオリナ間は約15分	カポレイはゴルフ場や周遊などはあるが単独ツアーはほとんどない。コオリナは送迎のみ自由散策4～5時間というツアーがある
1回目の乗車$3　1日最大$7.50 ※HOLOカード利用の場合	4人乗りコンパクトカー24時間レンタル$60～	コオリナ送迎プラン$63～

[カポレイ～コオリナ]

Kapolei-Ko Olina

272
高級リゾート
コオリナの楽しみ方

オアフ島の西海岸にあるラグジュアリーなリゾートエリアで、ネイバーアイランドのような穏やかな雰囲気が特徴。ディズニー初の滞在型リゾートホテル、アウラニ・ディズニー・リゾート＆スパ コオリナ・ハワイがあることでも知られる。アウラニのレストランとギフトショップは宿泊者以外でも利用可能。リゾートエリアに隣接するコオリナセンターでもショッピングやグルメが楽しめる。

Aulani, A Disney Resort & Spa in Ko Olina, Hawai'i
アウラニ・ディズニー・リゾート＆スパ コオリナ・ハワイ
コオリナ　MAP P.117　♀ 92-1185 Aliinui Dr. Kapolei　☎ 808-443-4763　⊕ www.disneyaulani.com

Ko Olina Center コオリナセンター
カポレイ　MAP P.117　♀ 92-1047 Kapolei Pkwy. Kapolei　⊕ 店舗により異なる　㊡ 無休　koolinashops.com

270 オアフ島第2の街
カポレイの楽しみ方

ホノルルのベッドタウンとして整備が進む街。旅行者の姿はほとんどなく、暮らしているような気分で街歩きが楽しめる。おすすめは大型モールのカポレイ・コモンズとカ・マカナ・アリィ。ワイキキやアラモアナの人気ショップが揃っている。ただし、ふたつのスポットは約5km離れていて、ザ・バス46番で約15分。

Kapolei Commons カポレイ・コモンズ
カポレイ　MAP P.117　♀ 4450 Kapolei Pkwy. Kapolei
⊕ 10:00～21:00（※店舗により多少異なる）㊡ 無休
⊕ kapoleicommons.com

Ka Makana Ali'i カ・マカナ・アリィ
カポレイ　MAP P.117　♀ 91-5431 Kapolei Pkwy. Kapolei
☎ 808-628-4800　⊕ 10:00～21:00（日～18:00）
※店舗により多少異なる　㊡ 無休　⊕ www.kamakanaalii.com

271 絶景鉄道旅
ビンテージ機関車のライドツアー

1880年代の機関車のライドツアー。エヴァからコオリナリゾートを抜け、西海岸を望むカヘポイントへ。そこから引き返しコオリナセンターで約15分停車後にエヴァへ戻る。往復約21km、所要1時間半。

Hawaiian Railway Society
ハワイアン・レイルウェイ・ソサエティ
エヴァ　MAP P.117　♀ 91-1001 Renton Rd. Ewa　☎ 808-681-5461
⊕ 出発：水 13:00、土 12:00・15:00、日 13:00・15:00　⊕ $18、2～12歳と62歳～$13、2歳未満無料　CARD A M V
⊕ www.hawaiianrailway.com

273 ハワイ版青の洞窟
マーメイドケーブへ行く

マーメイド・ケーブ MAP P.117 は、西海岸のナナクリ・ビーチ近くの岩場にあいた穴を2mほど下りた先にある洞窟内のビーチ。公共駐車場までレンタカーなら約1時間。ザ・バスならアラモアナセンターでルートCに乗り換えて約1時間40分。ただし、付近は治安がよくないのでオプショナルツアーで行くのがおすすめ。ツアーなら穴に下りるためのハシゴも用意してくれる。

岩場だからけがしないように注意

ショッピング｜テクニック

Jake Shimabukuro ジェイク・シマブクロ　2023年／CD2枚組 22曲収録
ヘンリー・カポノ、ブラザー・ノーランド、ジョン・クルーズなど、
ハワイの著名アーティストを迎えたコラボレーションアルバム。

ウクレレ奏者
ジェイク・シマブクロさんの

今聴きたい
ハワイアンミュージック
⑩

SPECIALIST:
JAKE SHIMABUKURO

2024年3月にジャパンツアーを盛況のうちに終えたばかりのジェイクさん。そんな彼の最新プレイリストのなかから、選び抜かれた10枚のアルバムを特別公開！

#1 仲間と奏でるホームタウン・サウンド
『Grateful』グレイトフル

まずはボクの最新アルバムから。ハワイの友人や憧れの師匠たちとカニカピラ（即興演奏）スタイルで作り上げたパーソナルなアルバム。一人ひとりとのつながりを大切にし、スタジオでの生演奏にこだわりました。ハワイへの感謝の気持ちが込められた作品です。

日本盤はボーナストラックをプラス！
CD2枚組 23曲収録／ Sony Music Labels ／ CD3800円（税込）、配信1833円（税込）
🌐 jakeshimabukuro.jp

#3 全曲書き下ろしのオリジナル
『Back To The Blue』
バック・トゥ・ザ・ブルー

ジャスティンとは長年の友人で、最近アメリカツアーを一緒にまわりました。彼は才能あふれるミュージシャンで、このアルバムはイントロから最後の1曲まですべてお気に入り。収録曲『グレイトフル』の歌詞が心に響き、僕の最新作のタイトル曲にもなっています。

Justin Kawika Young ジャスティン・カヴィカ・ヤング
2022年／ 11曲収録
アイランドレゲエの担い手による最新作。ナッシュビルからサンタバーバラまでを転々とし、それぞれの地でほとんどを制作。

#4 ハワイ音楽にジャズの要素をプラス
『In The Heart Of Paradise』
イン・ザ・ハート・オブ・パラダイス

時代を超えて愛される名曲の数々をモダンにアレンジ。彼らのオリジナル曲のひとつでコラボできたことを光栄に思っています。

NUE ヌエ　2021年／ 10曲収録／ NUE Productions LLC
ホクアワード受賞のウクレレ奏者ブライアン・トレンティーノ、ハレハク・シーブリー、カーマ・ホプキンスによるユニット初アルバム。

#2 ハワイ版
クリスマスキャロル
『Christmas In Hawaii』
クリスマス・イン・ハワイ

キミエはすばらしいシンガーソングライターで、若いアーティストの育成にも尽力。このホリデイアルバムは美しく喜びにあふれていて、2023年の年末に何度も繰り返し聴きました。

Kimie Miner キミエ・マイナー
2021年／ 8曲収録／ Haku Music
クリスマスと家族愛をテーマにしたミニアルバム。2022年ホクアワード受賞作。

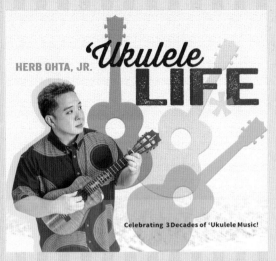

HERB OHTA, JR.
'Ukulele LIFE

Celebrating 3 Decades of 'Ukulele Music!

Herb Ohta Jr. ハーブ・オオタ・ジュニア 2020年／24曲収録／LELE Music Productions プロ活動30周年を記念して発表。2021年ホクアワードで最優秀ウクレレアルバム賞を受賞。

2021年ホクアワード受賞の名盤

#9 『'Ukulele Life』 ウクレレ・ライフ

ハーブが奏でるウクレレのトーンは本当に美しい。彼の父であるオータサンにもウクレレ・インストゥルメンタリストとしてすごく影響を受けています。

スラック・キー・ギターの名手

#10 『Paniolo Son』 パニオロ・サン

共演がいつも楽しみな尊敬するギタリスト。このアルバムの豊かな音色と表現力に感銘を受けました。

Jeff Peterson ジェフ・ピーターソン 2023年／18曲収録 マウイ島のパニオロを父にもつ実力派ギタリストの最新作。彼が子供時代を過ごした牧場がテーマ。

ナ・ホク・ハノハノ・アワードはハワイ版グラミー賞！

ハワイアンミュージック界において優秀な作品、貢献したクリエイターなどに毎年授与する賞で、通称ホクアワード。第46回となった2023年は7月にハワイシアターで開催し、一般チケットは約1ヵ月前にオンラインで発売。著名ミュージシャンたちの演奏や授賞式を生で鑑賞できるので、今後も要チェック！🌐 harahawaii.com
会場のハワイシアターは1922年にオープンしたハワイに現存する最古の劇場。2024年5月にはジェイクさんもハワイ交響楽団を率いてコンサートを開催。🌐 www.hawaiitheatre.com

ハワイでCDを買うには？

音楽配信サービスでも楽しめるけれど、CDならおみやげや旅の記念にも。アラモアナセンターの大型書店バーンズ＆ノーブルやターゲット（P.72）などの量販店、メイドインハワイの商品を扱う専門ショップなどで販売しているので、ジェイクさん厳選のアルバムや心に残る1枚を見つけて。Barnes&Noble 🅾 bnalamoana

---

🔊 MORE

最高のライブアルバム！『Duke's On Sunday2』

デュークス・オン・サンデイ2

リリースから10年たつので10選からは外しましたが、今でも日曜の午後に聴きたくなるアルバム。すばらしいミュージシャンたちの演奏を楽しむことができ、選曲も秀逸です。

Henry Kapono ヘンリー・カポノ 2014年／14曲収録／Kapono Records ハワイアンミュージック界のレジェンドがバンドを率いて、ワイキキのデュークスで開催したライブを収録。

ホクアワード常連の実力派

#5 『Ho'omana'o』
ホオマナオ

ネイサンはハワイで最も才能あるミュージシャン。次々と想像を超える音楽を生み出し続けていて、彼が新作を発表するたびにワクワクします。

Nathan Aweau ネイサン・アヴェアウ 2022年／11曲収録 幅広いジャンルを手がけるベテランミュージシャンの最新作。2023年のホクアワードでは4度目となる最優秀男性ボーカリスト賞と最優秀アイランドミュージックアルバム賞を受賞。

ジェイクもゲスト参加！

#6 『Queen Lili'uokalani』
クイーン・リリウオカラニ

リリウオカラニ女王の名曲を洗練された手法でアレンジ。演奏者4人の相性のよさが作品を特別なものにしています。

The Mana Music Quartet ザ・マナ・ミュージック・カルテット 2020年／15曲収録／Mana Music Hawaii リリウオカラニ女王の代表作を弦楽四重奏で演奏したアルバム。ジェイクは『Ahe Lau Makani』に参加し演奏。

伝統音楽を華麗にアレンジ

#7 『A Legacy Of Hawaiian Song & String, Volume One』
ア・レガシー・オブ・ハワイアンソング＆ストリング Vol.1

ハワイアンミュージックのルーツに焦点を当てた魅力的なプロジェクト。それぞれの曲のアレンジも見事です。

Raiatea Helm ライアテア・ヘルム 2023年／10曲収録／Raiatea Helm Records, LLC 天才ハワイアンシンガーが1920年代の初期ハワイアンミュージックをカバー。

2022年のホクアワードを席巻

#8 『Native Lands』
ネイティブ・ランズ

3人のスターミュージシャンの夢の競演。作曲もアレンジもすばらしく、3人の歌声がバランスよく調和しています。リリース直後にアルバム・オブ・ザ・イヤーを獲得したのも納得。

Kulāiwi クライヴィ 2021年／15曲収録／Kulāiwi Music レフア・カリマ、ショーン・ピメンタル、カヴィカ・カヒアポのユニットアルバム。2022年のホクアワードでアルバム賞など複数受賞。

達成感も感動ポイント

ビーチ ランキング BEST 5

美しいだけでなく
泳げるビーチが上位に！
最強はこの5スポット

第1位 ワイマナロ・ビーチ

SNS 映え No.1 で 1 位獲得！

どこを切り取ってもフォトジェニック！ホワイトサンドとエメラルドグリーンの海が最強。ウエディングフォト撮影地としても人気。

Waimanalo Beach
約9kmにわたるオアフ島最長ビーチの起点。

ワイマナロ　MAP P.118-B5
🚌 ワイキキからザ・バス：23番でシーライフパークへ。69番に乗り換えて約1時間30分 レンタカー：H1 イースト→カラニアナオレ Hwy. で約40分

> Recommend
> ビーチは広いけれど人は少ないです。日陰もあるのでゆっくりくつろげるところが気に入っています（小川苗さん）ほか

& MORE
お隣のビーチもおすすめ！

北側のワイマナロ・ベイ・ビーチはキャンプ場になっていて、ピクニックテーブルが多いんです。日本から友人が来ると、ここでBBQやピクニックしています。（塙 麻衣子さん）

Waimanalo Bay Beach

ワイマナロ　MAP P.118-B5
🚌 ワイマナロ・ビーチから徒歩約10分

第3位 カイマナ・ビーチ

ワイキキの穴場がランクイン

ワイキキの東端、カピオラニ公園前のビーチ。海の透明度も高く白砂が美しい。混雑もなく、アザラシの親子が日光浴にやってくることも！

Kaimana Beach
カイマナビーチホテル前。ワイキキ・ビーチの一部。

ワイキキ　MAP P.120-D4
🚌 ワイキキ中心部から徒歩約20分

> Recommend
> ファミリーフレンドリービーチ！家族で行くのにぴったりです。ワイキキの中心にあるのでアクセスも◎（ジャナ・ラムさん）ほか

第2位

ラニカイ・ビーチ

加工を疑うほどの鮮やかビーチ

ワイマナロ・ビーチと同じく東海岸の大人気ビーチが上位に。住宅に隣接しているので、訪れる際は常識的な行動を。

Lanikai Beach
住宅地の路地からアクセス。駐車はカイルア・ビーチへ。

カイルア　MAP P.101　🚌 ワイキキからザ・バス：8・13・20・23・42番でアラモアナセンターへ。67番に乗り換えてカイルアまで約1時間15分。671番に乗車、またはレンタサイクルで約10分 レンタカー：H1 ウエスト→パリ Hwy. →カラニアナオレ Hwy. →カイルア Rd. で突き当りを右折。約40分

> Recommend
> エメラルドグリーンの海と白い砂浜のコントラストが美しさを演出してくれます（ショーン・モリスさん）ほか

第5位 ハナウマ湾

水質が浄化された観光名所

珊瑚礁と熱帯魚が楽しめるスノーケリングの名所。来場者は入場料の支払い、環境保全ビデオ視聴必須。48時間前からオンライン予約可。

> Recommend
> コロナ禍で観光客が減り海の透明度がUP！入場料は上がったけれど満足度は想像以上（編集S）ほか

Hanauma Bay
馬蹄形のビーチは映画の舞台であり自然保護区。

サウスショア　MAP P.118-D5　📍 7455 Kalanianaole Hwy.　🕕 6:45 ～ 13:30　🈲 月・火　💲 $25（手数料 +2.35%）、12歳以下無料　CARD J M V　（現地当日支払いは現金のみ）🌐 pros7.hnl.info　🚌 ワイキキからザ・バス：2・13・23番でココ・マリーナへ。1L番に乗り換えて約1時間。ビーチまでは徒歩約25分　レンタカー：H1 イースト→カラニアナオレ Hwy. で約25分

第4位 ベローズ・フィールド・ビーチ

週末限定の超穴場も人気健在

空軍基地内にあり、週末のみ一般公開されるレアなビーチ。ワイマナロとラニカイの間にあり、海水と白砂の質は最上級といわれている。

> Recommend
> ミリタリーのファミリーとの交流やビーチ入口にあるワゴンのフリフリチキンも絶品！（編集T）ほか

Bellows Field Beach
平日の利用は軍関係者のみ。週末のみゲートがオープン。

ワイマナロ　MAP P.118-B5　🕕 金 12:00 ～ 20:00、土・日 6:00 ～ 20:00 一般開放　🚌 ワイキキからザ・バス：23番でシーライフパークへ。69番に乗り換えて約1時間30分。ビーチまでは徒歩約35分　レンタカー：H1 イースト→カラニアナオレ Hwy. で約40分

★ フロリダ国際大学環境科学の教授が毎年発表する全米ベストビーチトップ10。水温や砂の色、匂いなど50項目もの評価基準があり、ハワイのビーチは常に上位にランクインしている。

第1位

> *Recommend*
> トレイルが整備されていて途中の移りゆく景色も一興。登ったことがない人は損をしています（編集 K）ほか

達成感も感動ポイント

絶景ランキング BEST 5

5位以外はトレッキングの人気スポットが勢揃い。達成感が美景を盛り上げる！

プレイ＆リフレッシュ｜ランキング

ダイヤモンドヘッド

1時間で360度の大パノラマ！

下から眺めるだけじゃなく一度は登ってほしい絶景が満場一致で1位！頂上からはワイキキ、ココヘッド、タンタラス、大海原を一望！

Diamond Head

登山には日時指定のオンライン予約が必要。

ダイヤモンドヘッド 〔MAP〕P.120-C5 🕕6:00〜16:30 🈁登山料 $5+ 手数料 $1.15〜 〔CARD〕Ａ Ｊ Ｍ Ｖ ⊕gostateparks.hawaii.gov/diamondhead 🚌ワイキキからザ・バス：2・23番で約15分 レンタカー：モンサラット Ave.→ダイヤモンドヘッド Rd. で約15分

> *Recommend*
> 戦時中の線路跡の枕木1000本以上を登りきったあとの絶景に疲れも吹き飛びます（熊谷 晃さん）ほか

第2位

ココヘッド・クレーター

ハードだけど挑戦する価値あり！

ハワイカイからサウスショア、ウインドワードが見渡せ、難関を突破した人だけが堪能できるご褒美的絶景。「行ってみたい」願望票もプラス。

Koko Head Crater

標高約368m、片道約1時間の上級者向け。

サウスショア 〔MAP〕P.118-D5 🕕日の出〜日没 🚌ワイキキからザ・バス：23番で約40分。登山口までは徒歩約25分 レンタカー：H1イースト→カラニアナオレ Hwy.→ルナリロホーム Rd.→アナパラウ St. で約25分

第3位

> *Recommend*
> 誰でも歩いて登れるコースです。大きく広がる景観がすばらしい！ライトハウスもあります（サーシャさん）ほか

マカプウポイント

運がよければクジラに会える！

お散歩気分で気軽に行ける絶景ポイントがランクイン！展望台からは東海岸を望むことができ、12〜4月はクジラに遭遇することも！

Makapuu Point

島最東端の岬で灯台がシンボル。片道約40分。

マカプウ 〔MAP〕P.118-C6 🕕日の出〜日没 🚌ワイキキからザ・バス：23番で約1時間。登山口までは徒歩約1時間 レンタカー：H1イースト→カラニアナオレ Hwy. で約30分

第4位

カイヴァリッジ

天国の海を空から眺めたい！

ラニカイの住宅街にあるトレッキングコースは依然高い人気。頂上のビルボックスから見るモクルア・アイランズ（通称双子島）が最高！

Kaiwa Ridge

トレイル入口は住宅街なので注意。片道約45分。

カイルア 〔MAP〕P.101 🕕日の出〜日没 🚌ワイキキからザ・バス：E・8・13・20・23・42番でアラモアナセンターへ。アラモアナセンターで67番に乗り換えてカイルアタウンへ。カイルアタウンで671番に乗り換えて約1時間40分 レンタカー：H1ウエスト→パリ Hwy.→カラニアナオレ Hwy.→カイルア Rd. で約35分

> *Recommend*
> 早朝もおすすめで、運動のために散歩をしています。マジック・アイランドには仲よしの野良猫がいるんです（笑）（ショーン・モリスさん）ほか

第5位

マジック・アイランド

5位は近場の夕日スポット

アラモアナ・ビーチ東端の人口の半島。海に突き出ているので遮るものが何もなく水平線に沈む太陽が眺められる。

Magic Island

サンセットタイムは多くの人が夕日に見入っている。

アラモアナ 〔MAP〕P.124-D5 🚌アラモアナセンターから徒歩約15分

> *Recommend*
> ビルボックスから眺めるラニカイ・ビーチは本当に絶景です（小川 苗さん）ほか

★惜しくもランクインとならなかったマノアフォールズはジャングルのような絶景。開けた景色とは違う不思議な魅力に満ちている。

第1位 サンドバー

秘境中の秘境ビーチが首位！

「天国の海」と呼ばれる幻のビーチ。海の真ん中に引き潮時にだけ姿を現す。全米最長最大の珊瑚礁と相まって美しすぎると絶賛！

キャプテンブルースの天国の海ツアー

陽気なクルーがツアーを盛り上げてくれる。

🕐（所要）約6時間（午前／午後出発）（催行）月～土　$149、2～12歳 $139、2歳未満無料（送迎付き）
🌐 cptbruce.com/jp

> *Recommend*
> 神秘のビーチはツアー参加者だけの特権。マリンアクティビティも付いてとってもお得！（ライターG）ほか

PLAY & REFRESH ✦ RANKING

参加してよかった！

オプショナルツアー ランキング BEST 5

個人では体験できないハワイならではの貴重な体験TOP5！

> *Recommend*
> いち押しはサンマイタイセイル！マイタイ、ビール、ワイン、シャンパン、ソフトドリンクが飲み放題です（伊澤慶一さん）ほか

第3位 カタマランセイリング

ワイキキを海から眺める

ワイキキ・ビーチから水着のまま参加できるセーリングツアーがランクイン。出航時間や内容も選択できるのも高評価。お酒が飲めるのも人気のポイント。

マイタイカタマラン

双胴船でワイキキ沖へ。金曜の夜は花火も見られる。

ワイキキ [MAP] P.123-D2　📍シェラトン・ワイキキとハレクラニの間　🕐（所要）約1時間30分　（催行）毎日　💴11:00、13:00出航：$49、4～12歳 $25、3歳以下無料（ドリンク別料金）、15:00、17:00、19:00出航：$79、4～12歳 $40、3歳以下参加不可（ドリンク料金込み）[CARD] A J M V　🌐 www.maitaicatamaran.net

第2位 イルカツアー

野生のイルカに会いたい！

30万人以上が参加したという人気ツアー。ハワイのイルカの保護のため規制が厳しくなって以降もルール下で最大限楽しめる。

ドルフィン＆ユー野生のイルカウオッチング

ベストオプショナルツアーに選ばれた人気コンテンツ。

🕐（所要）約7時間（1日2便）（催行）毎日　💴$189、2～11歳 $146、2歳以下参加不可（送迎付き）
🌐 andyoucreations.com/ja

> *Recommend*
> 野生のイルカが泳ぐ姿を見られるのは貴重な体験。アクティビティも豊富で想像以上の満足度です（ライターN）ほか

&MORE　海ガメにもクジラにも会える！

ハワイでは幸運の象徴とされる海ガメとスノーケリングできるツアーや冬季限定でザトウクジラを見にいくツアーも催行。どちらもおすすめ！

第5位 B級グルメツアー

仲間と参加したい No.1

オアフ島周遊とハワイのB級グルメがタッグを組んだロングセラーツアー。ハレイワタウン、ワイケレでショッピングなど充実の内容！

オアフ島周遊＆B級グルメツアー

ジョバンニ本店のガーリックシュリンプ代も込み。

🕐（所要）約8時間30分　（催行）毎日　💴$135、3～11歳 $120、2歳以下無料（送迎付き）　🌐 jp.808trans.com

> *Recommend*
> ハワイ初心者の家族や友人と参加するのにおすすめ！いろいろ試食しながらおみやげも買える（編集S）ほか

> *Recommend*
> 真っ暗な敷地で眺めるハワイの空は、ワイキキや都会では見られない不思議な世界（編集K）ほか

第4位 スターゲイジング

満天の星空観測が上昇

天の川の神秘や天体望遠鏡越しにのぞく宇宙に心揺さぶられるツアー。ノースショアやハレイワタウンでのフリータイムもあってロコタウンも楽しめる

スピリチュアル・ハレイワ星空ツアー

プライベートスペースで観測。流れ星が見られる

🕐（所要）約8時間30分　（催行）毎日　💴$160、2～11歳 $130、1歳以下無料（送迎付き）　🌐 ithawaii808.com

第1位

Recommend
恐竜好きの子供にはジュラシックアドベンチャーツアーがおすすめ。実際のロケ地に大人も興奮！（伊澤慶一さん）ほか

クアロア・ランチ

遊びの宝庫が圧倒的1位に！

東京ドーム約450個という広大な敷地で11のアクティビティが楽しめる。1日では遊び尽くせないほどの充実ぶりで納得の1位を獲得。

PLAY & REFRESH ✦ RANKING

絶対行きたい！

観光名所ランキング BEST 5

テーマパークから知的好奇心をくすぐる5スポットはこちら！

Kualoa Ranch

四輪バギー、乗馬、ジップラインなど盛りだくさん！

クアロア [MAP] P.117 ♀ 49-560 Kamehameha Hwy. Kaneohe ☎ 808-237-7321 ⏰ 7:30 ～ 18:00（カフェテリア～16:30）㉁ 無休 ㉔ エクスペリエンスパッケージ（送迎付き）$189.95、3 ～ 12 歳 $129.95 ほか ※予約が望ましい [CARD] A J M V ⊕ www.kualoa.jp

プレイ & リフレッシュ ランキング

Recommend
子供と一緒でも行きやすい植物園です。変わった植物がたくさん見られるのが好き（ジャナ・ラムさん）ほか

第3位

ココクレーター・ボタニカルガーデン

入場無料のいち押し植物園

1万年前に噴火を繰り返していた火山のクレーターにある植物園。ユニークな植物や色とりどりの花が咲き乱れる人気フォトスポット。

Koko Crater Botanical Garden

4 ～ 10 月には満開のプルメリアが見られる。

サウスショア [MAP] P.118-C5 ♀ 7491 Kokonani St. ☎ 808-768-7135 ⏰ 日の出～日没 ㉁ 無休 ㉔ 無料 ⊕ www.honolulu.gov/parks/hbg

Recommend
さまざまな時代の絵画や現代アーティストの作品が見られます。期間限定の展示会やイベントもおすすめです（サーシャさん）ほか

第2位

ホノルル美術館

所蔵品も建築もすばらしい！

印象派の作品から北斎や写楽の浮世絵、ハワイアンアートなど幅広い展示。建物自体や庭を推すスペシャリスト多数で上位にランク。

Honolulu Museum of Art

1927 年創立のハワイ州最大のアート美術館。

ベレタニア通り [MAP] P.125-B3 ♀ 900 S. Beretania St. ☎ 808-532-8700 ⏰ 10:00 ～ 18:00（金・土曜 ～ 21:00）㉁ 月・火 ㉔ $25、18 歳以下無料 [CARD] A J M V ⊕ honolulumuseum.org

第5位

ビショップ・ミュージアム

ハワイ好きに訪れてほしい

ハワイの歴史研究と保全を目的とした博物館。王族に関するものやポリネシア文化に関する展示など貴重な所蔵品ばかり。

Recommend
ハワイ王朝の展示品が興味深かったです。映画『50 回目のファースト・キス』日本版のロケ地も要チェック！（ライター G）ほか

Bishop Museum

ビショップ王女が集めた家宝を収蔵するために建設。

カリヒ [MAP] P.119-B1 ♀ 1525 Bernice St. ☎ 808-847-3511 ⏰ 9:00 ～ 17:00 ㉁ 無休 ㉔ $33.95、65 歳以上 $30.95、4 ～ 17 歳 $25.95 [CARD] A J M V ⊕ www.bishopmuseum.org

Recommend
子供たちがいちばん楽しんでいたのは、インコに餌をあげられるハレマヌバードゲージでした（笑）（伊澤慶一さん）ほか

第4位

シーライフ・パーク・ハワイ

海の生き物と仲よくなれる

海洋生物がテーマのマリンパーク。ハワイの海をバックに行われるイルカやアシカのショーが人気。ふれあいプログラムも充実している。

Sea Life Park Hawaii

イルカとクジラのハーフ「ウォルフィン」にも会える。

ワイマナロ [MAP] P.118-C6 ♀ 41-202 Kalanianaole Hwy. #7 Waimanalo ☎ 808-259-2500 ⏰ 10:00 ～ 16:00 ㉁ 無休 ㉔ $47.11、送迎料金 $31.41、3 歳以下無料 [CARD] A J M V ⊕ hawaiisealifepark.jp

ワイキキ・アラモアナの次は？

ローカルタウン ランキング BEST 5

「おすすめのロコタウンは？」
取材数もトピックスも多い
人気タウンはこちら！

第1位

カイルア

ロコタウン代表のような地位を確立

ショッピング、グルメ、アクティビティと魅力的なコンテンツが勢揃い。洗練された街並みにゆったりとした雰囲気が漂うバランスも絶妙。

Recommend
「カイルア発」というブランド力も高く、アーティストが活動拠点を置きたくなるのもわかります（編集 S）ほか

Recommend
ウオールアートめぐりには biki が便利。ソルトの店舗はショップもグルメもセンスがいいのでおすすめです（ライター N）ほか

Kailua
タウンとビーチの移動はレンタサイクルが便利。

カイルア [MAP] P.101 🚌 ワイキキからザ・バス：E・8・13・20・23・42 番でアラモアナセンターへ。アラモアナセンターで 67 番に乗り換えて約 1 時間 15 分 レンタカー：H1 ウエスト→パリ Hwy. →カラニアナオレ Hwy. →カイルア Rd. で約 30 分

ハレイワ

古きよきオールドハワイの面影

1位のカイルアと人気はほぼ互角のサーフタウン。雰囲気は往年のアメリカ映画のようなヒップ＆ノスタルジック。いい意味で田舎感が残っている。

第2位

Recommend
サーフィン好きとしてはハレイワ派。地元愛の強いロコが多いのも特徴です（ライター G）ほか

Haleiwa
タウンとビーチの移動はレンタサイクルが便利。

ハレイワ [MAP] P.102 🚌 ワイキキからザ・バス：E・8・13・20・23・42 番でアラモアナセンターへ。アラモアナセンターで 52 番に乗り換えて約 2 時間 レンタカー：H1 ウエスト〜 H2 〜 Kamehameha Hwy. で約 60 分

第3位

カカアコ

ウオールアートで一躍有名に

工場や倉庫だけの殺風景だった街にウオールアートが施されアートタウンに。中心部にある複合施設ソルトアットアワーカカアコは情報発信地として注目。

Kakaako ソルトにもウオールアートが描かれている。

カカアコ [MAP] P.125-C2 🚌 ワイキキからザ・バス：20・42 番で約 30 分 biki：約 25 分

Recommend
アウトレットもスーパーもあってハレアイナ賞受賞レストランもある優秀タウンです（プロデューサー R）ほか

第5位

ダウンタウン

史跡と多国籍が混在するカオスな街

歴史的建造物が残り、公的機関も多い。一方でチャイナタウンがあり、多国籍料理やクールなバーなど夜遊びの中心。なんでもありが楽しい街。

Recommend
ロコの遊び場なだけあって次にはやるグルメやバーの流れが始まる街のイメージ（編集 K）ほか

Downtown
夜の街歩きは危険なのでタクシー移動がおすすめ。

ダウンタウン [MAP] P.125-B1 〜 2 🚌 ワイキキからザ・バス：2・13・20・42 番で約 30 分 biki：約 30 分

第4位

ワード

アラモアナセンターの徒歩圏内

高級コンドミニアムの開発が進み、古くからあるショッピングモールもどんどんリニューアル。質の高い買い物やグルメが楽しめるマストタウン。

Ward
メリマンズ上部のコンドには床がガラス張りのプールも。

ワード [MAP] P.124-C4 〜 125-C3 🚌 ワイキキからザ・バス：E・20・42 番で約 25 分 biki：約 20 分

★ ザ・バスは 1 日何度乗車しても上限 $7.50 なので、乗れば乗るほどお得。BEST5 以外にも魅力的な街がいっぱいなので、ザ・バスを駆使して自分だけのお気に入りタウンを探すのもアリ！

円安・物価高のハワイで……
ホテルはどうする？

地球屈指のスーパーマルチリゾート、ハワイのホテルは決してリーズナブルとはいえないけれど、少しでもお得に、誰よりも快適に過ごすには……。ホテル業界のスペシャリスト、ヒルトン・ハワイアン・ビレッジ・ワイキキ・ビーチ・リゾートの塙 麻衣子さんが4つのコツを伝授。

SPECIALIST:
MAIKO HANAWA
🌐 www.hiltonhawaiianvillage.jp

YOGA POOL
CULTURE LESSON

Tips: **1**　高コスパなホテルでの滞在方法はサービスを最大限に利用すること！

一見高く感じる宿泊料金も、ホテルのサービスをフル利用することでご満足いただけると思います。ヨガなどのエクササイズクラスからレイメイキングなどのカルチャーレッスンまで、無料で参加できるアクティビティが充実しているホテルも多く、ヒルトン・ハワイアン・ビレッジ・ワイキキ・ビーチ・リゾート（以下HHV）には5つのプールとラグーンもあります。

Tips: **2**　家族やグループの場合ファミリールームを予約すると断然お得に！

宿泊料金以外に毎日かかるリゾートチャージは、部屋ごとに一律の金額なので、ふた部屋よりもひと部屋で予約したほうが半額で済みます。HHVでは最大6名まで宿泊可能なファミリールームを用意しています。

おこぼれ VOICE

「HHVはもちろん、ホテルに限らず趣向を凝らしたルアウショーが新たに開催されています。一度は参加してみてください」

「毎週金曜夜のHHVの花火はご存じですよね？」
→ P.9、93、113

「ダブルツリー by ヒルトン・アラナ・ワイキキ・ビーチはワイキキとアラモアナの間にあり高コスパ。ウエルカムクッキーも最高です」
🌐 doubletree.hiltonhotels.jp

Tips: **3**　オーシャンフロントよりシティ＆マウンテンビュー

City or Mountain View

オンザビーチに立つHHVでもオーシャンフロントやオーシャンビューは人気ですが、実はシティビューがおすすめ。ワイキキの街や山が望め、夕方には虹がかかることも。Tips2で紹介したタパ・タワーのファミリールームも海は見えませんが、ベッド3台が入っていても広々としているうえに、改装したばかりなのでホテル内で最もコスパのよい部屋だと思います。

Tips: **4**　早期早割プランや会員特典などに注目

最近は各ホテルがお得な宿泊プランを提供しています。HHVでは100日前予約で最大40％オフになるプランなどがあるので、ウェブで事前に確認を。また、ホテル会員になると部屋のアップグレードやレストランで使用できるクレジットなどさまざまな特典があるので、こちらも必ずチェックしてみてください（P.113）。

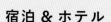

何万もの部屋のなかから常宿を見つけてチェックイン

STAY

宿泊 & ホテル

ホテルが集中するワイキキをはじめ、ハワイには多種多様な宿泊施設が揃うけれど、選択次第で旅の明暗を分けてしまうことも。そんな重要なステイで失敗せず、お得に快適に過ごせる 12 の方法を一挙紹介。

274 立地・眺望が価格の基本

好立地×絶景は予算オーバー どっちで妥協する？

オンザビーチのホテルのオーシャンフロントの部屋は当然高い。前ページで塙さんが伝えたように、眺望をシティビューに変更したり、部屋から海が見えればカラカウア通り沿いへ移動するだけで、価格を抑えることが可能。編集部がコスパ重視・独断で選んだ立地×眺望のいち押しは下記表の👍マークを参考に。

下左／カラカウア通り沿いのオーシャンフロント（シェラトン・プリンセスカイウラニ）　下右／マウンテンビュー（ハイアット リージェンシー ワイキキ ビーチ リゾート アンド スパ）

オンザビーチのオーシャンフロント（モアナサーフライダー , ウェスティン・リゾート＆スパ , ワイキキビーチ）

立地	眺望		
	$$$	$$	$
$$$ オンザビーチ	オーシャンフロント＆ビュー	シティビュー	👍こだわらない
$$ カラカウア通り沿い	👍オーシャンビュー	👍シティ＆マウンテンビュー	こだわらない
$ クヒオ通り周辺	シティ＆マウンテンビュー	👍こだわらない	

276 使いこなせばお値段以上
リゾート料金は払った分を取り返すのが鉄則

リゾート料金（フィー／チャージ）とは宿泊料とは別途課金される追加費用の一種で 1 泊 1 部屋につき $25 ～ 50 とホテルによりさまざま。朝食や高速 Wi-Fi、各種アクティビティ、トロリー、国内・国際通話が無料になるなど、ホテルごとに料金以上のサービスや特典を用意しているので、しっかり元を取ってからチェックアウトしよう。

上／ロイヤルハワイアンでは名物のペストリーがもらえる　下／シェラトン・ワイキキでは GoPro も借りられる！

リビングのソファはベッドになるので有効活用。室内に洗濯乾燥機が完備しているところもある

275

大人数なら要検討！
キッチン付きのコンドミニアムやレジデンスが便利

キッチンやリビングルームが備わったコンドミニアムとレジデンスは、家族連れやグループにうってつけ。簡単な調理ができ、十分な広さがあるので割り勘にしたら、ホテルの部屋を複数予約するより安く抑えられる場合も。人数や構成、予算に合わせて幅広く揃う。

室内に洗濯乾燥機があるだけで快適度が UP！

ウェイファインダーワイキキの客室
©Read McKendree

宿泊&ホテル|テクニック

右／星野リゾート サーフジャックハワイのプール　左／カイマナビーチホテルのロビー ©Kaimana Beach Hotel

280 新しいけれど懐かしい
ワイキキのホテルはレトロモダンブーム！

2016 年にオープンしたサーフジャックハワイを皮切りに、1960 年代のサーフカルチャーやミッドセンチュリーをコンセプトにリノベーションしたホテルが続々登場。古きよきハワイのアットホームな雰囲気のなかで、最新のステイを楽しんでみては？

● 星野リゾート サーフジャックハワイ　[MAP] P.123-B2　🌐 surfjack.jp
● クイーンカピオラニホテル　[MAP] P.122-C6　🌐 jp.queenkapiolani.com
● カイマナビーチホテル　[MAP] P.120-D4　🌐 www.kaimana.com
● ホワイトサンズホテル　[MAP] P.123-B3　🌐 www.whitesandshotel.com
● ウェイファインダーワイキキ　[MAP] P.122-A4　🌐 www.wayfinderhotels.com

281 泊まってなくても OK
ヒルトンでは毎週花火大会！

金曜夜（19 時 45 分頃〜）の花火は、ホテルゲストでなくても観賞できお得。ワイキキやアラモアナのビーチ沿いからも眺められる。

Hilton Hawaiian Village Waikiki Beach Resort
ヒルトン・ハワイアン・ビレッジ・ワイキキ・ビーチ・リゾート
[MAP] P.124-C6　🌐 www.hiltonhawaiianvillage.jp

アゴダと Visa のキャンペーンサイト

277 比較サイトのさらに先へ
クレカ優待・特典利用で最安値決済！

P.13 でも紹介した比較サイトの活用。泊まりたいホテルが絞れたら、比較サイトとクレカ決済での優待・特典を必ず確認。例えばアゴダで予約する場合、Visa のキャンペーンサイト経由で決済すると最大 15% の割引が受けられることも。比較サイト、クレカ会社ごとに価格や割引率が異なるので、深掘りしてさらにお得に！

---

278 会員になって無料宿泊！
ハワイリピーターはマリオット、ヒルトン、ハイアット

世界展開するホテルチェーンの会員プログラムは、宿泊はもちろん、航空券やレンタカーなどの利用でもポイントを獲得することができ、また交換が可能。入会・会費無料なので、入って損なし！

ザ・リッツカールトン、シェラトン、ウェスティンなども擁するマリオットボンヴォイ

1泊ごとに、1,000 ボーナスポイントとボーナスエリートナイトクレジットを獲得しましょう。

● マリオットボンヴォイ　🌐 www.marriott.com/ja
● ヒルトン・オナーズ　🌐 www.hilton.com/ja/hilton-honors/
● ワールドオブハイアット　🌐 world.hyatt.com

---

279 アウトリガー系はコチラ
ワイキキ 3 軒のホテルで特典獲得！

アウトリガー・リゾーツ＆ホテルズが加盟する会員プログラム GHA ディスカバリー。会員価格や限定料金での宿泊に加え、滞在中のサービスも豊富。世界 800 以上のホテルで利用できるので、迷わず無料登録。

ワイキキではアウトリガー・ワイキキ・ビーチ・リゾート、リーフ、ビーチコマーが対象

● アウトリガー・ディスカバリー　🌐 jp.outrigger.com

282 毎日開催！ 無料でハワイアンカルチャーを習得

フラやウクレレ、サーフレッスン、レイメイキングから歴史深いホテルでは館内ツアーなど、ハワイの伝統文化に触れることができる無料アクティビティを用意しているホテルがたくさん。先生はその道の著名人が多いので、時間を合わせてぜひ参加を！

アクティビティが充実しているホテル	内容	MAP／URL
アウトリガー・リーフ・ワイキキ・ビーチ・リゾート アウトリガー・ワイキキ・ビーチ・リゾート	フラ、ウクレレレッスン、レイメイキングに加え、ハワイアンネームタグやカヌーパドル、サーフボードキーチェーンメイキングなども	MAP P.123-D1 MAP P.123-C3 ⊕ jp.outrigger.com
シェラトン・ワイキキ	ウクレレレッスン、レイメイキング、ヨガ、プールでのワークアウト、コイの餌付けけほか	MAP P.123-C2 ⊕ sheratonwaikiki.jp
ヒルトン・ハワイアン・ビレッジ・ワイキキ・ビーチ・リゾート	フラ、ウクレレ、サーフレッスン、レイ、ククイナッツブレスレットメイキング、ヨガ、エアロビクス、ストレッチ、魚の餌付けけほか	MAP P.124-C6 ⊕ www.hiltonhawaiianvillage.jp
ロイヤルハワイアン , ラグジュアリーコレクションリゾート , ワイキキ	フラ、SUPレッスン、レイメイキング、歴史ツアー、ヨガ、サンライズセレモニーほか	MAP P.123-C2 ⊕ royal-hawaiian.jp
ワイキキビーチ・マリオット・リゾート＆スパ	フラ、ウクレレ、サーフレッスン、レイメイキング、HIT、太極拳ほか	MAP P.122-B5 ⊕ www.marriott.com

上／モアナサーフライダーでは歴史ツアーを開催　下／ラウハラブレスレットメイキングも

---

284 ルームキーを提示するだけ 博物館＆美術館の入館料 $50以上がタダに！

ハレプナワイキキバイハレクラニではハワイの重要な観光スポット、ビショップ・ミュージアムとホノルル美術館を無料で鑑賞できる「ハレプナアクセス」を実施。2館で入館料大人$53.95するので超太っ腹！

Halepuna Waikiki by Halekulani
ハレプナ ワイキキ バイ ハレクラニ
MAP P.123-C2 ⊕ www.halepuna.jp

上／ハワイや太平洋諸島の文化と歴史を伝えるビショップ・ミュージアム（P.109）　右／5万点以上の所蔵品を誇るホノルル美術館（P.109）

---

283 毎日食べても飽きない ワイキキで最も豪華な無料朝食！

エンバシー・スイーツ・バイ・ヒルトン・ワイキキ・ビーチ・ウォーク・ホテルは、朝食ビュッフェが宿泊人数分毎日無料。シェフが目の前で焼いてくれるオムレツなどメニューも充実。また、毎夕17時半からビールやカクテルが無料で楽しめるプールサイド・レセプションもあり、コスパ優秀。

Embassy Suites by Hilton Waikiki Beach Walk
エンバシー・スイーツ・バイ・ヒルトン・ワイキキ・ビーチ・ウォーク・ホテル
MAP P.123-C2 ⊕ jp.embassysuiteswaikiki.com

---

285 宿泊者のみの贅沢空間 遠出しない日は ラウンジをフル活用

エグゼクティブシェフが風味豊かなメニューを提供

朝から晩まで軽食やドリンクなどが楽しめる宿泊者専用ラウンジのあるホテルが多く、上手に利用すれば料金以上の満足感が得られること間違いなし。利用がセットになった宿泊プラン、または追加料金で利用できるなど、ホテルにより異なるので要チェック。

アロヒラニ リゾート ワイキキ ビーチのラウンジ

ラウンジのあるホテル	ラウンジ名／特徴	URL
アウトリガー・リーフ・ワイキキ・ビーチ・リゾート アウトリガー・ワイキキ・ビーチ・リゾート	★ ボエジャー 47 クラブ・ラウンジ オーシャンフロントで絶景と朝食、サンセットを満喫	MAP P.123-D1 MAP P.123-C3 ⊕ jp.outrigger.com
アロヒラニ・リゾート・ワイキキ・ビーチ	★ ロングボードクラブラウンジ カバナを設え、幅広いワインセレクションが自慢	MAP P.122-B4 ⊕ jp.alohilaniresort.com
プリンスワイキキ	★ プリンスワイキキ クラブラウンジ ヨットハーバーを見渡す5階プールエリア	MAP P.124-C5 ⊕ jp.princewaikiki.com
ツイン フィン ワイキキ	★ ココナッツ クラブ ビーチとダイヤモンドヘッドを望む21階で朝食を提供	MAP P.122-C5 ⊕ jp.twinfinwaikiki.com

不測の事態に備えて事前準備と対処法をチェック！

TROUBLE

トラブル

事故や事件とは無縁に感じるハワイでも、思わぬトラブルに巻き込まれることが。
至福の楽園で気が緩みがちだからこそ、安全に過ごすためのアレコレを事前にスタディ！

！

トラブル｜テクニック

289 困ったときのとっさのひと言
いざというときに使える英語フレーズ

事故や盗難、病気などトラブルが発生したときに必要となる英語を
ピックアップ。ワイキキには日本語のわかる人が多いけれど、郊外や
観光スポット以外では通じないことがほとんどなので、覚えておこう。

助けて！困っています **Help！I'm in trouble.**
ヘルプ　アイム　イン　トラブル

荷物（財布／携帯電話）を盗まれました
My luggage（wallet／cellphone）was stolen.
マイ　ラゲッジ　ウォレット　セルフォン　ワズ　ストールン

交通事故に遭いました **I had a traffic accident.**
アイ　ハド　ア　トラフィック　アクシデント

警察（救急車）を呼んでください
Please call the police（ambulance）.
プリーズ　コール　ザ　ポリス　アンビュランス

どんなときでも
慌てず冷静に
行動することが
解決の早道！

日本語を話せる人はいますか？
Is there anyone who speaks Japanese?
イズ　ゼア　エニワン　フー　スピークス　ジャパニーズ

具合が悪いです／けがをしました **I feel sick. ／ I'm hurt.**
アイ　フィール　シック　アイム　ハート

病院へ連れていってください **Please take me to the hospital.**
プリーズ　テイク　ミー　トゥ　ザ　ホスピタル

旅行（自動車）保険に入っています
I have travel（car）insurance.
アイ　ハブ　トラベル　カー　インシュランス

紛失（盗難）証明書をお願いします
Lost（Theft）certificate, Please.
ロスト　サフト　サーティフィケイト　プリーズ

290 間違い？ ぼったくり？
金額やレシートの内容を必ず確認してから支払いを

個数が間違っていたり、支払額がひと桁多かったり、
チップを二重に払っていたりと、帰国後のカード明細
で驚愕しないために、支払い前にしっかり確認を。

チップについてレ
シートに印字され
ている場合もある

286 外務省推奨！
「たびレジ」に登録してハワイの最新情勢をキャッチ

メールアドレスや現地
の滞在先、連絡先など
を登録すると、外務省
からの最新安全情報を
日本語で配信してくれ
る無料サービス。出発
前から確認できるので、
家族も安心！URL www.
ezairyu.mofa.go.jp

ハワイのどこでど
んな事件が多発し
ているかなどメー
ルで教えてくれる

渡航予定が
ない人でも
登録可能！

287 警察・救急・消防は同じ番号
事故や盗難に遭ったら 911

日本語対応が不可の場合は、
周囲に伝えて助けを求めよう。
ひったくりや強盗の場合は、
大声を出したり抵抗せず、犯
人が去ったあとに連絡を。

288 楽園でも油断大敵！
治安のよいハワイでも危険なエリアはある！

一見
平和そうな
公園でも事件
は起きる

夜のアラワイ運河沿いやダイヤモ
ンドヘッド周辺、昼夜にかかわら
ずダウンタウンやカリヒなどは事
件多発エリア。近年話題のカカア
コでも日本人旅行者が日中暴行さ
れる事件があり、どこであっても、
時間を問わず、人通りの少ない場
所は避けるのがベスト。

292 ちょっとした注意が大切
事例を知ってトラブル回避！

アメリカのなかでは比較的治安のよいハワイだけれど、案外トラブルは身近に潜んでいる。事前に犯罪の手口を把握して、巻き込まれないように心がけて。

ホテル

● **部屋の鍵は万全に**
部屋に入るときは周囲に人がいないことを確認、入ったらすぐ鍵を閉めるのは鉄則。スタッフを装い押し入る強盗被害が多いので油断せず慎重な行動を。

● **貴重品は金庫に保管**
貴重品は部屋の金庫（セキュリティボックス）に入れるかフロントに預けること。万が一何かなくなってもホテルは補償してくれない。

ビーチなど

● **荷物から目を離さない**
ビーチに荷物を置いたまま泳ぎにいくのは当然NGだけれど、リラックスしすぎて爆睡したり、話に熱中していると置き引きに遭いやすい。

● **公衆トイレには複数人で**
ひとりでは行かず、中に誰かいないかを確認してから入ろう。また、ビーチや公園でトラブルに巻き込まれたとき、トイレに逃げ込むとかえって危険。

レンタカー

● **トランクの開閉に注意**
車上荒らしはトランクの開閉時から狙っているので、なるべく中を見られないように。空の紙袋であってもシートに置いたままにしておくと車を壊されることもある。

● **ひと気のない場所での駐車は避ける**
レンタカーは狙われやすいので、駐車する場所にも警戒を。ショッピングモール内でもすいているエリアや駐車場のないビーチ沿いは避けること。

ザ・バス／停留所

● **郊外での乗車は日暮れ前に**
ザ・バスで郊外から帰ってくる場合は、暗くなる前に乗車。本数が少なくなり、停留所に照明がないことも多いので長時間いないようにしよう。

● **乗客が少ないときは前方に**
乗客が少ししか乗っていないときは、なるべく運転席に近いところに。後方だと人に気づかれず犯罪率が高い。

291 違反者は罰金も！
うっかりでは済まされない ハワイの禁止事項

ハワイは居心地がよすぎて異国にいることを忘れがちだけれど、日本とは違う習慣、マナー、法令は意外に多い。くれぐれも要注意！

☑ **ビーチや公共エリアでの飲酒・喫煙は禁止**
ビーチを眺めながらの乾杯は、海の見えるホテルの部屋、またはビーチバーを利用しよう。

☑ **飲酒・喫煙は21歳から**
レストランやバーでの飲酒、ショップでアルコール飲料を購入する際はID（パスポートなど）を持参。IDを持っていてもスーパーやコンビニでは深夜0〜6時は購入不可。

☑ **子供の放置はネグレクト**
12歳以下の子供を13歳以上の保護者なしでひとりにすることは厳禁。ホテルの部屋での留守番や公衆トイレにひとりで行かせたり、車内に残していくとネグレクトとみなされ法に触れることに。

☑ **横断歩道以外・信号点滅時に渡ると罰金**
横断歩道以外の車道、また横断歩道であっても信号点滅が始まってから渡ると、どちらも$130以上の罰金が科せられる。

☑ **横断歩道での歩きスマホも罰金！**
スマホを見ながら横断歩道を渡ると$35以上の罰金。デジカメも同様の罰金。

☑ **ラナイに洗濯物を干してはダメ**
ホテルのラナイに干すのは、景観を損なうという理由から禁じられている。部屋の中やバスルームに干そう。

☑ **ウミガメやイルカには触れないで**
野生海洋生物はハワイとアメリカの法で保護されているためウミガメは3m以上、モンクシールは15m以上、イルカは45m以上近づかないことを推奨。

☑ **野鳥に餌をあげてはいけない**
ホテルのラナイやカフェのテラスなどで食べ残しをあげてしまうと法律違反に。過剰繁栄を防ぎ、景観や生態系を守るため。

☑ **買い物時のプラ製レジ袋の新法**
2020年1月から再利用可能な成分でもビニール製は一切禁止に。買い物するときはエコバッグを忘れずに！

293 もしもの事態でも焦らない！
トラブル別緊急連絡先リスト

トラブルに見舞われても対処法を知っていれば、解決が早い。ハワイには日本語可能な施設が多いので、困ったときはまず相談を。落ち着いて状況を説明しよう。

紛失・盗難

ワイキキ・ビーチ交番
（ワイキキサブステーション）
警察署で紛失・盗難証明書（ポリスリポート）を発行してくれる。MAP P.122-C4 ☎ 808-723-8562

事件・事故・パスポートの再発行など

在ホノルル日本国総領事館
MAP P.125-A1 ☎ 808-543-3111 ⏰ 8:00 〜 12:00、13:00 〜 16:00（窓口受付 9:00 〜 11:30、13:00 〜 15:30）
㊡ 土・日 🌐 www.honolulu.us.emb-japan.go.jp

病気・けが

ワイキキ 緊急医療クリニック
日本人医師、看護師、スタッフ常勤。ワイキキからの無料タクシー、予約不要、海外旅行保険対応。
バンク・オブ・ハワイ・ビル内 MAP P.123-C1
☎ 808-924-3399（日本語可）
⏰ 9:00 〜 17:00（土 12:00）
㊡ 土 🌐 waikikipcr.com

ドクターオンコール
ストラウブ総合病院が運営。日本語スタッフ常勤、ワイキキ〜アラモアナからの無料送迎、海外旅行保険対応。
シェラトン・ワイキキ内
MAP P.123-C2 ☎ 808-923-9966（日本語可） ⏰ 10:00 〜 20:00 ㊡ 無休 🌐 www.hawaiipacifichealth.org/straub/patient-visitors/doctors-on-call-japanese

ドクターズ・オブ・ワイキキ
毎日22時までオープン。日本語スタッフ常勤、予約不要、海外旅行保険対応。各種検査は約45分で結果連絡。
シェラトン・プリンセス・カイウラニ内 MAP P.123-B3
☎ 808-922-2112
⏰ 8:00 〜 22:00 ㊡ 無休 🌐 www.doctorsofwaikiki.com

Oahu Honolulu Waikiki

得する HAWAII MAP

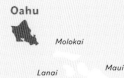

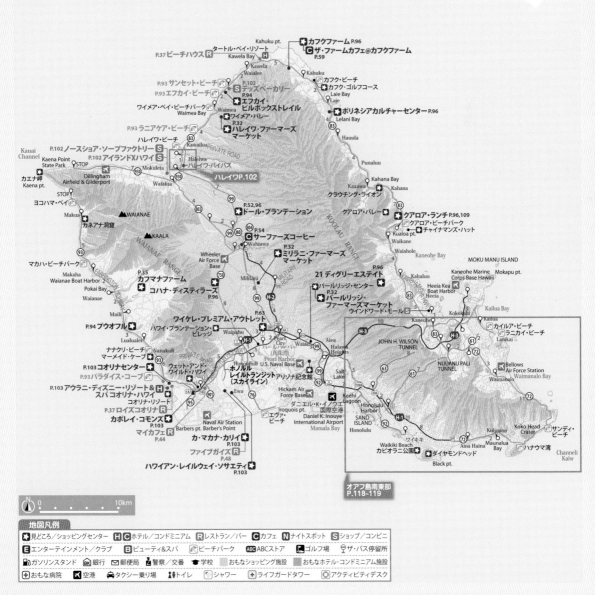

Kailua Bay

カイルアP.101

カイルア・ビーチパーク
Kailua Beach Park

POPOIA ISLAND

Kailua

ラニカイ・ビーチ
Lanikai Beach

MOKULUA
ISLANDS

Lanikai

ウルポ・ヘイアウ
Ulupo Heiau

カイヴァリッジ
Kaiwa Ridge

61

P.32
カイルアタウン・
ファーマーズマーケット

A

ブーツ＆キモズ
P.44,48,100

ルアナ・ヒルズ・
カントリークラブ
Luana Hills C.C.

72

Olomana

Bellows Air Force Station

ベローズ・フィールド・ビーチパーク
Bellows Field Beach Park
P.106

4.7

オロマナ・ゴルフリンクス
Olomana G.L.

ワイマナロ・タウンセンター
Waimanalo Town Center

B

Waimanalo Bay

72

フランキーズ・ナーセリー
Frankie's Nursery

ワイマナロ湾州立公園
Waimanalo Bay State Rec. Area

ワイマナロ・ベイ・ビーチ
Waimanalo Bay Beach
P.106

KALANIANAOLE HWY

P.106
ワイマナロ・ビーチパーク
Waimanalo Beach Park

MANANA ISLAND

Waimanalo

カイオナ・ビーチパーク
Kaiona Beach Park

マナナ島 (ラビット・アイランド)
Manana Island

3.4

カウポ・ビーチパーク
Kaupo Beach Park

KAOBIKAIPU ISLAND

A N G E

マカイリサーチピア
Makai Research Pier

マカプウ・ヘイアウ
Makapuu Heiau

C

コックローチ・ベイ
Cockroach Bay

P.96,109
マカプウ・ビーチパーク
Makapuu Beach Park

シーライフ・パーク・ハワイ
Sea Life Park Hawaii

マカプウポイント P.93,94,107
Makapuu Point

4.5

ハワイカイ
Hawaii Kai

ハワイカイ・ゴルフコース
Hawaii Kai G.C.

マカプウ展望台
Makapuu Lookout

Kuliouou

ペレの椅子
Pele's Chair

P.37
ロイズハワイカイ

P.93,109
ココクレーター・ボタニカルガーデン
Koko Crater Botanical Garden

D

Aina
Haina

アイナ・ハイナ・ショッピングセンター

ココヘッド・クレーター
Koko Head Crater
P.94,107

サンディ・ビーチパーク
Sandy Beach Park

P.93

フードランドファームズ

KALANIANAOLE HWY

2.3

コストコ

P.74

ハロナ潮吹き穴展望台
Halona Blow Hole

3.3

72

マウナルア・ベイ・ビーチパーク
Maunalua Bay Beach Park

ココマリーナ
Koko Marina

ハロナ・ビーチ
Halona Beach

Niu

ワイルペ・ビーチパーク
Wailupe Beach Park

ココマリーナ・センター
Koko Marina Center

0.8

P.39コナブリューイングカンパニー

ラナイ展望台
Lanai Lookout

P.37ジッピーズ

モエナカフェ

モロカイ展望台
Molokai Lookout

D

Maunalua Bay

ハナウマ湾
Hanauma Bay
P.106

ココヘッド
Koko Head

Kaiwi Channel

珊瑚礁が美しい入江。
海洋保護区に指定されている

Honolulu Southeast
オアフ島南東部

N　0　　　1　　　2km

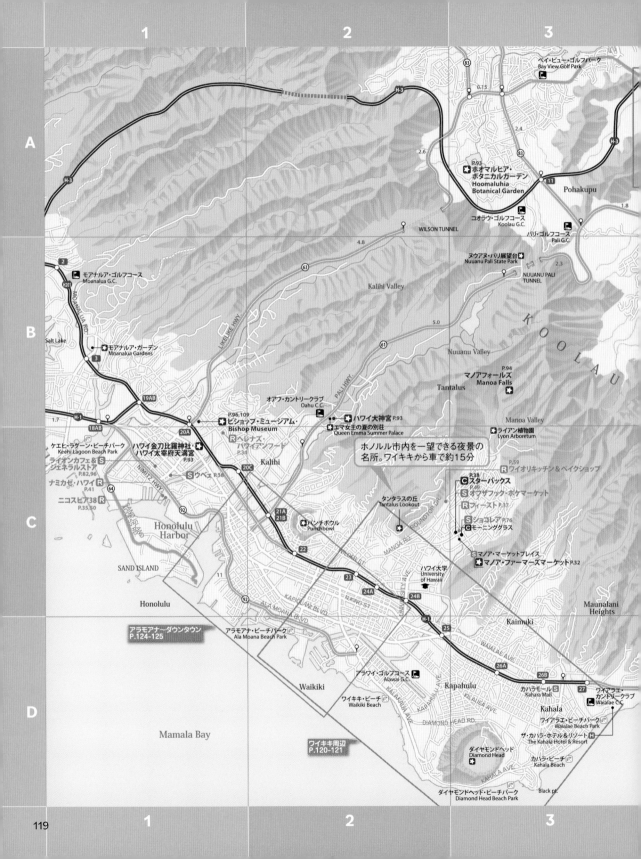

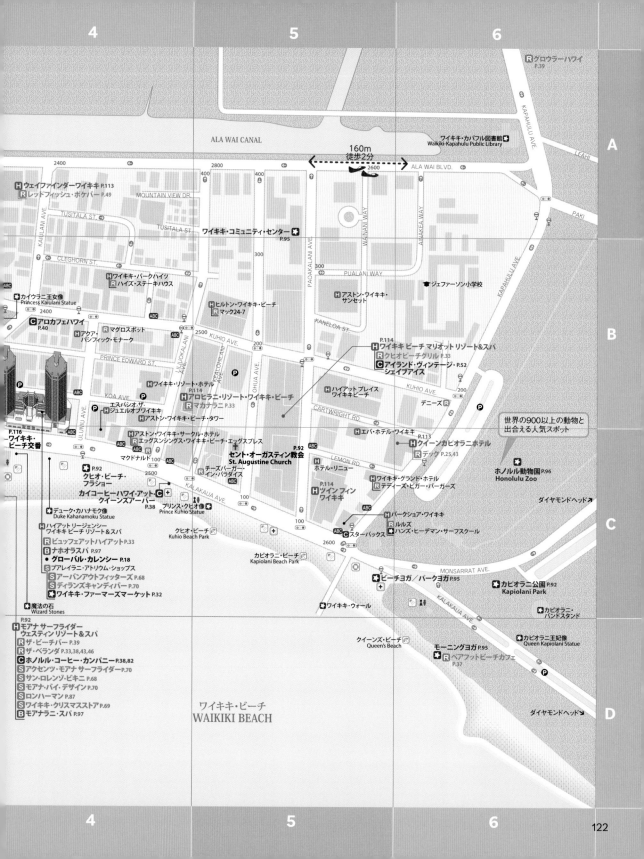

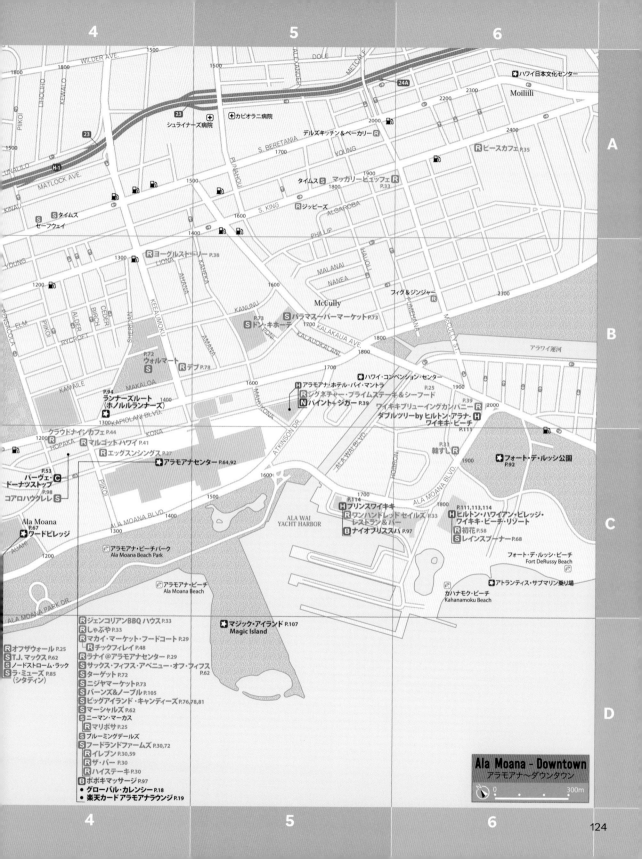

A	●●●●●●	ワイパフ〜ハワイ大学(マノア校)
E	●●●●●●	エヴァ・ビーチ〜ワイキキ
2		カリヒ・トランジットセンター〜カピオラニ・コミュニティ・カレッジ(KCC)
3		ソルトレイク〜ワイキキ〜カピオラニ・コミュニティ・カレッジ(KCC)
6		パウオア・バレー〜ウッドローン
8		マキキ〜ワイキキ
9		ニミッツ〜カピオラニ・コミュニティ・カレッジ(KCC)
13		リリハ〜ハワイ大学(マノア校)
20		パールリッジ・センター〜ワイキキ
23		アラモアナセンター〜シーライフ・パーク・ハワイ
24		カハラモール〜アッパーアイナハイナ
40		マカハ〜アラモアナセンター
42		エヴァ・ビーチ〜ワイキキ
52		ハレイワ〜アラモアナセンター
60		ハレイワ〜アラモアナセンター
67		ワイマナロ・ビーチ〜アラモアナセンター

※2024年5月現在

The Bus
主要バス路線図

料金

現金:1回 $3
HOLOカード:1回 $3、1日最大 $7.50

問い合わせ

URL www.thebus.org
URL www.holocard.net/ja

➡ P.20

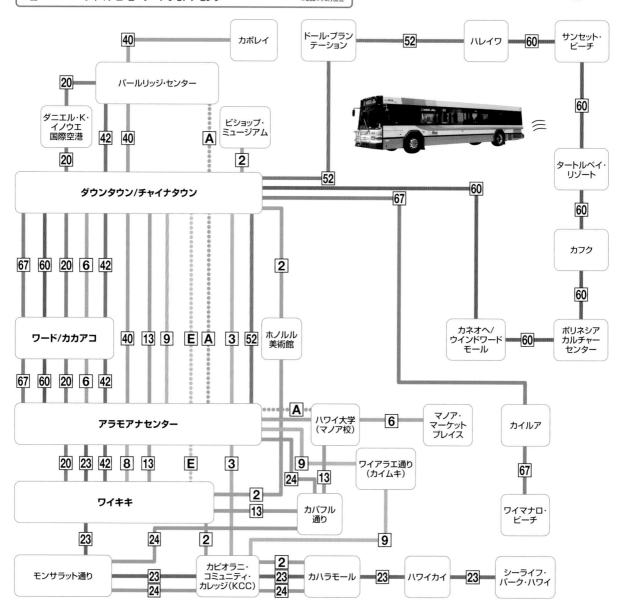

ワイキキトーロリー

ピンクライン

1. ⑭ ワイキキ・ショッピング・プラザ
2. デューク・カハナモク像
3. ツイン フィン ワイキキ
4. ヒルトン・ワイキキ・ビーチ
5. 丸亀製麺
6. コートヤード・バイ・マリオット ワイキキ・ビーチ
7. ホテル・ラ・クロワ
8. ホクラニ・ワイキキ
9. アクア・パームズ・ワイキキ
10. アラモアナセンター (海側)
11. イリカイ・ホテル＆ラグジュアリースイーツ
12. ハレ・コア
13. カ・ライ・ワイキキビーチ、LXRホテルズ＆リゾーツ

● 1周約60分　● 約15分間隔で運行
① ワイキキ・ショッピング・プラザ始発：10:00
⑩ アラモアナセンター発最終：20:00

ブルーライン

1. ⑫ ワイキキ・ショッピング・プラザ
2. デューク・カハナモク像
3. ホノルル動物園
4. ワイキキ水族館
5. カハラモール
6. ハロナ潮吹き穴 (写真撮影のみ)
7. シーライフ・パーク・ハワイ
8. ココマリーナ・センター
9. カハラモール
10. ダイヤモンドヘッド・マーケット＆グリル
11. レインボードライブイン

● 1周約110分　● 約40分間隔で運行
① ワイキキ・ショッピング・プラザ始発：8:30
⑦ シーライフ・パーク・ハワイ発最終：14:57
⑤ カハラモール発最終：15:22

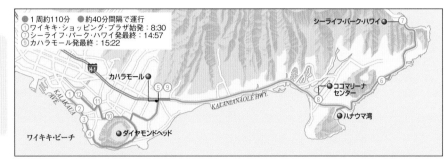

グリーンライン

1. ワイキキ・ショッピング・プラザ
2. デューク・カハナモク像
3. ホノルル動物園
4. ダイヤモンドヘッドクレーター
5. KCC ファーマーズマーケット (土曜のみ)
6. プリンスワイキキ
7. ハレ・コア
8. カ・ライ・ワイキキビーチ、LXRホテルズ＆リゾーツ

● 1周約60分　● 約60分間隔で運行
① ワイキキ・ショッピング・プラザ始発：7:30
④ ダイヤモンドヘッドクレーター発最終：13:57
⑤ KCCファーマーズマーケット (土曜のみ) 発最終：11:02

レッドライン

1. ⑮ ワイキキ・ショッピング・プラザ
2. デューク・カハナモク像
3. ツイン フィン ワイキキ
4. ホノルル美術館 (月・火曜休館)
5. ハワイ州庁舎／イオラニ宮殿
6. パンチボウルクレーター (車窓)
7. フォスター植物園
8. ハワイ出雲大社 (ロイヤルキッチン前)
9. チャイナタウン／ハワイシアター
10. カメハメハ大王像／イオラニ宮殿 (短い休憩)
11. アロハタワー／ホノルルハーバー (短い休憩)
12. ソルトアットアワーカカアコ
13. ワード・センター
14. アラモアナ・ビーチパーク

● 1周約110分　● 約60分間隔で運行
① ワイキキ・ショッピング・プラザ始発：10:00
⑫ ソルトアットアワーカカアコ発最終：16:30
⑭ アラモアナ・ビーチパーク発最終：16:40

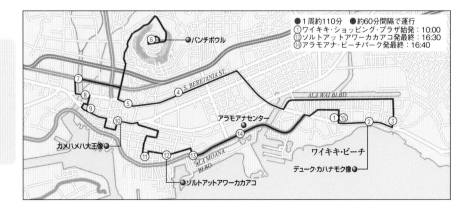

STAFF

Producer 日隈理絵 Rie Hinokuma

Editors & Writers 井上香菜美 Kanami Inoue
栄 さおり Saori Sakae
グルービー美子 Miko Grooby
南 清恵 Kiyoe Minami

Photographers 熊谷 晃 Akira Kumagai
宮澤 拓 Taku Miyazawa
グルービー美子 Miko Grooby
©iStock、PIXTA

Cover Design / Art Direction 三浦皇子 Koko Miura
Maps 株式会社ジェオ［Geo Co., Ltd.］
Proofreading 鎌倉オフィス［Kamakura Office］

ハワイ ランキング＆マル得テクニック！

2024年6月25日　初版第1刷発行

著作編集　地球の歩き方編集室
発行人　新井邦弘
編集人　由良暁世
発行所　株式会社地球の歩き方
　　　　〒141-8425　東京都品川区西五反田2-11-8
発売元　株式会社Gakken
　　　　〒141-8416　東京都品川区西五反田2-11-8
印刷製本　株式会社ダイヤモンド・グラフィック社

※本書は基本的に2024年5月時点の情報に基づいて作られています。
発行後に料金、営業時間、定休日などが変更になる場合がありますのでご了承ください。
更新・訂正情報 [URL] https://www.arukikata.co.jp/travel-support/

●本書の内容について、ご意見・ご感想はこちらまで
地球の歩き方サービスデスク「ハワイ ランキング＆マル得テクニック！」投稿係
[URL] https://www.arukikata.co.jp/guidebook/toukou.html
地球の歩き方ホームページ（海外・国内旅行の総合情報）
[URL] https://www.arukikata.co.jp/
ガイドブック『地球の歩き方』公式サイト
[URL] https://www.arukikata.co.jp/guidebook/

●この本に関する各種お問い合わせ先
〒141-8425 東京都品川区西五反田2-11-8
株式会社地球の歩き方
・本の内容については、下記サイトのお問い合わせフォームよりお願いします。
[URL] https://www.arukikata.co.jp/guidebook/contact.html
・在庫については　Tel 03-6431-1250（販売部）
・不良品（乱丁、落丁）については　Tel 0570-000577
　学研業務センター　〒354-0045　埼玉県入間郡三芳町上富279-1
・上記以外のお問い合わせは　Tel 0570-056-710（学研グループ総合案内）

スマホや
タブレット、
PCでも読める！

購入者
特典

FREE
無料！
電子版
付き！

本書の電子版が無料！

＋ さらに

旅先で使えるフレーズがいっぱい！

絵で見てパッと言う英会話トレーニング

『絵で見てパッと言う英会話トレーニング』
海外旅行編 新装版
の電子版が50ページ以上無料で読める！

STEP ❶ 特設サイトへアクセス

[URL] **https://arukikata.jp/hwycmr**

右の二次元コードからもアクセスできます！

STEP ❷ ID、パスワードを入力

ID：**ranking-book-hawaii**

PW：**ydfx3rjhm75x**

閲覧期間：**2025年12月31日まで**

ご利用にあたって
■ 配信期間　2024年6月11日（火）～2025年12月31日（水）
■ 利用料　無料。データ通信料が別途必要です。
■ 動作環境
OSと対応ブラウザは以下の通りです。OS、ブラウザ共に最新版での使用をお願いいたします。iOS 12.0以上 Safari、Android 9.0以上 Google Chrome、Windows 10以上 Microsoft Edge、Google Chrome。
■ ご利用上の注意
● PC、スマートフォン、タブレットのウェブブラウザよりアクセスください。専用アプリは不要です。
● 本書をご購入者様ご本人様のみご利用ください。アカウントは譲渡不可となります。
● 海外でも閲覧は可能ですが、都度データ通信料が必要になります。
● 本サービスは予告なく内容を変更することや終了する場合があります。

読者プレゼント

ウェブアンケートにお答えいただいた方のなかから抽選で「地球の歩き方」オリジナルクオカード（500円）をプレゼントします。

詳しくは右の二次元コードまたはウェブサイトをチェック！ ▶▶▶

応募の締め切り　**2025年12月31日**
[URL] https://arukikata.jp/hmugjn